JN296344

カラー版 徹底図解

心理学

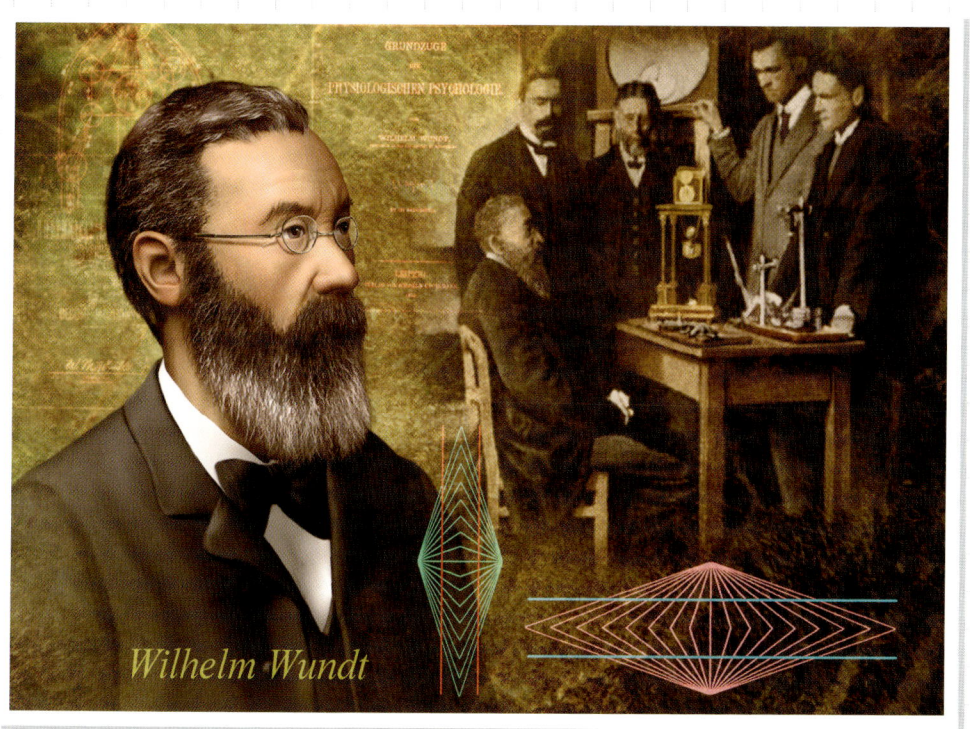

The visual encyclopedia of Psychology

新星出版社

徹底図解 心理学

心理学ワールド……6
臨床心理学の現場……8
こんなところに心理学……11

はじめに……12

第1章　心理学への招待 〜心理学とその歴史〜
心理学とは……14
心の働きを知るために……16
身近な心理学……18
心理学史の巨人①フェヒナー……20
心理学史の巨人②エビングハウス……22
心理学史の巨人③ワトソン……24
心理学史の巨人④フロイトとユング……26
心理学史の巨人⑤エリクソン……28
心理学史の巨人⑥ピアジェ……30
Column　数学で心がわかるのか……32

第2章　心と個性 〜性格心理学〜
性格・人格・気質とは？……34
性格の成り立ち……36
性格の類型論と特性論……38
ビッグ・ファイブ理論……40
認知スタイルの個性……42
タフな性格……44
性格占いと心理テスト……46
自分の性格を知る……48
フロイトの人格理論……50

ロジャーズの人格理論……52
ユングのタイプ論……54
Column 夢分析……56

第3章　人とのかかわり ～社会心理学～
社会心理学の展開……58
同調行動と流行……60
群集心理……62
社会的手抜き、社会的促進……64
ステレオタイプ……66
合理化と認知的不協和……68
好きになる理由……70
官能評価……72
リーダーシップ……74
社会的ジレンマ……76
囚人のジレンマ……78
くり返しのある囚人のジレンマ……80
Column パーソナルスペース……82

第4章　心の育ち方 ～発達心理学～
生涯発達……84
発達の最近接領域……86
胎児の感覚と行動特性……88
赤ちゃんの感じ方……90
赤ちゃんのコミュニケーション能力……92
「愛着」をめぐる親子関係……94
人生最初の反抗とうそ……96
子どもから大人への思考……98
親離れ……100
青春期の嵐……102
自分探しと自己確立……104
大人の発達……106
サクセスフルエイジング……108
メディアからの影響……110

発達の進度を測る……112
様々な発達の阻害①……114
様々な発達の阻害②……116
Column　心を育む心理教育……118

第5章　心のしくみ　〜知覚心理学・学習心理学・認知心理学〜

実験心理学の展開……120
感情のしくみ……122
心を生み出す脳……124
知覚①　視覚のしくみ……126
知覚②　錯覚の不思議……128
知覚③　聴覚のしくみ……130
知覚④　音の世界……132
知覚⑤　その他の感覚……134
学習①　条件づけ学習……136
学習②　試行錯誤と潜在学習……138
動機づけ……140
認知とは……142
トップダウンとボトムアップ……144
メタ認知──自分を知る自分……146
認知の状況論……148
記憶①　記憶のしくみ……150
記憶②　短期記憶……152
記憶③　意味記憶と手続き記憶……154
記憶④　偽りの記憶……156
思考①　推論……158
思考②　問題解決……160
心の理論……162
Column　浦島太郎の時間知覚……164

第6章　心のダメージ　〜臨床心理学の基礎〜

心の葛藤と防衛……166
ストレスとは……168
ストレスとつきあう……170

器質性障害と機能性障害……172
抑うつ状態とうつ病……174
神経症……176
心身症……178
パーソナリティ障害……180
自己愛の病……182
家族の病……184
摂食障害とジェンダー……186
少年犯罪と現代社会……188
> Column　精神科と臨床心理士……190

第7章　心のケアと支援 〜臨床心理学の実践〜

カウンセリングと心理療法……192
心理療法の種類……194
心理アセスメント……196
心の状態の自己チェック……198
コミュニティ心理学と地域支援……200
心の支援の専門家……202
ケアと支援の現場①医療現場……204
ケアと支援の現場②教育現場……206
ケアと支援の現場③子育て支援……208
ケアと支援の現場④被害者支援……210
> Column　被災者支援……212

p.49 性格検査の採点方法……213
クイズの答え……214

さくいん……215

＊本書で使用している用語、統計等は初版発行当時（2008年）のものです。

World of Psychology
心理学ワールド

19世紀に始まった心理学は、現代では様々な分野に分かれて発展している。その中から、おもなものを地図上にまとめてみた。
(太字は本書でくわしく述べる分野)

⑩ 社会心理学

産業心理学 (→p.19)

教育心理学 (→p.18)

臨床心理学

犯罪心理学

⑤ J.ピアジェ。認知科学的な手法を用いて発達心理学に多大な業績を残した(→1章、4章)。

⑥ この分野では乳幼児期からアイデンティティ確立を経て、一生続く心の発達を取り扱う(→4章)。

⑦ 「人格」の語源は演劇で使う仮面「ペルソナ」(→2章)。

⑧ 「ビッグ・ファイブ理論」では、性格の5要素を正五角形のグラフに表す(→2章)。

⑨ 社会心理学の理論の一つ「認知的不協和理論」では、イソップ寓話のキツネのような状況が説明される(→3章)。

⑩ 「囚人のジレンマ」(→3章)。

⑪ E.エリクソンは心理臨床家。独自の発達理論も有名(→1章、4章)。

⑫ S.フロイトは精神科医だが臨床心理学や人格理論に大きな足跡を残した(→1章、2章、6章)。

⑬ 心理療法家C.R.ロジャーズ(→2章、7章)。

臨床心理学の現場

心の問題に援助的なアプローチを行うのは、臨床心理学という分野。クライエント（来談者）と面談する「カウンセリング」が有名だが、そのほかに、精神分析的アプローチ、家族療法、コミュニティ心理学的アプローチなど様々な方法がある。
（カウンセリングと心理療法の関係については→p.192）

S. フロイト
(1856-1939)
「精神分析」、「自由連想法」を通じて「無意識」を探求し神経症患者の治療を行った。

▼フロイトが患者の治療に使っていた寝椅子（ロンドン、フロイト記念館）。奥にある緑色の椅子にフロイトが座り、患者はこの寝椅子に横たわって心に浮かぶことを語った（→p.26, p.50）。

● **臨床心理学の系譜**

今日の様々な心理臨床の手法は、フロイトの精神分析理論以外にも、様々な心理学的理論やその他の知見を受けて成り立っている。

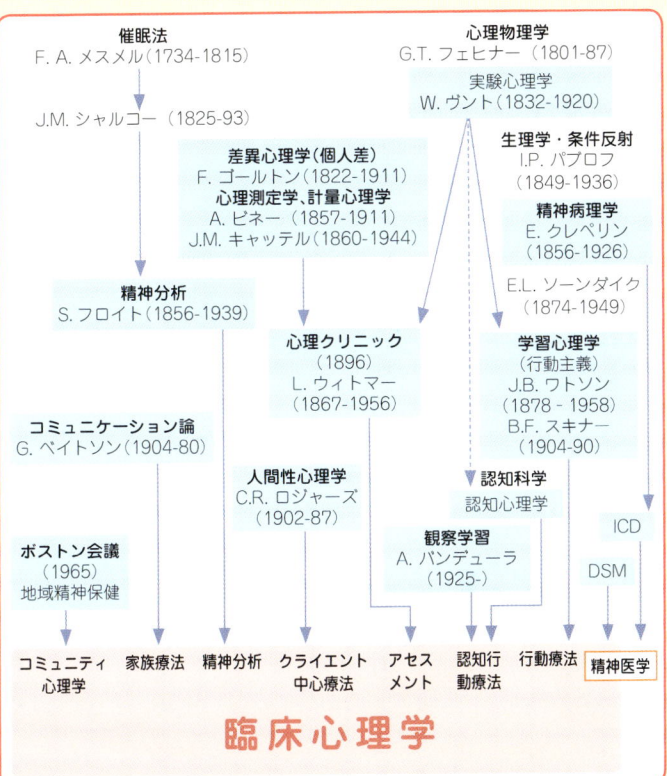

(下山, 2001より)

現在では、このような形でクライエント(来談者)と面談する「カウンセリング」が心理臨床の代表的な姿となっているが、ほかにも様々なアプローチの仕方がある。

●箱庭療法
精神分析やカウンセリングとはちがって、言語を介さない心理療法の一つ。72×57×7cmほどの箱の中に砂をしき、ミニチュア玩具を使ってその中に自由に情景（心象風景）を作り出す。児童から成人まで適用でき、心の調和や全体性の回復を目指す。
（写真は模擬的な作成例）

●遊戯療法
幼児・児童は言語による自己表現が不十分なので、このような遊戯療法室で心理療法家と遊ぶことを通して、様々な感情や葛藤を表現したり、行動習慣を修整していく。

こんなところに心理学

心理学は目に見えない心の働きを、質問紙調査や面接などを通して分析可能な形にして研究する。たとえば、人がなぜその商品を「使ってみたい」「食べてみたい」と思うのか、心理学の手法を用いて導き出すこともできる。

●実際の商品開発の例

写真提供：米久株式会社

①左下のような質問紙をつくり、数種類のローストビーフについて、消費者に回答してもらう。

②その結果を分析（主成分分析）すると、必要なのは❶「こんがり感」、❷「高級感」、逆に印象を悪くするのは「肉臭さ」だと分かった。

③さらに分析（グラフィカル・モデリングという手法）。

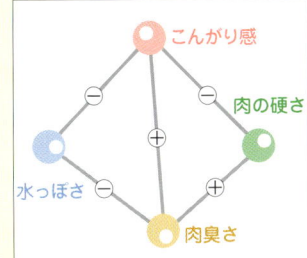

＋は正の相関、－は負の相関。「肉の硬さ」を下げれば、「こんがり感」が上がり、「肉臭さ」が下がることが分かった。

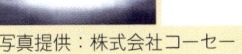

写真提供：株式会社コーセー

同じように、「使いたい」と思われる化粧品の開発なども心理学と協働で行われている。

④「肉の硬さ」を下げるために加熱時間を工夫して、品質を向上させた。

はじめに

　心理学は、心を扱う科学だといわれますが、実際には見ることも手に取ることもできません。一体どうやって、心を測定したり、研究したりするのでしょうか？

　本書は、わかるようでわかりづらい、そんな心理学に関する事柄を、コンパクトながら、広く見渡すことができるようになっています。具体的には、心の基本的な特徴や機能、発達の仕方などの代表的な理論や研究成果が網羅されています。また、私たちの身近な生活場面で生かされている心理学についても、具体的にいろいろと紹介してあります。こんなところに心理学が使われていたのか、というものも多くあることでしょう。

　とかく言葉にすると複雑になりがちな心の話題ですが、イラストを挿入することで感覚的によくわかる部分が増えたなと感じています。まずイラストをじっくりと眺めていただいてから、本文をお読みいただくのもよいかと思います。

　心理学の研究分野は、とても沢山あって、それぞれがかなり専門化しています。ですから、みなさんが、本書の中で少しでも興味がわくところがあったなら、その方面のことをさらに詳しく学習してみてください。

　誰もが勉強していて、楽しいな、おもしろいな、と感じる機会が沢山あるのが心理学のよいところです。本書を通じて、みなさんにそんな体験をしていただけたら幸いです。

2008年5月
編者を代表して　青木紀久代

第1章

心理学への招待
心理学とその歴史

# 心理学とは

Key word **心理学の歴史** 心の問題を扱う学問にはギリシャ哲学以来の歴史があるが、科学としての心理学が独立した学問となって、まだ百数十年しか経っていない。現在、日常生活の様々な場面に心理学が活きている。

見えない世界を見る

心理学は、心の働きを研究する学問である。心の働きは、自分と自分の周りを認識し、環境への適応をもたらし、その人らしさを形成し、社会や文化を作りあげてきた。それは、人が考えたり行動したりというような具体的な働きから成り立っている。

人に心が存在することは誰もが認め実感するところである。しかし、今まで誰も心を実際に見たことはない。心理学は、心という見えない世界を研究の対象としている不思議な学問である。しかし、見えないものを見えないままで客観的対象として研究することはできない。そこで、見えない心を、見ることができるその働きの結果から明らかにしようとするのが、心理学であるといえる。

たとえば、学力を考えてみる。ある児童の学力そのものを見ることはできないが、学力検査の結果から、その学力を推論することはできる。ここで問題になるのは、はたしてその学力検査が本当にその児童の学力を反映している検査かどうかという**妥当性**と、その検査結果から学力を推論する時の**正確さ**との2つの不確定要素が存在することである。妥当性は、「小学校修了時の学力」というように知りたいことを明確にすることで保証され、正確さは、測定方法としての検査の作り方と学力のモデル化に依存している。

心の不思議への興味

心への興味には長い歴史がある。心の問題はギリシャ哲学以来長く哲学の一部として扱われてきたが、19世紀の中頃から科学として出発するようになった。きっかけになったのは、18世紀後半から19世紀初頭にかけての物理学と生理学の発達と、ダーウィンの進化論の台頭であった。物理学と生理学の発達は**実験心理学**成立のきっかけとなり、進化論の台頭は性格・知能などの個人差に着目する**差異心理学**のきっかけとなった。

現代の心理学は、実験心理学と差異心理学の2つの大きな流れの中で、相互に関係をもちながら研究領域を拡げてきている。これらは一般に**基礎心理学**といわれる。その研究成果に基づいて、日常生活への応用を図る分野は**応用心理学**と呼ばれ、臨床心理学、産業心理学、人間工学などがある。また、他の学問との交流が深まり、たとえば認知心理学はコンピュータ科学や言語学と統合されて認知科学を成立させている。

（神宮）

豆知識 イギリスのゴールトンは、従兄のダーウィンの影響を受けて、能力の個人差の研究を行った。この解明には、その能力を正確に測ることが必要となり、テストや統計法が考案された。

見えない「心の世界」を見る

心理学は、心という目に見えない世界を対象にした学問。心の働きの結果(行動、検査結果など)から心の世界を解き明かす。知能を見る場合は次のようになる。

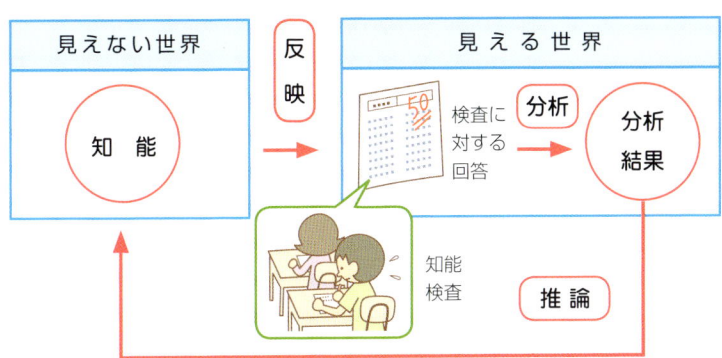

見えない世界
知　能
反映
見える世界
検査に対する回答
分析
分析結果
知能検査
推論

心理学の成立

物理学と生理学
進化論
基礎心理学
実験心理学
R = c log S
・学習心理学
・知覚心理学
・認知心理学
など
差異心理学
A　B　C
・性格心理学
・発達心理学
など
生理学的心理学要綱
種の起源
ヴィルヘルム・ヴント
(1832-1920)
チャールズ・ダーウィン
(1809-1882)
応用心理学
・臨床心理学　・産業心理学
・人間工学　など

豆知識 ゴールトンの弟子のピアソンとスピアマンによる相関係数や、アメリカのキャッテルやサーストンが貢献した因子分析は、差異心理学での性格や知能の研究から発展した統計手法である。

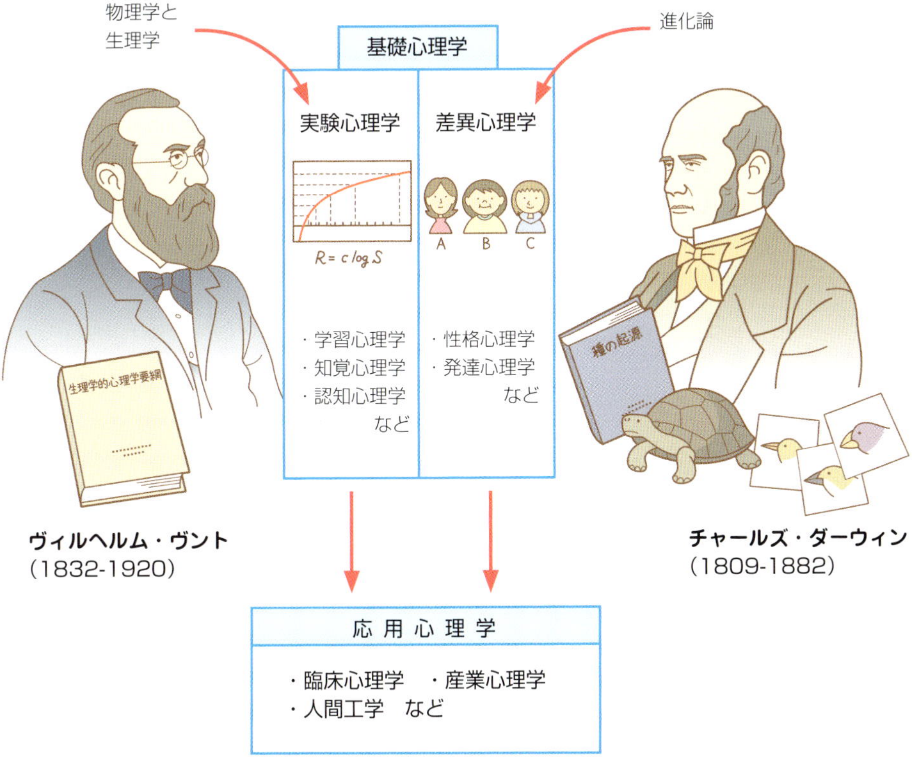

心の働きを知るために

Key word 　**観察法**　その場面に参加して直接観察する方法と、ビデオなどで録画したものを後で分析する間接的観察とがある。前者は参加によってその場面が変化する危険があり、後者は全体を把握できない問題がある。

見えない心の世界を解きほぐす

　心理学の研究手法は、大別して、実験・調査・観察・面接の4手法である。

　実験では、ある特定の心の働きに注目する。これを明らかにするために、ある場面（状況）を設定して、この下ではどのような行動が起きるかを調べる。この設定された状況が**実験条件**であり、いろいろな条件を設定することで、変化する反応としての行動から、目に見えない心の世界を解きほぐそうとしている。

　調査では、心理学の場合はほとんどが**質問紙調査**である。質問内容は言葉であり、回答も言葉であり、自己報告が基本となる。たとえば「あなたはやさしい人が好きですか」という質問文に対して、はい・いいえを回答する。しかし、この回答は、やさしい人が好きか嫌いかの事実を表しているわけではない。これはあくまでも、その人の意識的行動である。

「はい」と答えた人にはどのような共通の特徴があり、「いいえ」と答えた人と何がちがうのかを明らかにすることから、その心の世界を解きほぐすことになる。

　観察は、実験や調査よりも日常経験する方法である。電車に乗った時に、座席に座っている人の前に老人が立った。その人はどうするだろうかと注意して観察することがある。観察は、簡単ではあるが、あいまいで主観的な側面をもっている。この点を克服する工夫によって、結果の信頼性が高まる。

　面接は、ある目的をもって、人と対談し、口頭により資料を集める方法である。あらかじめ決めた質問しかしない場合は、これを印刷して質問紙にすれば、質問紙調査ということになる。また、対面によって資料を集めるので、観察の一種と考えることもできる。

日常性と非日常性

　実験は、ある限定された実験状況で行われる。これは、基本的には、非日常的状況である。また、調査のように、複数の質問項目に続けて回答することも、日常的には存在しない。しかし、観察は、自然で日常的な状況を対象としている。

　ところが、その状況に観察者が参加することで、不自然な状況になる可能性がある。そこで、録画や片方からしか見えない窓を備えた部屋での観察など、いろいろな工夫がなされてきた。しかし、いずれの場合でも、観察されているということを気づかれないようにするために、常に道徳的問題が存在する。　（神宮）

　豆知識　錯視実験は、矢羽根の長さを条件とした場合に、どの長さで最大の錯視量が得られるのかが問題となる。この矢羽根の長さと錯視の因果関係を求めている。

心理学実験の一例 （ミュラー・リヤーの錯視の実験）

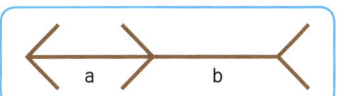

aとbは同じ長さだが、aのほうが短く見える、という錯視。
これをもとに、「どこまでbを伸ばせば（縮めれば）aと同じ長さに見えるか」を調べる。

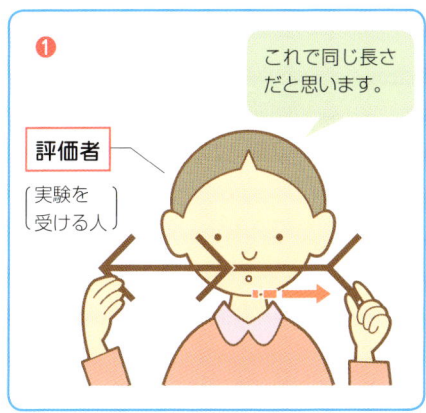

①と②を交互にくり返し、引っぱる場合と縮める場合とで差が出るかどうかも調べる。また、多くの評価者の結果を統計にとり、一般的に何cmぐらいで「同じ」と感じるかという数値を出す。

その他の研究方法

調査

質問紙調査など。回答者の意識的な回答から、その心の働きを解きほぐす。

観察

観察者がその状況に影響を与えないように配慮しながら行う。

面接

人と対談し、口頭によって資料を集める。

豆知識 質問文への回答には常に偏りがある。いいえよりもはいと答えやすい黙従傾向や、社会的望ましさなどで、性格テストにはこれを調整するための虚偽発見尺度が挿入されているものもある。

身近な心理学

> **Key word**　**応用心理学**　基礎心理学の成果を応用すること。日常生活場面では、心理学と他の科学との関連も大きいので、ある分野での応用はそれ自体が独自の科学として発展している。

何にでも応用できる心理学

　日常生活の身近なところに、常に心理学はある。心理学は、人の活動の様々な場面に応用されている。

　本書の2～5章で取りあげている内容は、ほとんどが**基礎心理学**といわれているものである。人はものをどのように見ているのか、人の心はどのように変化（発達）していくのかなど、人の心の働きの基本を明らかにしようとしている。

　それらの成果を様々な場面に応用する**応用心理学**には、「○○心理学」と呼ばれるものが多く含まれる。産業心理学・経済心理学・教育心理学・臨床心理学、その他、カウンセリング・犯罪・交通・環境・建築・福祉・芸術心理学など多岐にわたる。たとえば**教育心理学**では、生徒の性格のちがいによって教え方を変えることが研究されている。人に対して積極的な生徒にとっては、教師との対面場面で教わる方が、映像などを通して間接的に学ぶよりもより効果的である。

　人間工学の中には、工学と心の働きとの接点にあたる分野があり、人にとってより使いやすい機械、たとえば操作ボタンの配置の設計に際してのヒューマンインターフェースの研究などがある。

　また、ある言語を使ってプログラミングをしているとする。この作業には、言語の知識、完成までの見通し、目標の立て方、などなど多様な心の働きが関与している。プログラミング時の心の働きを明らかにすることで、プログラミングしやすく誤りが少ない、また、他の人が見てもわかりやすいプログラミング言語、あるいはその体系やシステムを開発することができる。これには、認知・思考・言語など様々な基礎心理学の知見が必要となる。

　このように、日常生活の思いもかけないところに心理学が活きている。

心理学を学ぶ意味

　もちろん、応用としての心理学だけではなく、日常生活に積極的に心理学の知識を活かすことで、豊かな日々を送ることができる。友達とけんかをしたときに、ひどいことを言ってしまったと後で反省する。もう一歩踏みこんで、なぜそのようなことを言ったのかを、自分の心を振り返ることで、仲直りがしやすくなったり、より成長した人間になっていくことができる。心理学を学ぶことは、日常生活で自分の心を振り返ることができるようになることでもある。　　　　（神宮）

豆知識　フェヒナー（→p.20）の実験美学は芸術心理学の一部である。芸術心理学は、芸術的創造過程や才能、さらに芸術家やその作品を、心理学的観点から研究する。

心理学史の巨人① フェヒナー

 Key word 　**心理物理学的測定法**　心の働き（感覚）を測るためにフェヒナーが提案した方法で、後の研究者により発展した。参加者の状態や外的な条件を厳しく統制して、刺激に対する感覚の変化（反応）を測定する。

身体と心の関係を科学する

心理学が科学としてスタートするきっかけとなった研究者のひとりが、**フェヒナー**（G. T. Fechner）である。**ヴント**（→p.120）もそのきっかけとなった研究者であるが、フェヒナーより31歳年少である。フェヒナーの功績としては、心の働きを測定するための手法（**心理物理学的測定法**）の考案と、刺激と反応との対応関係を表す**フェヒナーの法則**とが、よく知られている。

フェヒナーの法則は、刺激（S）と反応（R）との関係が **R＝c log S**（cは定数）で表されるとするもので、反応（感覚）の強さは刺激の量の対数に比例するという考えである。この法則の元になったのは、**ウェーバーの法則**である（→右ページ）。たとえば、ある重さのおもりを標準として、別のおもりを持った時に、標準との重さの差を感じ分けてもらう（差があまり小さいと、同じ重さに感じてしまう）。標準との重さの差のうち、人が感じ分けられる最小の値と、標準の重さの比は一定となる。フェヒナーはこの関係から、刺激と反応との関係の法則を導き出した。

フェヒナーは、**心理物理学**の確立を目指した。これは、身体と心との関係に関する理論である。客観的に観察可能な「刺激と反応との関係」を心理物理学的測定法で求め、「刺激と身体の（生理学的）変化との関係」が測定できれば、身体の変化と反応（心・感覚）との関係を明らかにすることができる。このような枠組みで、心身の関係を研究しようとした。

美しさとは何かを研究する

彼は、変化に富んだ研究を70年間にわたって行った。最初は医学部に学び、生理学の研究を行い、次に物理学を研究した。その後、療養生活を経て心理物理学を、さらに実験美学を研究し、再度心理物理学を研究した。ほぼ10年単位で多様な研究を行っている。

実験美学は、美しさを心理物理学的測定法で実験的に明らかにしようとしている。美学には、美しさとは何かを哲学的に考察する「上からの美学」と、実験的に美しさを明らかにして美の法則を確立しようとする「下からの美学」とがある。彼は、美しさを感じる四角形の研究から黄金比（縦横比が1：1.618）の研究や、2枚のマドンナの絵に対する贋物の識別方法（印象法と呼ばれている）の考案などを行った。　　　　　　　　（神宮）

豆知識　心理物理学的測定法の発展形に、極限法・恒常法・調整法がある。いずれも刺激を順次大きくしていってあるいは小さくしていって、感覚の変わり目がどこかを特定する方法である。

フェヒナーに影響を与えた「ウェーバーの法則」

32オンスのおもりを「標準」として手にのせ、別のおもりをもう一方の手にのせる。手の感覚だけで、両者の重さを区別（弁別）してもらう。

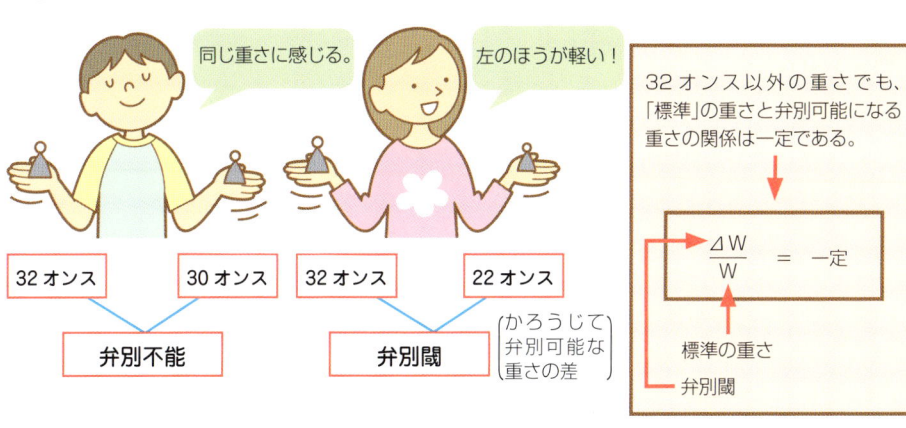

フェヒナーの研究

■フェヒナーの法則

感覚の大きさは刺激の強さの対数に比例するという法則。たとえば、電球の光量（刺激）が2倍になると急に明るくなったと感じるが、3倍、4倍と増やしても、最初のときほどには明るさが増した感覚は得られない。

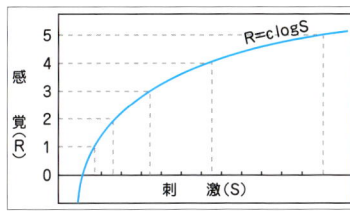

$R = c \log S\ !$
反応　定数　刺激

感覚の大きさ（R）は刺激の強さ（S）の対数に比例して増大する。

■実験美学

黄金比で作られた図形が美しく感じられることなどを検証した。

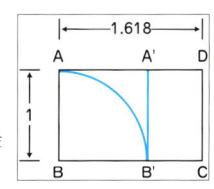

右の四角形は AB：AD ＝ 1：1.618（黄金比）。
長辺は A'D：AA' ＝ AA'：AD ＝ 1：1.618。
また、四角形 A'B'CD も黄金比で、ABCD と相似形。

グスタフ・テオドール・フェヒナー
(1801-1887)

> **豆知識** フェヒナーは、太陽の光を見た後の残像の研究のために失明の危機に遭遇し、奇跡的に回復した。その後10年ほどの療養生活を送ったが、この間詩集を出したり哲学の研究をしている。

心理学史の巨人② エビングハウス

Key word | **認知心理学** 人間の認識（認知）、記憶、思考など高次の精神活動を研究対象とする心理学の領域。エビングハウスは心理学における記憶研究の最初の研究者であり、その意味で認知心理学の始祖のひとりといえる。

エビングハウスの生い立ち

　記憶に関する研究は、**認知心理学**と呼ばれる領域で研究されているが、心理学史上最初に記憶の実験的な研究を行ったのは**エビングハウス**（H. Ebbinghaus）である。ドイツ・ボン近郊の町で裕福な商人の子として生まれた彼は、1873年にボン大学で哲学の博士号を取得した後、定職をもたずにヨーロッパを転々としていた。その間、ロンドンにいるとき**フェヒナー**の『**精神物理学綱領**』を読み、強い感銘を受けた。当時、ヴントやフェヒナーによって感覚・知覚に関する研究は大きく進歩したにもかかわらず、記憶や思考といった高度な精神作用については実験的な研究は行われていなかった。そこで、エビングハウスはドイツに戻った後、独自に方法を開発し、記憶研究を行ったのである。

無意味つづりによる記憶実験と忘却曲線

　では、エビングハウスの行った記憶の研究は、どんなものだったのだろうか。私たちは日々、様々な情報を記憶しているが、情報の記憶のしやすさはいろいろな要因によって影響を受ける。そこでエビングハウスは、既にある単語ではなく、実験で用いる新たな記憶材料として意味のない単語のようなもの、つまり無意味つづりを使い、自ら被験者となって実験を行った。彼は、子音＋母音＋子音からなる無意味な音節を2300個ほど作った。その中から十数個の無意味つづりのリストを作成し、そのリストをまちがえず完全に暗唱できるまでくり返した。一度完全に暗唱できるようになったら、今度は時間をあけて、再び完全に暗唱できるようになるまでくり返した。時間をあけると、その間に覚えていたリストを忘れてしまうが、全く最初から覚え直すよりは早く完全に暗唱できるようになる。

　エビングハウスは、このように再び完全に暗唱できるようになるまでの時間や回数がどのくらい節約されるかに注目し、人間の記憶の特徴を調べていった。

　彼の研究から人間の記憶の様々な特徴が明らかになったが、中でも最も有名なのは**忘却曲線**である。**節約率**は時間経過とともに減少するが、その減少の仕方は一定ではなく、最初にリストを暗記した直後が最も大きく、徐々に緩やかに減少する。つまり、私たちはものを覚えた直後に急激に忘れるが、ある程度時間が経つとゆっくりと忘れてゆく、という性質をもっているのである。　　　　（田中）

豆知識 エビングハウスは、史上初めて文章完成法（文章の一部を空白にし、その語を答えさせる）を考案した人物でもある。授業時間の長さと子どもの疲労との関係を調べるためにこれを使った。

エビングハウスの研究

■心理学との出会い

1880年ごろ、ロンドンにてフェヒナーの著書を読み、強い感銘を受けて心理学を志す。当時、感覚に関する研究は多かったが、記憶の研究は全くのフロンティアだった。

フェヒナー、全てはあなたのおかげです！

■「無意味つづり」による記憶実験

彼は自らが被験者となって、画期的な実験をした。意味のないつづりを作り、そのリストを暗記し、時間をあけてから再び完全に暗唱できるようになるまで覚え直すという実験だ。

私たちは、ものを覚えた直後は急激に忘れるが、ある程度時間が経つとゆっくりと忘れていく。

$Q=(L-WL)100／L！$

■忘却曲線

上のような実験により、忘却の度合いを表したのが「忘却曲線」のグラフ。グラフのカーブが急なほど、急激に忘れていることをしめす。

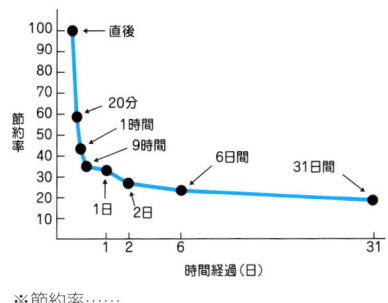

ヘルマン・エビングハウス（1850-1909）

※節約率……
$$\frac{(最初に学習した時間-再学習の時間)}{最初に学習した時間} \times 100$$

無意味つづりを完全に暗唱できるようになるまでに要する時間が、初回に比べてどのくらい節約できたかを表す数字。「$Q=(L-WL)100／L$」とも表す。

> **豆知識** エビングハウスは様々な研究を行っているが、その中には錯視の研究もあり、彼の名前のついた錯視図形も数種類残っている（→ p.129）。

心理学史の巨人③ ワトソン

Key word **行動主義** 客観的に観察できる行動から法則性を発見し、人の行動の予測と統制をできるようにすることが心理学であるとする考え方。アメリカの心理学者ワトソンが1913年に提唱した。

心を科学的に研究するとは

19世紀末に科学として歩み始めた心理学ではあったが、アメリカの心理学者**ワトソン**（J.B.Watson）は、心の研究はまだまだ言葉の遊びをしているに過ぎないと思っていた。彼は1913年、科学としての心理学は客観的現象に基づいて研究されるべきで、客観的に測定可能な「**刺激（S）－反応（R）関係**」のみを扱うべきであると主張した。人は、1枚の何も書かれていない石板（tabula rasa）であり、この上に経験によって多様なS－R結合が書きこまれていき、多くの潜在的な結合をもつことになる。そして、練習によってこれらが顕在化すると考えた。彼は「自分に生後まもない子どもを与えてくれたら、学者でも芸術家でもいかなる人間にも育ててみせる」と豪語したという。

彼はまた、本能さえも、S－R結合で説明しようとした。彼は、意識や自分の心の動きを内省した結果などは極力排除し、客観的に観察可能な「行動」のみを心理学の対象とすべきであると考えていたので、**行動主義**と呼ばれている。

恐怖反応の条件づけ

ワトソンの最も有名な学習心理学の実験は「アルバート坊やに対する条件づけの実験」である。病院の託児所に預けられていた生後9ヶ月のアルバート坊やに、ワトソンは白ネズミを見せた。坊やが好奇心を示して手を伸ばそうとしたときに、鉄棒をハンマーでたたいて背後から大きな音を不意に出すと、驚いて泣いてしまった。この「**条件づけ**」をくり返した後で白ネズミを見せると、アルバート坊やは強い恐怖反応を示すようになった。その後、白ウサギや白のコートに対しても、同様の反応を示した。ワトソンは、条件づけられた反応は持続し、生涯を通じて人格を変容させると考えた。

パブロフの条件づけ（→ p.136）は、異なった刺激（食物とブザー音）に対しても同じ反射（唾液分泌）が形成される事態（**刺激の条件づけ**）と考えることができる。アルバート坊やの実験は、同じ刺激（白ネズミ）に対して異なった反応（好奇心と恐怖）が形成される事態（**反応の条件づけ**）である。

その後、ワトソンの行動主義をもとに、ハル、トールマン、ガスリー、スキナーといった人々が独自の**学習理論**を発展させ、それらは**新行動主義**と総称された。

（神宮）

豆知識 ワトソンは、スキャンダルによってアメリカのジョンズ・ホプキンス大学をやめざるをえなくなり、友人が経営していた広告会社に入り、広告業界で成功を収めた。

ワトソンの研究

■アルバート坊やの実験

実験心理学の教授であったワトソンは、1913年に「行動主義」を宣言。客観的に観察可能な「行動」のみを心理学の対象とすべきであるとした。それを象徴する有名な実験が、「アルバート坊やの実験」である。

❶ 情緒の安定した生後9ヶ月の男の子（アルバート坊や）に白ネズミを見せ、背後で大きな音を出して脅かす。ネズミに触ろうとしていた坊やは驚いて泣く。

❷ 上のような条件づけをくり返した後、今度は音を出さずにネズミだけを見せる。しかし、坊やはもうネズミに手を伸ばさない。さらに続けると、ネズミを見るだけで泣いて体を引くようになる。

❸ これをくり返すと、坊やは、白いウサギや白い毛皮のコート、白い毛のついたお面に対しても恐怖するようになってしまった。

> 人はタブラ・ラサ（何も書かれていない石板）である。私に生後まもない子どもを与えてくれたら、彼らを学者にも芸術家にも、いかなる人間にも育ててみせよう。

ジョン・ブローダス・ワトソン
（1878-1958）

豆知識 ワトソンはアルバート坊やに、逆の手続きによって、白ネズミに恐怖を起こさなくさせることができると考えた。しかし、その前に坊やは託児所からいなくなっていた。

心理学史の巨人④ フロイトとユング

Key word　精神分析　人の行動、夢・空想、症状などの無意識の意味を理解するための方法であり、かつ治療法であり、さらにそこから体系づけられた理論のことである。

フロイトの精神分析学

　1856年にチェコスロバキアでユダヤ人の家系に生まれた**フロイト**（S. Freud）は、幼児期にウィーンに移り住み、ウィーン大学で医学を学んだ。臨床医となってから、体には問題がないのに様々な身体症状を示すヒステリー患者（神経症患者）に興味をもち、ヒステリー研究で有名だったパリのシャルコーの元で学んだ。ウィーンで開業したフロイトは、神経症の発生メカニズムと治療法について独創的な体系を生み出した。それは**抑圧**された記憶が**無意識**に存在し症状を引き起こすというものであった。よって無意識にある記憶を意識化することで症状は消えると考えた。その方法として**自由連想法**を中心とする心理療法（精神療法）を考案した。心の理解に無意識を重視することから、**深層心理学**ともいわれたが、一般的には理論の部分である精神分析理論、治療法の部分である精神分析療法、くわえて心の研究方法の部分の3つを総称して**精神分析**という。精神分析は理論・治療技法ともにフロイト以降も様々に発展している。また精神分析理論は社会学、文化人類学、宗教学、哲学、文学、芸術などにも多大な影響を与えている。

ユングの分析心理学

　フロイトのやや後に生まれ、初期の精神分析の発展にフロイトと共に貢献したのが**ユング**（C. G. Jung）である。ユングはスイスのケスヴィルで1875年に生まれた。バーゼル大学医学部を卒業後、チューリッヒ大学で精神医学を学び、さらにフランスでは精神病について研究した。その中で精神分析に惹かれ、フロイトと歩みを共にした。しかしユングは、だんだんとフロイトとは異なる考えをもつようになっていった。たとえば、フロイトは無意識を個人的なものに限定したのに対して、ユングは人類が共通にもっている無意識（**普遍的無意識**）があると考えた。また、無意識の中には様々なイメージのまとまりがあるとし、それを**元型**と名づけた。精神病患者の幻覚と神話との間に共通したイメージがたくさんみられることから、無意識には個人を超えた何かがあると考えたのである。こうしてユングは精神分析から離れ、**分析心理学**という独自の理論を作りあげた。日本ではユング心理学と呼ばれることが多い。ユング心理学の概念には、内向・外向、心理学的元型、コンプレックスなど、独特で魅力のある考え方が多い。　　（酒井）

豆知識　ヒステリーは、もともと子宮の病という意味で、女性に特有の病気と考えられていた。子宮が体の中をあちこち移動することで、様々な身体症状が出ると考えられたのである。

フロイトとユング

❶ 19世紀後半、ウィーンの神経科医だったフロイトは神経症患者の治療に従事。無意識の探求法および治療法として「自由連想法」など独自の技法を開発。

❷ フロイトの学説は、当時の人々からは受け入れられにくく、私的なグループ内で研究が進められた。その研究者の中にユングがいた。

❸ しかし、やがてユングは独自の理論を展開し、フロイトと袂を分かつ。人類には共通した無意識があり、そこに老賢人、太母（グレートマザー）などのイメージが存在するとした。

シグムント・フロイト
（1856-1939）

カール・グスタフ・ユング
（1875-1961）

豆知識 人はみな、心の中に何かの引っかかりをもっている。この引っかかりを核にしてその周りに関連する心的内容が集まって一つのまとまりを作ることがある。これをコンプレックスという。

心理学史の巨人⑤ エリクソン

> **Key word**　**自我心理学派**　精神分析の中でも自我の働きを重視する立場である。人（の自我）は、無意識の欲望に支配されるだけではなくて、環境との相互作用の中で発達することができるという観点をもっている。

放浪の人エリクソンとアイデンティティ

　エリクソン（E.H.Erikson）は、アメリカの精神分析家であり、心理学者である。彼は、ドイツのフランクフルトに生まれ、若い頃は画家を目指して欧州を放浪した。28歳の時、当時フロイトとその娘の**アンナ・フロイト**が開いていたウィーンの学校で、絵画の教師として雇われ、精神分析に触れた。そして、アンナ・フロイトに精神分析の訓練を受けた。その後ナチスによる迫害のため、1933年にアメリカに移住し、アメリカ初の児童分析家として活躍した。とくに彼のスタンスは、**自我心理学派**と呼ばれている。彼は精神分析の臨床実践を続けながら、大学の心理学教授になった。

　このように、彼自身の生い立ちやユダヤ民族の問題、移住してアメリカ人となった経験などを通して、つねに「所属」や「境界」のテーマが浮かんでくる。生涯「自分は何者か」を問い続けた彼の人生と、**アイデンティティ研究**は、切り離せないものなのだ。

様々な分野に影響を与えた研究

　エリクソンの研究は、大きくアイデンティティとライフサイクルの研究に分けられる。これらは、精神分析の臨床経験やガンジーなどの歴史上の偉人の事例研究がもとになって展開された。

　まず1950年代の著作『幼児期と社会』では、人格形成における環境を重視する立場が鮮明に表されており、心の発達の理論家として一躍脚光を浴びた。彼は、人間は生まれてから死ぬまで生涯に渡って発達すると考え、その一生のプロセスをライフサイクル（人生周期）と呼び、8つの発達段階を示した（→ p.85）。

　また彼の臨床経験はとくに、青年期研究やアイデンティティ研究として実った。青年が自分のアイデンティティが定まらずに、無気力になったり自暴自棄になったりする状態を、単なる精神病や医学的な異常と見なすのではなく、心の成長過程における一つの危機ととらえてクライエントに接するあり方は、人の健康さに着目した臨床心理学的視点の先駆けとなった。

　さらに、個人のライフサイクルとアイデンティティとが歴史と時代との接点でどのように展開するかを明らかにするなど、つねに心と社会や時代とのつながりを重視する理論は、心理学、教育学、哲学、社会学なども含んで広範な分野に影響を与えている。

（青木）

豆知識　エリクソンのデンマーク人の父とユダヤ人の芸術家だった母は婚姻に至らず、彼は実父と生涯会うことはなかった。そして3歳の時、母の再婚に伴いドイツ人の小児科医の養子となった。

エリクソンとアイデンティティ研究

■生まれながらの問題「アイデンティティ」

私のアイデンティティはどこに……。

ユダヤ人社会の中で育つが、実父が北欧人だったため、義父をはじめとする周囲の人々とは異なる容姿をもっていた。アイデンティティ確立の問題は、彼自身の抱えていた問題だった。

青年期の無気力やアイデンティティの不安定さは、病気ではない。心の成長過程の一つなのだ。

ギムナジウムを出ると画家をめざして欧州を放浪する。そのうち、ウィーンの学校で絵画教師となるが、そこで出会ったのがフロイトの娘、アンナだった。

■アメリカ人の児童分析家として

アンナ・フロイト
（1895-1982）

1930年頃からアンナ・フロイトに精神分析の訓練を受ける。ナチスの迫害により、今度はアメリカに亡命、アメリカ初の児童分析家となる。

その臨床経験をもとに、青年期とアイデンティティの研究を展開していった。

エリク・エリクソン
（1902-1994）

『幼児期と社会』ではライフサイクルの理論を発表し、注目を浴びた。

豆知識　スウェーデンの映画「野いちご」(1957)は、老医師の夢と現実を一種の回想形式で描く作品で、エリクソンは、ライフサイクルの観点から、この映画の主人公を詳細に分析した。

心理学史の巨人⑥ ピアジェ

> **Key word** 　**臨床法**　型通りの質問ではなく、柔軟な質問を提示しながら、子どもと対話して、子どものありのままの思考を引き出そうとする研究方法。単なる正答よりも、回答に至るプロセスを明らかにしようとする。

ピアジェの生物学と心理学

　ピアジェ（J. Piaget）はスイスの心理学者であり、発達心理学における代表的な認知発達理論を作った人物である。小さい頃から自然科学に興味をもち、10歳の時には、すでに白スズメに関する初めての論文が博物館雑誌に掲載されていたというから驚きである。そして1918年には軟体動物研究で博士になった。そういうわけで、彼はもっぱら生物学を研究していたのだが、だんだんと生物学と認識論（認識の起源を考察する学問）を結ぶものとして心理学に関心をもつようになっていく。そこで、チューリッヒ大学で実験心理学を学ぶかたわら、精神分析の理論や方法も学んだという。

　アインシュタインに「天才」と言わしめた逸話が残るほどに、彼はもともと天才肌で、しかも自ら学際的な研究の志向があった。こうしたこともあって、後に彼は「**発生的認識論国際センター**」なるものを創設する。そして物理学者や論理学者などの専門家と心理学者の共同研究を行うことによって、理論的検討と実験的分析を同時に進めるようになっていく。

ピアジェの認知発達論

　ピアジェの子ども研究は、**臨床法**（→keyword）や、彼自身の3人の子どもの緻密な観察など、実にユニークでアイディアに満ちている。

　ピアジェの**認知発達理論**は、ごく簡単に言うと、子どもが自分で外の世界とやりとりしながら、そこに何らかの規則性を見出して、認知的な枠組み（**シェマ**）を手にいれる。それがもとになって、次のやりとりに影響を与えつつ、新しいものを取りこんだり修正したり（これを**同化**と**調節**という）しながら発展させる、という具合に、子どもの認識の仕方が構成されていくことだと捉えられている。

　こうやって発達し続ける知的水準には、およそ4つの段階があるという。まず初めは、自分の身体の動き（素朴なところでは、生まれたての赤ん坊がもっている反射行動もこれにあたる）や、偶然起こったことなどが積み重なって、次はだんだんと新しい場面でもそのやり方を使ってみたり、複数のやり方を組み合わせて複雑な方法を編み出したりして発達していく。年齢が上がってくると、それが頭の中でできるようになり（これを**操作**という）、最後には、さらに抽象度の高い論理的な思考が可能になるという道筋が示されている（→ p.98）。　　　（青木）

　豆知識　ある米国の信頼のおける雑誌において、20世紀のもっとも偉大な知性として、自然科学のアインシュタインらと共に、人文科学の分野からピアジェとフロイトが選ばれている。

ピアジェの研究

ピアジェは、自分の子どもたちを詳細に観察し、認知(もののとらえ方、考え方)が年齢によって異なること、一定の順序で発達することを発表した。同じ年齢の子は、同じまちがい方をするのだ。

■子どものまちがい方の観察

年齢によって考え方の枠組み自体が異なるのでは?

10ヶ月の子どもの目の前で、2回続けて同じ位置におもちゃをかくす。3回目に別の場所にかくしても、その子はやはり2回目にかくされた場所をさがす。

■子どもたちとの実験と「臨床法」

緑のと、赤いのと、同じだけあるかな?どっちが多いかな?

赤いの!

そう。どうしてわかったの?

その後も、共同研究者たちとともに、様々な実験的場面で子どもを観察し、人間の認知の発達について貴重な記録を生み続けた。

人間の認知発達には4つの段階(※)がある。これはどの国の子どもにも共通の順序で起こる。

※4つの段階
(発達段階)
→p.99

こっちがせまいから。

そうか。じゃあ、数えてみたら、同じだけあるかな?

同じじゃない!

質問の仕方を決めず、柔軟なやりとりの中で子どもの思考過程を観察する。この研究方法を「臨床法」という。

ジャン・ピアジェ
(1896-1980)

発生的認識論序説

知能の誕生

🔴豆知識 ピアジェは、1920年からビネーの知能検査作りに携わった。その時、検査の単なる正答率より、子どもの間違い方のプロセスの方に着目して、論理構造の発達的変化を研究した。

Column

数学で心がわかるのか

花の名前をどれだけ思い出せるか

　花の名前を思い出してみる。バラ・スイセン・コマクサ……。時間をかければたくさん思い出せそうだが、だんだん思いつかなくなっていく。最初はどんどん思い出せたのに。何とか努力して時間をかけたとしたら、記憶している花の名前をすべて思い出せるかどうかわからない。いったいいくつの花の名前を記憶しているのかもわからない。たぶんたくさん知っているはずなのに。

　この思い出す過程を考えてみる。たとえば1分などの時間ごとで区切って、思い出した数を集計していく。最初は、記憶している花の名前全体の中から思い出していくことになる。次は、全体から思い出したものを引いた中から、思い出すことになる。これを順次くり返していくことになる。ここで、区切られた時間つまり単位時間の中で思い出せる数は決まっていると考えることができる。

数式で表現する

　この過程を数式で表現してみる。単位時間の中で思い出せる数は、思い出すスピードということになるので、微分表現が可能である。これは、まだ思い出されずに残っている数と比例的な関係にあると考えることができる。何時間も思い出す作業をするということは、この微分方程式を積分するということに相当する。結果として得られる式は、知識として蓄えられている記憶から、ある事柄を思い出す過程を表現している。実際の実験結果とこの数式で表現された結果とが合致していれば、微分で表現された思い出しのモデルが、心の働きをあらわしていると考えることができる。さらに、この数式から、この作業を無限の時間やり続けたとしたとき（もちろんそのようなことはできないが）の究極の値、つまり知っているはずの花の名前の全体の数を推定することができる。

　心の働きを数式で表現して、実験結果との対応を確かめる。そして、数式の考え方から心の働きを推論しようという心理学は、数理心理学とよばれている。記憶の問題だけではなく、学習や知覚、さらに社会心理学など、多様な心理学の分野で使われている。これは、心理学の一つのパラダイムである。

（神宮）

第2章

心と個性
性格心理学

性格・人格・気質とは？

> **Key word** **性格心理学** 性格をその個人を特徴づける比較的一貫した行動様式ととらえ、個人差や共通性を研究する。そして性格の特性や類型、性格の機能、性格形成を規定する要因、性格の形成過程などを探求する。

キャラクターとパーソナリティなど個性を表す用語の数々

「あの人は、どんな人？」というとき、私たちはその人を表す特徴をいろいろと表現する。「○○な人」というと、世間では、その人の性格か外見を表すことが多い。心理学では、性格や人格（パーソナリティ）といった概念で人の個性を表す。私たちは同じ状況でも、人によって異なる感じ方や行動を選択する。逆に状況が異なっても、その人独自のある程度一貫した感じ方や行動の仕方がある。このような個人差と個人内の一貫性にかかわる概念を米国の心理学者G.オルポート（1897-1967）は、**パーソナリティ**と呼んだ。この心理学分野は、**性格心理学**あるいは**パーソナリティ心理学**と呼ばれている。

たとえば**性格**は、物の考え方・感じ方や行動によって特徴づけられる、その人独特の性質である。俗にいう「○○キャラ」とは、性格＝キャラクターの略語である。語源のギリシャ語は、「刻みこまれたもの」という意味。生まれながらにしてもっていて、持続性のある一貫した行動様式を示す。

心理学用語としての**人格**は、パーソナリティの訳語で、善し悪しなどの価値的な意味合いは含まれない。現在は、パーソナリティと表記されることが多い。語源のラテン語「ペルソナ」は、劇場で用いられた仮面を意味し、役割に応じて仮面をつけ替えることから、社会的に形成された役割の側面を強調する用語である。

これに対して**気質**は、先天的な体質に関係のある感情や性質を示し、生得的な特徴を強調している用語である。

このようにこれらの用語は、少しずつ強調点が異なる。しかし、すでに日常生活に浸透しており、厳密に区別することは困難である。本書で扱う性格と人格（パーソナリティ）も、ほぼ同じものを意味していると考えてよい。

性格の一貫性に対する疑問

ところで、行動の一貫性といっても、私たちは、案外と時と場合によりけりで、自分の行動や感じ方をその場の状況に応じて柔軟に変えている。これを強調したのが、米国の心理学者のミッシェル（1930-）であり、人の行動にそれほど長期の安定性や一貫性はないとする。

確かに状況要因をまったく無視するのは、現実的ではない。およその一貫性、という程度のものなのだが、性格に関する私たちの関心は古今東西尽きることはない。　　　　　　　　　　（青木）

 豆知識 たとえば「人格者」や「高邁な人格」など、人格という用語には、道徳的であったり、暗黙に知的にも優れているかのようなイメージがあるが、心理学用語はあくまで中立的に用いられる。

性格・人格・気質

これら3つの用語を厳密に区別することは難しい。

性格 = キャラクター（character）
語源：刻み込まれたもの（ギリシャ語）

たとえば「お姉キャラ」とは、子どもの頃からしっかり者的存在感が特徴。

人格 = パーソナリティ（personality）
語源：劇場で用いられた仮面「ペルソナ」（ラテン語）

同一人物でも役割に応じて人格を演じ分ける。

気質 = テンペラメント（temperament）
語源：調節する（ラテン語）

生まれて数日の子どもでも、同じ騒音に対する反応の仕方には個人差がある。こうした、生まれながらの素質に関するものを指す。

人の様々な性格

性格に関する最古の書物『人さまざま』には、30の性格について描かれている。

- ○空とぼけ
- ○へつらい
- ○無駄口
- ○粗野
- ○お愛想
- ○無頼
- ○おしゃべり
- ○噂好き
- ○恥知らず
- ○けち
- ○いやがらせ
- ○頓馬（とんま）
- ○お節介
- ○上の空
- ○へそまがり
- ○迷信
- ○不平
- ○疑い深さ
- ○不潔
- ○無作法
- ○虚栄
- ○しみったれ
- ○ほら吹き
- ○横柄（おうへい）
- ○臆病
- ○独裁好み
- ○年寄りの冷水
- ○悪態
- ○悪人びいき
- ○貪欲

出典：『人さまざま』テオプラストス著（岩波書店）

空とぼけ

へつらい

豆知識 性格に関する最古の書物の一つ『人さまざま』は、アリストテレスの弟子テオプラストスが、紀元前に書いたもの。30ほどの性格について、現代人にも通じる描写がなされている。

性格の成り立ち

Key word　相互作用説　心の発達は遺伝からも環境からも影響を受けるという考え方。遺伝と環境の影響を単純な足し算的に考える場合と、相乗的な効果として考える場合があり、現代では、後者の考え方が主流である。

性格の形成に影響を与える要因には、様々な学説がある

　性格は変わるか、変わらないか、あるいは変えられるか？　もっとも、性格が生まれたときから変わらないものだとしたら、世の中の心理療法や学校における健全な人格育成といったものの存在理由がなくなってしまう。変化という視点で見れば、人は生涯にわたって変化する。特に乳児期から青年期くらいまでは、性格形成途中ととらえられている。

　また、昔から性格の形成要因については関心が高かった。「氏か育ちか？」というように、遺伝と環境のどちらが大きく影響するかの議論には、様々な学説がある。1つの環境要因が強いという見方を**単一要因説**と呼び、遺伝の影響が強いと主張するのが**生得説**や**成熟優位説**である。生得説は19世紀中頃のダーウィンの進化論あたりから優勢になった。実際、体格や知能などは遺伝的影響が極めて強いことが知られている。また、成熟優位説を唱える実験にはゲゼル（1880-1961）が行った**階段上りの実験**などがある。

　一方、環境要因重視の立場は17世紀の経験論に遡るが、運命論的になりがちな遺伝説に対し米国の心理学者ワトソン（→ p.24）らの**行動主義**が登場した。性格形成の環境要因は、文化、家族関係、友人等との対人関係、しつけなど実に様々である。とくに親の養育態度の影響は多くの人が指摘するところだ。現在では、性格形成においては「遺伝も環境も」という**相互作用説**が主流である。

　また「三つ子の魂百まで」と言われるように、人生初期の経験がその後の発達に及ぼす影響も無視できない。19世紀初頭の南フランスのアヴェロンの森で発見された、11歳前後の少年の再養育過程の記録が残されている。この記録からは、人は変化の可能性をもつという発達の可塑性を感じさせる一方で、初期のダメージがその後の発達に与える影響の大きさについても考えさせられる。

性格の形成要因を探る双生児法

　性格形成の要因を探る心理学的方法に、**双生児法**がある。双生児法では、同じ遺伝的素因をもつ一卵性双生児と、遺伝的素因は異なるけれども養育環境が似ている二卵性双生児を比較して、性格形成における遺伝と環境の要因の程度を探る。これによると、知能だけでなく、外向性や神経質といった性格についても遺伝の影響を受けているという結果が出ている。

（青木）

豆知識　脳科学の進歩によって、性格形成に影響を及ぼす脳内の神経伝達物質があることがわかってきた。たとえば、ドーパミンは外向性などに関係し、セロトニンは攻撃衝動などへの影響がある。

一卵性双生児と二卵性双生児の類似性の比較

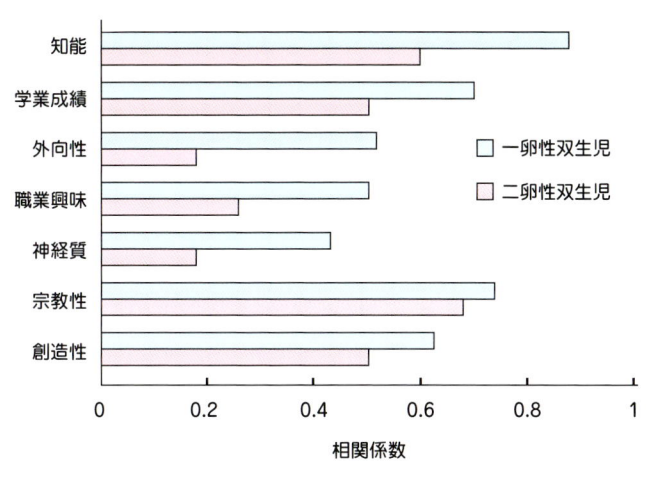

（グラフ：相関係数）
- 知能：一卵性 約0.88、二卵性 約0.60
- 学業成績：一卵性 約0.72、二卵性 約0.50
- 外向性：一卵性 約0.50、二卵性 約0.18
- 職業興味：一卵性 約0.50、二卵性 約0.28
- 神経質：一卵性 約0.45、二卵性 約0.18
- 宗教性：一卵性 約0.75、二卵性 約0.68
- 創造性：一卵性 約0.62、二卵性 約0.50

□ 一卵性双生児
■ 二卵性双生児

相関係数

相関係数が1に近いほど、兄弟の類似度が高いといえる。知能以外にも、外向性や神経質などの性格的な傾向も、遺伝的な要因が効いていることがわかる。
出典：詫摩武俊ほか編／安藤寿康ほか著『性格の理論』（ブレーン出版）

一卵性双生児
1つの受精卵が分裂するので遺伝的素因が同じ。

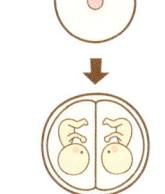

二卵性双生児
2つの卵子がそれぞれ受精するため遺伝的素因が異なる。

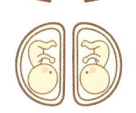

階段上りの実験

ゲゼルが行った実験。一卵性双生児の女児Tは生後早い時期から訓練を開始し、もう一方の女児Cは訓練開始時期を遅くしたが、結果に大きな差はなかった。

[一卵性双生児女児T]
訓練期間：6週間
訓練開始時期：生後46週～
訓練結果：56週目に11秒、79週目に7秒で階段を上りきれるようになった。

興味をもたせるための鈴
最初は大人の助けがあってやっと階段を上れた。

[一卵性双生児女児C]
訓練期間：2週間
訓練開始時期：生後53週～
訓練結果：56週目に14秒、79週目に8秒で階段を上りきれるようになった。

最初から自力で45秒で階段を上れた。

> **豆知識** ワトソンは、1ダースの健康な赤ん坊と彼らを育てる適切な場所があれば、才能などに関係なく、医者でも芸術家でも泥棒にでもさせられると豪語し、極端な環境要因説を主張した。

性格の類型論と特性論

> **Key word** 　**因子分析**　数多くの変数の関係を分析して、因子と呼ばれるいくつかの変数にまとめるための統計的手法。様々な項目の関係を容易に把握することができ、心理学の質問紙調査の分析によく用いられる。

性格を類型論や特性論でとらえることの長所と短所

　日常生活の中で様々な人と接していると、何らかの共通性を見出すことができる。性格の**類型論**とは、一定の理論や基準によって多様な性格をいくつかのタイプに分けて理解しようとする方法である。血液型や星座で性格をタイプ分けすることも、ある意味素朴な類型論といえる。ギリシャ時代から現代まで人々の関心を集め続け、多くの類型論が生まれてきた。

　中でも**ユングのタイプ論**（→ P.54）は、代表的な性格の類型論の一つである。**リビドー**と呼ばれる心的エネルギーの方向によって、外向型と内向型の基本類型を設定し、さらに4つの心的機能（思考、感情、感覚、直観）を組み合わせて、合計8タイプの類型を提唱した。

　類型論は、人の全体性を損なわないように、性格の理解を可能にする長所がある。しかし、個人がもっている複雑で多様な性格をほんの少しの類型に分類することの限界は、多く批判されるところである。当然、典型に当てはまらない特性をもつものも存在する。

　一方、性格の**特性論**では、個々の行動の記述から類似のものをまとめる作業をくり返し、1つの行動傾向としてとらえられるものを特性と呼び、様々な特性の量的なちがいによって性格をとらえようとする。特性という概念を初めて用いたのは、米国の心理学者G.オルポート（1897-1967）だった。特性論は、類型論よりも、各人の詳細な行動の様式を把握するのに適している。しかし、特性と呼ばれる性格を記述する用語数は膨大で、全ての特性を取り上げて比較することはできない。効率よく適切な性格特性を見出す必要があるが、それをできるだけ客観的に行う方法が求められる。

性格の特性論から因子論に発展して、現代の性格検査へ

　対象を客観的に分析するための統計的な手法に**因子分析**があり、これによって複数の特性を意味のあるまとまりに集約して、少数の因子で表せるようになった。こうして出来上がったものを**因子論**と呼ぶ。アメリカの心理学者キャッテル（1905-1998）の16因子人格検査やイギリスの心理学者アイゼンク（1916-1997）の外向性、神経症傾向、精神病傾向の3因子をもとにした性格検査などが開発された。

　その後も1980年代に入って計算機の性能が飛躍的に進歩したことに伴って、**質問紙法**（→ p.202）による性格検査が多く作られた。　　　　　（青木）

豆知識　アイゼンクは、因子分析によって性格の特性をまとめ上げ、それを類型化したので、因子論的類型論と呼ばれる。ユングが臨床経験などから直感的に類型を考えたのとは対照的である。

いくつかのタイプに分ける類型論の限界

みんなで飲みに行くのも好きだし、1人で本を読むのも好き。どっちの類型に入ればいいの?

外向型

内向型

特性の量のちがいを分析する特性論

様々な特性をどのくらいの量ずつもっているかによって性格をとらえようとする。その分析が性格検査に発展した。

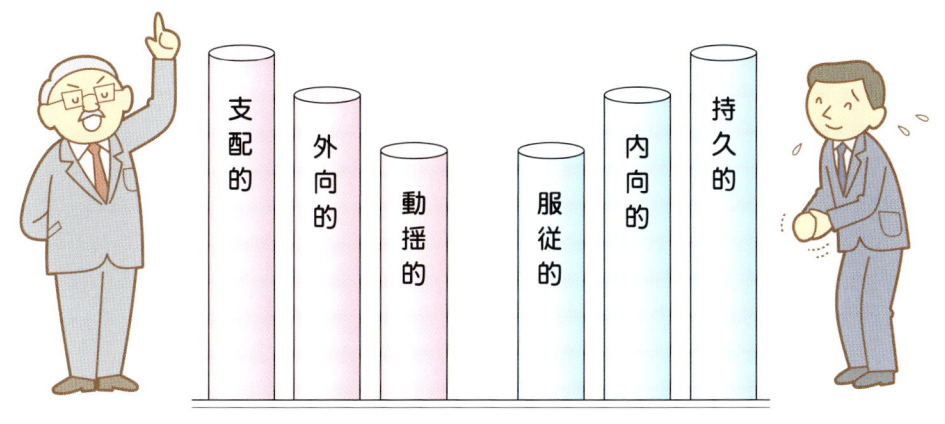

支配的　外向的　動揺的　服従的　内向的　持久的

G.オルポートは特性を「支配的‐服従的」「外向的‐内向的」「動揺的‐持久的」など14にまとめた。

豆知識 ユングの外向と内向という考え方は、ロールシャッハ・テストで体験型と呼ばれる解釈指標に応用され、特性論にも影響を与え、向性検査ほか多くの質問紙法に取り入れられた。

ビッグ・ファイブ理論

> **Key word** **性格の特性論** 人の性格を表す言葉をたくさん集めていくつかの次元に分類してまとめる考え方を性格特性論という。まとめたり分類したりするために、因子分析という複雑な統計法が使われている。

5つの視点でとらえる性格特徴

　性格はいくつの側面からできているのだろうか。明るい人、物静かな人、喜怒哀楽の大きい人、感情を外に出さない人、すぐに怒る人、……その人らしさを表す言葉はたくさんある。これらを分類してみたら何かわかるだろうか。

　明るい人と社交的な人は似ている感じがする。社交的な人と内気な人は反対の感じがする。社交的な人で嫉妬深い人というのはありそうだし、内気で嫉妬深い人もいそうである。このように見ていくと、性格を表すような言葉の中には似ているもの、まったく反対の意味をもつもの、あるものとは関係ない別の特徴を表したものなどがあると考えられそうだ。「明るい」と「社交的」のように、意味が似ていて、その反対の特徴（「内気」）も似ている場合はひとまとまりにできそうである。このようなひとまとまりにできそうな特徴のことを**性格特性**という。

　このような発想で性格をいくつかの特性にまとめてみようという研究がたくさん行われ、数多くの**性格特性論**（性格の特性論）が考え出されてきた。現代の性格特性論では、5つの特性で人の性格はおおよそとらえられるのではないかといわれている。5つの特性なので**ビッグ・ファイブ理論**とも呼ばれる。

5つの性格特性とは？

　ビッグ・ファイブ理論では、外向性、協調性、勤勉性、情緒安定性、知性の5つの特性をあげている。外向性は社交性のことで、話し好きで積極的な特性を指す。協調性は他人に親切で思いやりがあり、相手の立場になって行動できるかどうかなどの特性を表す。勤勉性はまじめ、根気がある、きちんとしているという特性である。情緒安定性は楽天的、穏やか、くよくよしないなどの特性を指す。知性は、好奇心があり新しいことに興味をもち、思慮深いなどである。

　これら5つの特性ごとに高低を調べ、そのプロフィールによってその人らしさをとらえようとするのがビッグ・ファイブ理論である。たとえば、外向性が高くて協調性が低い人はどうなるだろうか。多分、活動的で外向きであるが人に対して優しくはなさそうである。また人と協調するよりは自分で好きにやりたい人のように感じられる。ワンマン社長が想像できそうである。もし社交的で人に親切であるなら、外向性が高くかつ協調性も高いということになるだろう。　　（酒井）

豆知識 5つの特性の名前のつけ方は研究者によって多少異なる。たとえば勤勉性の代わりに良心性、知性の代わりに開放性、協調性の代わりに調和性という言葉が用いられることもある。

ビッグ・ファイブ理論

[外向性]
積極的で話し好き。高い社交性をもっている。

[協調性]
他人に親切で相手の立場になって思いやることができる。

[勤勉性]
まじめで根気があり、物事に対してきちんとしている。

[情緒安定性]
周囲の状況に左右されず、楽天的で穏やか。

[知性]
新しいことに興味があり好奇心旺盛で思慮深い。

5つの特性のうちどれが高く、どれが低いかによって性格のちがいをとらえる。
たとえば、右のようなワンマン社長の場合、「外向性と勤勉性が高く、逆に協調性が低く、情緒安定性も低い。知性は平均的な人物」といったとらえ方ができる。

[ワンマン社長の性格特性例]

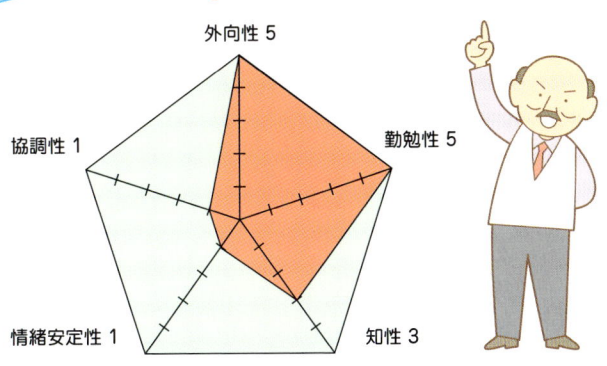

- 外向性 5
- 勤勉性 5
- 知性 3
- 情緒安定性 1
- 協調性 1

豆知識 性格を自己評価した場合と他者が評価した場合、どのデータでも5つの特性が得られる。人は自分についても他者についても5つの視点で性格を捉えているといえそうである。

認知スタイルの個性

Key word 　**認知スタイル**　人が外界に対し情報処理や判断を行う際の個人差のことである。これは個人内で比較的安定しているといわれており、その意味で性格のちがいとして見ることも可能である。

何かが起きると人は理由や原因を求める

　私たちは、何かが起きるとどうしてだろうかと考えたがるものだ。ある出来事が起きたときに、その原因を何かに求めることを**原因帰属**という。ある人の行動の理由をその人の性格などによると推測することは**特性帰属**といわれる。

　学校の定期試験でよい点が取れたとき、その理由や原因をどのように考えるだろうか。自分の努力だと思う人もいるだろうし、ヤマがあたって運がよかったと思う人もいるかもしれない。このように同じ出来事を体験しても、そのとらえ方の癖は人それぞれで、それは**認知スタイル**のちがいといえるだろう。つまり原因帰属には個人差があるのだ。社会的学習理論では、この認知スタイルのちがいは生まれてから後の様々な体験を通して学習されるものであり、そしてその積み重ねが性格のちがいにつながっていると考えている。

原因を内部に求める人と外部に求める人

　心理学者のロッター（J.Rotter）は、ある結果が得られたときにその原因を自分の中にあると考える人と、外にあると考える人がいると考えた。原因を内部に求める人を**内的統制者**、外部に求める人を**外的統制者**という。内的・外的統制は一種の性格特性と呼ぶべきものである。内的統制と外的統制を2つまとめて**統制の所在**（Locus of Control）と呼ぶ。

　内的統制者は、自分の力によって好ましい結果をもたらすことができると考えるタイプであり、外的統制者は自分の力の及ばない運や他者の影響などが結果をもたらす原因と考えるタイプである。統制は英語ではcontrolであり、その言葉通りコントロールできるという感覚のことでもある。

　比較文化的な研究によると、日本人はアメリカ人よりも外的であるという。つまり、うまくいったのは自分の力のおかげというよりは周りの人の助けなどと感じやすいということである。一方帰国子女はより内的になるという調査もある。これは、統制の所在は文化や風土の影響を受け、変化していく可能性があることを示している。自分の意志で行動を起こせば成果が得られるはず、と期待を強くもてるということは、人の主体性と大きくかかわってくる。統制の所在という視点は、その意味で無気力やうつなどの問題ともかかわってくるのである。

（酒井）

豆知識　個人の統制の所在を測定する尺度を、ロッター自身が作成している。Rotte's Internal-External Scale（I-E 尺度）という。この日本語版が、Locus of Control 尺度である（→ p.49）。

内的統制者と外的統制者　それぞれの利点と欠点

■内的統制者タイプ

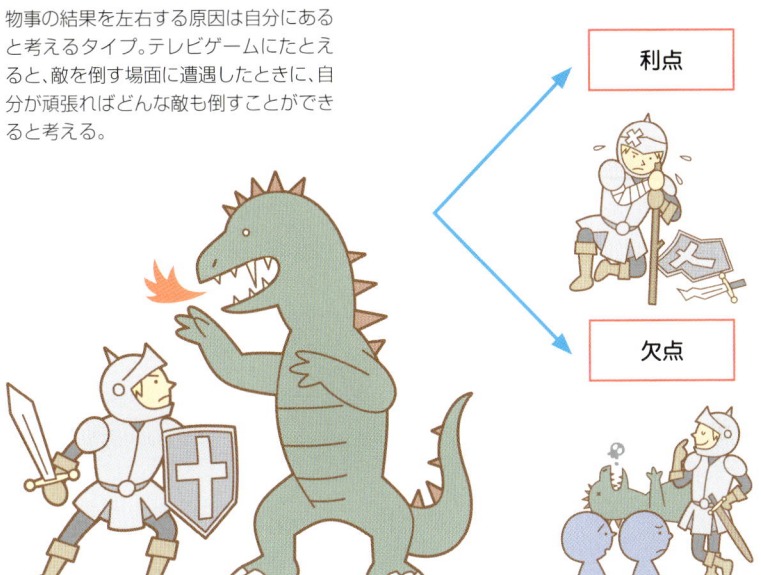

物事の結果を左右する原因は自分にあると考えるタイプ。テレビゲームにたとえると、敵を倒す場面に遭遇したときに、自分が頑張ればどんな敵も倒すことができると考える。

利点　失敗してもやる気や主体性を持続できる。

欠点　すべて自分の力と考え、他者への感謝の気持ちを軽視する。

■外的統制者タイプ

自分の力の及ばない運や他者の影響によって結果が決まりやすいと考えるタイプ。テレビゲームであれば、敵を倒すには強い武器や強い仲間が必要と考える。

利点　他者への感謝の気持ちを忘れず、自分の力を過信しない。

欠点　自分の行動次第で結果を出せると考えにくいので、目的への意欲をもちづらい。

> **豆知識**　Locus of Control 尺度をうつの人にとると、外的統制が高い傾向がみられるという。一般に内的統制者の方がストレスにも強いらしい。かといって内的に偏りすぎるのもまた問題となる。

タフな性格

Key word　**タイプA**　冠状動脈性心臓疾患に罹りやすい人の行動パターンを指す。血圧、コレステロール値が高めで血が固まりやすく交感神経も興奮しやすいなどの特徴があり、これらが心臓疾患と関連すると考えられる。

心臓疾患になりやすいタイプA

　アメリカの循環器病の医師**フリードマン**（1912-2006）らは、冠状動脈性心臓疾患になりやすい人には性格的な特徴があるのではないかと考え、これを**タイプA**と名づけた。タイプAは簡単にいうと、いらいらしやすい性格の人である。こういった人は、同じ状況に対してもストレスを強く感じやすいので、当然**ストレス反応**も生じやすい。ストレス反応は交感神経と内分泌系に作用し、体を常に戦闘状態のようにしてしまう。つまり身体の活動性を高めるために血圧と心拍数が上がり、逆に体の末端にはあまり血が行かなくなる状態である。

　フリードマンらによると、タイプAの行動パターンは具体的に次のような特徴をもつ。性格的には、競争心が強く、いつもせかせかと時間に追われるようにせわしなく活動する。何事も急ぎがちである。常に時間に追われているように感じ、過敏で警戒心が強い、などである。また行動は、早口で活動的である。ゆっくり行動することが苦手で、食事などは早食いであることが多い。攻撃的挑戦的な言動が多く、神経質な癖をもつこともある。

　ただしこれらの研究は西欧人を中心としたもので、日本人について調べるとやや特徴が異なるという報告が多い。日本人の場合、敵意は少なめで、仕事中心の人が多く、また集団への所属意識が強い傾向があるようだ。

ストレスに強いのはどんな性格？

　ストレスに強い人とはどういった人だろうか。控えめで感情を抑え、物静かで周りに合わせるような、一見タイプAとは逆のような人は、ストレスに強い人といえるのだろうか。実はこういったタイプはガンになりやすいという。これは**タイプC**と呼ばれ、優等生的だが無力感や無気力に陥りやすいタイプである。

　タイプAと反対の特徴をもつ人は**タイプB**と呼ばれている。タイプBの特徴は、おおらかでいらいらすることが少なく、またマイペースで行動できることである。ストレスに強い性格特徴としては、タイプBの要素に加え、周りの人に必要とされ、自分で考え、選択し、行動できていること、好奇心が旺盛であることなどを加えるとよいだろう。つまり、情緒的に落ち着いており、適度に感情を表すことができ、自分というものをもちながら協調性もある人である。　（酒井）

豆知識　フリードマンは、心疾患患者の座っている待合室の椅子がすり切れているのを見てタイプAを発想した。すり切れたのは、いらいらして貧乏揺すりをしている人がとても多いためだった。

タイプA・B・Cの特徴

フリードマンがタイプAとタイプBを提唱、テモショック(Temosok,L)がタイプCを提唱した。

■タイプA（Aggressive）
ストレスが多く心臓疾患になりやすいタイプ

[特徴]
- 競争心が強い
- 時間に追われて行動
- 警戒心が強い
- 早口で早食い
- 攻撃的挑戦的な言動
- 神経質な癖をもつ

■タイプB（=not A）
ストレスに強いタイプ

[特徴]
- 楽観主義で肯定的思考
- 好奇心旺盛
- 自己効力感（※）がある
- 情緒的に落ち着いている

※自己効力感……ある事態に対して、自分の働きかけが確かな結果を生むと感じられること。

■タイプC（Cancer）
ストレスが多くガンになりやすいタイプ

[特徴]
- 協調性がある
- 控えめで寡黙
- 優等生的
- 無力感や無気力に陥りやすい

豆知識 冠状動脈性心臓疾患とは、心筋梗塞や狭心症のことである。これは動脈硬化により心臓に血を送る血管（冠状動脈）が狭くなることで、心臓に血が行かなくなって生じる。

性格占いと心理テスト

> **Key word** **バーナム効果** 性格についての一般的な内容も「これはあなただけに当てはまる」と言われると信じてしまう現象。1956年にミールが名付けた。自尊心をくすぐるような記述があるとより効果的である。

性格を測る性格占いと心理テスト

いまやほとんどの雑誌に、性格占いや心理テストのコーナーがあり、あなたの知らない隠されたあなたや本当のあなたがわかると謳っている。こういった**性格占い**と、心理学者がつくる**心理テスト**とは何がちがうのだろうか？それともたいして変わらないのだろうか？

たとえば、せっかちな性格を測ってみよう。そう思っても、「せっかちさ」を取り出すことはできないし、せっかちさを測る専用物差しもない。そこで心理学者は、「せっかちさは直接は測れないので、直接調べられるその人の行動を調べてみよう」と考えるのである。せっかちな人なら、赤信号でも渡ることが多いかもしれない。列に割りこむことが多いかもしれない。カップラーメンを2分で食べ始めるかもしれない。ビデオは早送りするかもしれない。そしてこのようなせっかちさを表すような行動を集めてきて、たくさん当てはまる人ほどせっかちな性格だと考えるのである。

一方、占い式のものは、一見性格とは関係のないものから性格がわかるというものが多い。もっとも古典的なものは血液型で性格がちがうという血液型性格占いであろう。書いた字で本性がわかるとか、コップの水をどのくらい飲むかで、わがまま度がわかるとか、バリエーションには事欠かない。

あたっている気がするバーナム効果

そもそも性格は見えないのだから、学問的な心理テストであれ占い式のものであれ、結果が正しいのかどうかの疑問は残る。しいていえば、心理学者が作った心理テストは、常に問題があるかどうかチェックされるので、だんだんよいものになるのではという期待はもてるが、占い式の心理テストは、結局のところ、本当にそういうことがいえるかどうかを誰も確認していないところに問題がある、ということかもしれない。

しかしそういう占い式の心理テストでも、あたっているような気がしてしまうのはなぜだろうか。実はこの点については心理学者は一つの解答をもっている。私たちは、誰にでも当てはまるような一般的なことであっても、これはあなたのことですよ、と言われるととたんに信じてしまうのだ。これを**バーナム効果**と呼んでいる。だからあたっている感じがする、というのはテストの正しさの証拠にはならないのである。 （酒井）

豆知識 人は状況で行動の仕方が変わるものである。家では甘えん坊でも、学校ではしっかり者になる、などの例は珍しくない。性格は変わらないと思われやすいが、決してそうでもない。

性格占いと心理テストの中身のちがい

（ここで述べた「心理テスト」とは、おもに質問紙型の性格検査のこと）→ P.48

[性格占い]

一見性格とは関係のないものから性格を測る。

- 血液型占い
- 書いた文字からわかる性格占い
- コップの水を飲む量でわかるわがまま度占いなど

[心理テスト]

「せっかちさ」など調べたい性格を表すような行動を集めて性格を測る。

- 赤信号でも渡るか？
- 列に割りこむことが多いか？
- 3分で出来上がるカップラーメンを2分で食べ始めるか？
- ビデオ録画したものを早送りにして見るか？

※実際の心理テストでは上記と同じ質問は使用していない。

バーナム効果のしくみ

誰にでもあてはまるような一般的な性格でも、「あなたのことです」と言われると信じてしまう現象。

[バーナム効果の一例]

社交的なときがある反面、内向的なときもある。

他人に好かれたいと思っている一方で、自己批判する傾向もある。

あたってる……

豆知識 バーナム効果の由来となったバーナムとはアメリカの興行師の名である。彼は「誰でも喜ぶ出し物がある」と言ったそうである。

自分の性格を知る

> **Key word** 　**性格検査**　性格を測るもっともポピュラーな方法は質問文に自分で答える自己記入式の質問紙法である。これ以外に、曖昧な図形を見せて何に見えるかを答えさせる投映法など、様々な検査方法がある（→ p.196）。

流動的な性格を測ることはできるか？

　性格は一生の間あまり変わらず、そのため人は状況によらず一貫した行動をとる、という印象があるかもしれないし、そう考える心理学者もいる。一方、人には一貫した性格というものはないという心理学者もいる。これを**一貫性論争**という。もし性格が一貫していないなら、そもそも**性格検査**は何を測っているのだろうか。さらに、どのように測れば妥当性が高いのか、という測り方の問題が生じてくる。

　また、自分で思っている性格と他の人から見たその人の性格は同じとは限らないということも重要なポイントである。

　たとえば、人前では少し頑張って社交的に振る舞う人が、本当の自分は内気だと思っているとする。でも他の人はこの人は社交的なのだなと判断するかもしれない。どちらが自分の性格なのだろうか？

　このようにみてくると、性格とは流動的でもあり、また見る人や状況によって異なったあらわれ方をすることがあるのは確かなようだ。それでも、比較的短い期間で区切ってみると、やはりある程度の安定性やまとまりをもっているのもまた確かである。このような中で心理学者は性格測定の方法を工夫し、多くの性格検査が作成されたのである。

類型論、特性論など、いろいろな性格検査

　自分で記入する質問紙形式の性格検査には、性格のどういった点をどういう観点から測ろうとするかによって様々な種類がある。

　類型論的に人をいくつかのタイプに分けるもの（**MBTI**、**Y-G性格検査**など）、いくつかの次元についてそれぞれどのくらいかを判定する特性論的なもの（**主要5因子性格検査**、**NEO-PI-I**、**16PF**など）、ある理論に基づいて自我の状態を測るもの（**エゴグラム**など）、ある特定の状態にあるかどうかを測るもの（うつの程度を測る**SDS**、不安の感じやすさを測る**STAI**）などがある。

　これらの検査はいずれも自分で回答するタイプだが、そのため答える人の態度や意欲、動機などで回答結果が影響を受けてしまうことがある。そういう影響をなるべく少なくするために、回答時に回答者の態度や、回答の信頼性を測るように工夫されている検査もある。よい検査であるには、信頼性や妥当性を保てるように、様々な工夫とチェックがなされていることが必要である。　　　　（酒井）

> **豆知識**　信頼性とは、測定した値の安定性のことで、数値がどのくらい信頼できるかという意味。たとえば同じ人が1日に2回体重を測ってもほぼ同じ値を示す体重計は信頼性が高いことになる。

性格検査の例

Locus of Control 尺度　　　　　　　　　　（鎌原・樋口・清水, 1982）

以下を読んで、あなたがそれらの意見についてどのように思うか、一番あっていると思うものに○をつけてください。（検査結果の採点の仕方と解説は p.213）

		1 そう思う	2 ややそう思う	3 ややそう思わない	4 そう思わない
1	あなたは、何でも、なりゆきにまかせるのが一番だと思いますか。				
2	あなたは、努力すれば、りっぱな人間になれると思いますか。				
3	あなたは、いっしょうけんめい話せば、だれにでもわかってもらえると思いますか。				
4	あなたは、自分の人生を、自分自身で決定していると思いますか。				
5	あなたの人生は、運命によって決められていると思いますか。				
6	あなたが、幸福になるか不幸になるかは、偶然によって決まると思いますか。				
7	あなたは、自分の身に起こることは、自分のおかれている環境によって決定されていると思いますか。				
8	あなたは、どんなに努力しても、友人の本当の気持ちを理解することは、できないと思いますか。				
9	あなたの人生は、ギャンブルのようなものだと思いますか。				
10	あなたが将来何になるかについて考えることは、役に立つと思いますか。				
11	あなたは、努力すれば、どんなことでも自分の力でできると思いますか。				
12	あなたは、たいていの場合、自分自身で決断した方が、よい結果を生むと思いますか。				
13	あなたが幸福になるか不幸になるかは、あなたの努力次第だと思いますか。				
14	あなたは、自分の一生を思いどおりに生きることができると思いますか。				
15	あなたの将来は、運やチャンスによって決まると思いますか。				
16	あなたは、自分の身に起こることを、自分の力ではどうすることもできないと思いますか。				
17	あなたは、努力すれば、だれとでも友人になれると思いますか。				
18	あなたが努力するかどうかと、あなたが成功するかどうかとは、あまり関係がないと思いますか。				

豆知識　妥当性とは、用意した物差しが測りたいものを測っているかという概念。イメージとしては、体重を量りたいのであれば握力計ではなく体重計を使わないとならない、といったとらえ方だ。

フロイトの人格理論

> **Key word　自由連想**　精神分析の代表的な技法の一つ。分析場面において、クライエントが心に浮かんでくるものすべてを自由に語ってもらうことによって、無意識と意識の壁がゆるめられていく。

フロイトが考えた2つの心の構造モデル

　精神分析理論を生み出した初期の頃、**フロイト**（→ p.26）は、**心の構造図**に無意識の世界と意識の世界を書きこんで、自分にとって不都合なことを無意識の世界に抑圧して封じこんでおく、という心の働きを明らかにしていた。精神分析では、この構造モデルを**局所論**という。

　しかしよく考えてみると、人は抑圧したものが何であるかも自覚しないまま抑圧しているので、これはすべて無意識で行われている心のメカニズムといえる。そこで彼は、**エス（イド）**、**自我**、**超自我**という3つの組織からなる心の構造を仮定して、抑圧の無意識的プロセスを説明した。精神分析では、これを**構造論**と呼ぶ。

　エスは、社会規範や論理性を一切無視した欲求の固まりのような部分である。それに対して自我は、エスの部分を満たしつつ、現実社会に適応できるように調整する。超自我は、自我を監視する道徳的な良心や罪悪感、自己観察などの働きをする部分だといわれるが、現実の自分を自分で評価して励ましたりする大事な働きもある。

　たとえば、試験前に遊びたい気持ちを戒めて、勉強しなければと思わせるのはこの超自我だが、結果が思わしくなくても、頑張ってきた自分を認め、絶望しないでこの経験をよいものにできるような働きをしてくれるのもまた超自我なのだ。

無意識の世界に追いやられた不安や葛藤の原因

　精神分析では、人格の基礎が乳幼児期に作られると考えられている。おもにフロイトが治療した大人の神経症患者も、もとを辿ると、皆この時期に何らかの心理的な外傷体験をしているか、あるいは自分でも気がつかないところで、それに類似した強い幻想や空想体験をもっているという。これらが意識に上ると強い不安や葛藤を起こさせるので、強力に無意識の世界へ追いやられる。こうして、その時に身につけた、心理的防衛の仕方が

いびつなまま続いてしまい、大人になってからいろいろと問題が起きているのだと考える。

　ここから、心理的な不適応に悩むクライエント（来談者）の心の状態を改善させる一つの方法は、無意識に起こっている不安や葛藤が何であるか、それが形成されたと推定される過去の記憶も含めて、クライエント自身が**自由連想**的に自分を語る中で探索し、解決していけるよう助けることである。　　　　　（青木）

> **豆知識**　心理的防衛自体は、健康な人でもその人らしい防衛の仕方があり、それが人格的な特徴の一面を作りだしている、というのが、フロイト以降に続いていく精神分析的な考え方である。

エス（イド）、自我、超自我からなる心の構造

[フロイトによる心の構造図]

[超自我]
自我を監視する道徳的な良心。

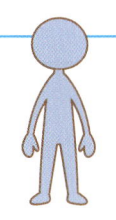

[エス（イド）]
社会規範や論理性を無視した欲求の固まり。

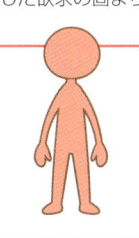

知覚・意識できる領域
前意識的
今は気がつかないが努力によって意識化できる部分

超自我

自我

被抑圧的

無意識的
抑圧されて意識できにくい部分
エス（イド）

[自 我]
エスを満たしつつ現実社会への適応を調節。

自由連想による心の状態の改善

「子どもの頃に野球が好きだったが、父親に反対されて野球道具を取り上げられた」など、過去の記憶も含めてクライエント自身が自由に語り、無意識に起こっている不安や葛藤の原因を探し、解決していく。
※現在、日本ではフロイトと全く同じ形ではなく、自由連想的に対面で話をしてもらう「精神分析的心理療法」を行うことが多い。

豆知識 無意識の世界を探るための方法に、フロイトは、クライエントに夢を報告させ、それを分析することも重視していた。「夢は、無意識への王道である」という彼の有名な言葉がある。

ロジャーズの人格理論

Key word ロジャーズ（C. R. Rogers） 米国の心理学者で、クライエント中心療法を創始。非行少年の面接から独自の人間観に立った新しい心理療法を展開し、後にエンカウンター・グループの理論的解明と実践に尽力。

自分の価値は他人の価値と同じ？

ロジャーズ（1902-1987）は、自分の実践に心理療法という言葉をあえて用いず、**カウンセリング**と呼んだ。クライエント（来談者）に対等な人間として接することを重視し、**人間性心理学**と呼ばれる。精神分析療法、行動療法（→ P.195）に比して**第三の勢力**ともいう。この理論は、個人の独自性と成長、自己実現の能力を尊重する。自己実現とは、自分自身に真の信頼を置きつつ、自己の経験に責任がとれる自律した状態である。

このようなスタンスによる彼の**パーソナリティ理論**では、子どもが理想的な心理的適応を達成するためには、無条件の肯定的関心が必要であるという。これは、子どもにとって重要な他者（多くは親）から関心を受けることを指す。しかし、往々にして無条件の関心を得られることは稀で、現実の子どもは、親たちのもつ外界の価値と一致したときに愛すべき価値あるものとして受容される。こうして人は価値の条件を学び、知らないうちに、その条件に合致する体験は正確に知覚できるが、一致しないものは否認され、歪められて体験するようになる。

現実に子どもが大人の価値観を学習する場は、この社会である。誰でも自分が実際に経験していることと、他者の評価や価値観を取り入れて形成された**自己概念**との間には、ずれがある。これ自体は不適切なことでも何でもない。このずれが少ない場合を**自己一致の状態**といい、100％でなくとも、100％に近ければ近いほど理想的というわけだ。

自己一致の状態に近づけるクライエント中心療法

反対にずれが大きく不安定な状態を**自己の不一致の状態**といい、カウンセリングはこの状態を少しでも自己一致の状態へ近づけていくことが目標になる。このような理論をもつのが、彼の提唱した**クライエント中心療法**だ。

クライエントは、無条件の自己への関心を増大させて、自分自身に押しつけられた価値の条件を減らすことで、不適応的状況から脱出して、自己実現へ向かうことができると考えられている。

カウンセラーは、無条件の肯定的関心を向け、共感的理解に努め、カウンセラー自身が純粋に自己一致の状態であろうとすることが基本的態度となる。カウンセラーはこのようにして、クライエントの本来の力を回復しうるような環境をつくる役割を担う。

（青木）

豆知識　ロジャーズは、自ら出演したクライエント中心療法によるカウンセリングのデモンストレーションや、エンカウンター・グループの記録映画などを作成している。

エンカウンター・グループ

見知らぬ人々が出会って、ある時間を共に過ごし、それぞれの思いや問題を話し合う中で、人間的な深い交流が起きたり、それぞれの心理的成長を促進したりするグループ体験のこと。

自己一致と自己不一致の状態

自己不一致の状態

自己概念 / 実際の経験

自己一致が少ない

自己一致の状態

自己概念 / 実際の経験

自己一致が多い

[クライエント中心療法]

カウンセラーがクライエントに対して無条件の肯定的関心を寄せることで、クライエントは自己一致の状態に近づいていく。

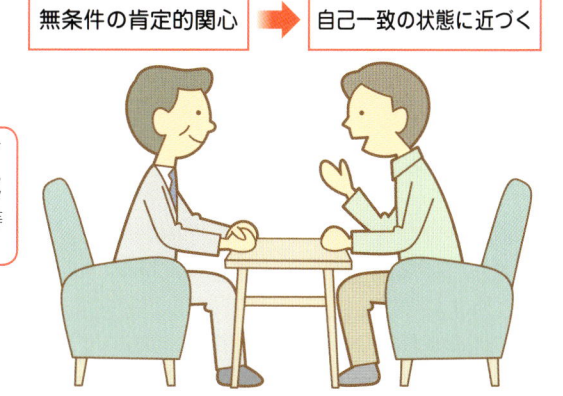

C. R. ロジャーズ

患者でなくクライエント（来談者）。カウンセラーとクライエントは対等な関係です。

無条件の肯定的関心 → 自己一致の状態に近づく

豆知識 ロジャーズたちは、1950年代後半に、クライエント中心療法を、統合失調症の治療適用が可能かどうかを検討する研究に着手したが、十分な検討がなされたとは言い難い結果となった。

ユングのタイプ論

> **Key word　相補性**　ユング理論では人の心には、その一面的な部分を常に補おうとする働きがあるのだと考えている。これを相補性といい、この働きによって人は全体性に向かうと考えられている。

内向型・外向型と、物事をとらえる4つの機能

　あの人は内向的だとか、明るくて外向的だよね、という言い方を聞いたことがある人も多いだろう。この**内向・外向**という言い方を人格の理解に用いたのがユングである。ユングは、心のエネルギーが、おもに自分の外側の世界に対して向きやすい人と、反対に、自分の内面に向きやすい人がいると考えた。そして人がどちらの傾向を強くもっているかということが、その人を特徴づける基本的な要素であると考えた。

　さらにユングは、人が世界を理解したりとらえたりする方法にもいくつかのパターンがあるのではないかと考えた。たとえば、リンゴを見たときに、まずリンゴの品種や産地などに興味が向く人がいる。別の人は同じリンゴを見ておいしそう、と思うかもしれない。リンゴの赤い色に感動する人がいるし、リンゴから新しい車を思いつく人もいるだろう。

　品種に興味をもつ人は、分析的に見る人で、**思考機能**が強いという。好きか嫌いかというような感情面でとらえる人は**感情機能**をよく使う人である。色などの感覚を重視する人は**感覚機能**タイプで、リンゴから全くちがう発想を生み出す人は**直観機能**に優れている。

　このようにユングは、人それぞれ得意なもののとらえ方をもっていると考えた。同じタイプの人同士はわかり合いやすく、すぐに仲よくなれるかもしれない。逆にタイプが異なると互いに理解しがたく感じるが、つき合うと発見も多い組み合わせとなる可能性も秘めている。

ユングのタイプ論の特徴と相補性

　ユングのタイプ論は人の性格をパターンに分けて考えるので**類型論**に分類されることが多い。しかしユング自身は、この考えはあくまで性格をとらえるための座標軸のようなもので、どの類型に当てはまるかを問題にするためのものではないと考えていた。

　人はある機能を得意として使うが別の機能はあまり使用されず育たないままで、劣等機能になることがある。ユング理論では、大事なことはこのあまり使わなかった機能をどこかで育てることが必要になるということであり、心が全体として成長していくことが重要であると考えられている。そして優勢なものと劣等なものが相補って全体に近づくことを**相補性**と呼び、人格は常に変化し進歩することが大事だとしている。　　　　(酒井)

豆知識　人は自分と全くちがうタイプの人に強く惹かれることがある。ユングの理論では、それは自分が普段使わない機能を使っている人に惹かれているのだと考えられている。

ユングのタイプ論

■外向型
興味関心が外の世界に向けられ、またそのことに影響を受ける人。

■内向型
興味関心が自分の内面に向けられ、主観的要因に影響を受ける人。

■もののとらえ方のパターン

[思考機能]
品種に興味をもつなど物事を分析する。

[感情機能]
好きか嫌いかといった感情面でとらえる。

[感覚機能]
赤い色に感動するなど感覚を重視する。

[直観機能]
物事を見て、全くちがう発想を生み出す。

相補性の重要性

あまり使わない機能を育て、バランスよくなることが大切。

考えてばかりで感情が抜けてしまっている。

感情ばかり重視して分析する力が足りない。

豆知識 実務的な人には外向型で思考機能タイプが多く、独創的な芸術家には内向型の直観機能タイプが多いといわれている。自分のタイプを知ることは自分の得意不得意を知ることかもしれない。

Column

夢分析

古くから続いている夢のお告げと謎解き

　古来、夢には神秘的な力があるとか、夢は神からのお告げ、もしくは未来を伝えるメッセージだと考えられてきた。しかし夢の内容は象徴的だったり、簡単には意味がわからなかったりするため、夢の謎解きを行う専門家までいたようである。

　たとえば、旧約聖書の創世記には次のような記述がある。エジプトのファラオがナイル河に立っていると、河から七頭の太った牝牛が出てきて、その後からさらに痩せた牛が七頭出てきた。そして痩せた牛は太った牛を飲みこんだという夢を見た。それをヨセフは、7年間豊作が続いた後に7年間の飢饉が訪れることの暗示であると解き、夢の解釈人として奴隷から解放されたという。夢が未来を予知できるかどうかはさておくとしても、夢は昔から何か魅力的で不可思議なものであったことは確かである。

夢に隠された無意識の欲求を探るフロイトの夢判断

　精神分析の創始者フロイトは、夢にはすべて意味があると考えた。その点では、近代科学的な夢への接近法というよりは、古い時代の夢占いに近い側面をもっているといえるだろう。フロイトは「夢は無意識に至る王道である」と言い、ある個人の無意識を探るための重要な材料であると考えた。

　夢のストーリーは内容が荒唐無稽だったり、飛躍があったりしてわかりにくいことが多い。この表面上の内容を顕在内容という。そしてその裏には隠された無意識の欲求があるのだという。これを夢の潜在内容という。無意識の欲求はそのまま感じとるといろいろと差し障りがあるので、わかりにくいように加工され、それが顕在内容となる。この加工を夢の作業という。夢分析とは、この加工された顕在内容から、潜在内容を探っていく作業ということになる。

　精神分析学者の木部則雄は、アニメーション映画「千と千尋の神隠し」を夢分析になぞらえて分析している。一例では、両親が豚になったのは、千尋の無意識的な怒りがそのような夢を見させたのであると解釈している。まさに抑圧された千尋の怒りが形を変えて夢にあらわれたことがよくわかるだろう。　　　（酒井）

第3章

人とのかかわり
社会心理学

社会心理学の展開

Key word　社会心理学　人との関係や人が集まったときの行動、つまり社会的存在としての人間の理解を目指している心理学の一領域である。その目的や対象の多様さから、他の領域との接点も多い。

社会心理学の誕生と発展

　社会の中での人間の意識や行動については、古代ギリシャの時代から哲学的・宗教学的な考察がなされてきている。そうした背景のもと、社会的存在としての人間を科学的に扱う**社会心理学**が生まれていったのは19世紀の後半ヨーロッパでのことである。

　社会心理学の始まりは、言語や神話、慣習などに表れる民族精神を分析する**民族心理学**や、集団の衝動的な行動を対象にした**群集心理**（→ p.62）の研究だとされている。このように社会心理学の創生期は、マクロ視点から社会的存在としての人間が問われていた。

　ヨーロッパで生まれた社会心理学はその後、アメリカにおいて現代につながる基礎が作られていく。「社会心理学」という名前のついた概説書が出版されたのが1908年であり、この年を社会心理学の独立の年とする見方もある。

　社会心理学の研究法としては、この時代に大きな影響力をもっていた**行動主義**の影響もあり、実験室に被験者を集めて行う**実験室実験**がおもなものとなった。また研究の対象は小集団や対人関係など、よりミクロなものへと変化していった。

理論的な広がりと社会心理学の見直し

　第二次世界大戦後、社会心理学は理論的な広がりをみせる。中でも、社会的な行動における個人の認知的な側面を研究対象とする**認知社会心理学研究**は、現代にわたり一大勢力を形成していく。社会的認知研究は、人間工学や情報科学などから大きな影響を受けて発生し、社会的行動の際に心の中で行われている働きを情報処理としてみなす研究アプローチをとる。それにより、これまで説明があいまいだった現象を情報処理のモデルとして説明することが可能となり、**認知的不協和理論**（→ p.68）などの様々な理論を生み出すこととなった。

　1970年を前後して、社会心理学のあり方について、「知見が断片的」「問題解決の役に立たない」といった批判がもちあがっている。この批判に対し、様々な立場から、もう一度社会現象そのものに立ち返り、社会的存在としての人間を考え直そうとする動きが出てきている。

　近年では、進化生物学の知見を応用し、心の働きがなぜこのように存在しているのかについて新たな説明可能性を探る**進化心理学**といった新たなアプローチとも深く結びついている。　　　　（古俣）

豆知識　社会心理学にはおもに個人の側からアプローチする心理学的社会心理学と、文化・歴史的な側面からアプローチする社会学的社会心理学の2つの流れが存在している。

社会心理学の展開の図

■創世期
民族精神・群集などマクロな視点で、社会的存在としての人間が科学として問われ始めた。

行動主義(→ p.24)の影響

■発展期
社会心理学の体系化が進む。客観的に観測しうる行動を扱う行動主義の影響を受け、実験室に被験者を集めて行う実験室実験が主流に。

認知科学の影響

■理論的広がり
認知科学の影響を受け、社会的認知研究が広がりを見せる。社会的現象を情報処理のモデルとして説明できるようになり、認知的不協和理論など様々な理論が誕生。

この人をどんな人だと思いますか。
知的で、器用で、勤勉で…

[実験室実験]

こんにちは、はじめまして。私はT大卒で3ヶ国語が話せて、今、もう1ヶ国語を勉強しています。

私は……

■見直し
研究が細分化しすぎ、社会問題の解決に寄与しないなどの批判が起こる。社会的存在としての人間を考え直そうとする動きと共に、進化心理学などの新たな領域とのつながりも生じる。

[現場での観察]

豆知識 社会心理学が用いる研究方法は実験室実験に限らず、質問紙による調査、関心のある現象が生じる現場に赴く観察など多岐にわたる。

同調行動と流行

> **Key word　集団規範**　集団内に形成されるメンバーの行動や思考の準拠枠を集団規範という。集団規範が作られるとその集団に所属している人たちは服装や言葉遣いや行動、考え方が似てくるとされる。

つい自分も周囲と同じメニューを注文する心理

　数名でランチに行ったとき、他の人たちがみな日替わりランチを注文していると、生姜焼き定食を食べたいと思っていても他に合わせて日替わりランチを注文してしまう場合がある。このように、集団が示す基準に沿って、自分の態度や行動が変わることを**同調**という。同調には本心から集団の意見を受け入れる**内面的同調**と、うわべだけを集団に合わせる**外面的同調**とが存在する。

　同調は、集団内で自分以外の全員の態度や行動が一致している場合や、よくまとまった集団内において生じやすい。同調への圧力を端的に示す実験例として、アッシュ（S.E.Asch）が行った**同調行動の実験**が有名である。

　同調は2つの要素に分けることができる。1つは、ある状況で適切に行動しようとするとき、多くの他者がしているという情報が有用なため他者と行動を等しくするといった**情報的影響**であり、もう1つは、集団内の他者から好かれたいと思っているためその**集団規範**からそれないように行動するといった**規範的影響**である。外面的同調は規範的影響によってもたらされやすい。

奇異なものがもてはやされて、陳腐なものに変わる流行

　服装、歌、食べ物など、今までとはちがう要素をもつものが、一時的に集団内に広がっていく現象を**流行**という。多くの人に物事が受け入れられていく現象は**普及**といわれるが、流行は普及現象の中でも新しいが些末なものについて生じ、通常短命で、周期性があるといった特徴をもつものを指す。

　流行は奇異に始まり陳腐に終わるといわれるように、最初は違和感をもって受け取られるものが、集団内に広がるにつれ価値のあるものに感じられるようになり、その後、すぐに飽きられ過ぎ去ったものと感じられるようになるといった過程をたどる。

　流行発生の動機としては、自分の価値を高く見せようという動機や、集団や社会に適応しようという動機、新奇なものを求める動機などが考えられている。

　また同調行動の側面からは、自分のまわりの人たちが取り入れている物事は正しいと感じられたり（情報的影響）、自分が流行を取り入れないことは集団規範から外れ、嫌われてしまう恐れが生じたりすること（規範的影響）が流行に作用すると考えられている。　　　　（古俣）

> **豆知識**　流行の一形態であり、その対象がより些末で、広がりが小範囲かつ短命なものをファッドと呼ぶ。その最中では激しい盛り上がりをみせるが、忘れ去られるのも早い事象がこれにあたる。

アッシュの同調実験

[問題] ①と同じものをA～Cの中から選べ。

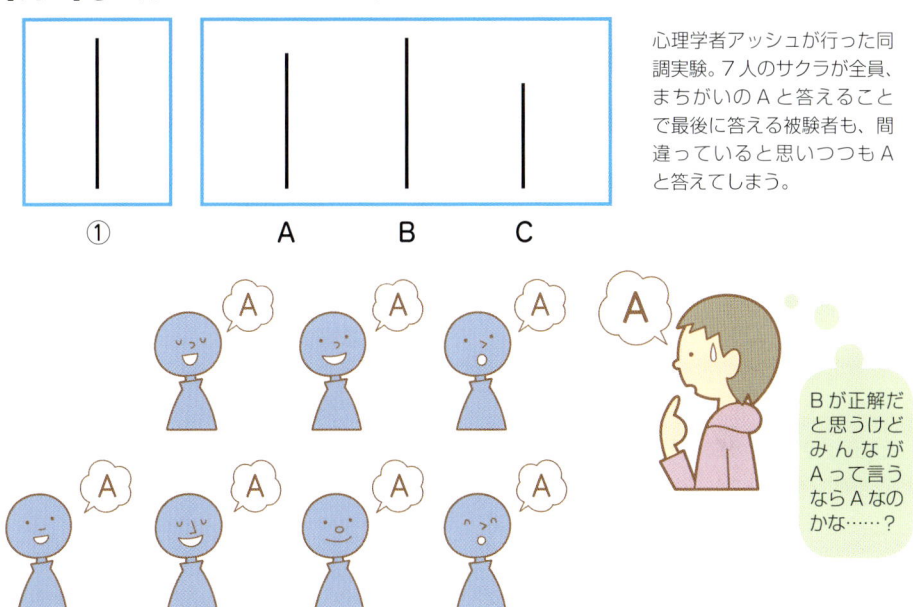

心理学者アッシュが行った同調実験。7人のサクラが全員、まちがいのAと答えることで最後に答える被験者も、間違っていると思いつつもAと答えてしまう。

Bが正解だと思うけどみんながAって言うならAなのかな……？

同調と流行の図

■情報的影響

エコロジーの観点からスーパーでの買い物にマイバックを持って行くなど、まわりの人たちが取り入れている物事を正しいと感じて、自分も行わなければと考える。

■規範的影響

自分も流行を取り入れないと、集団規範から外れて周囲の人から嫌われてしまうのではないかという焦りが生まれ、流行を取り入れる。

豆知識　まとまりのよい集団を集団凝集性の高い集団という。仲よしグループは集団凝集性が高く、集団への同調も生じやすい。

群集心理

> **Key word　集合行動**　組織されていない多くの人々によって行われる行動のこと。個人では起こさないような、予測不可能な行動が生じる場合がある。集合行動には、群衆行動、流言、流行などが含まれる。

モブと聴衆に分類される群集

　2人以上の人間が集まると**集団**と呼ばれる。そのうち、同じ組織や団体に属しているわけではなく、一時的に1ヶ所に集まって何らかの共通した行動をとっている人々を**群集**という。

　群集は、その集団のもつ活動性によって、**モブ**と**聴衆**に分類される。モブは能動的な集団で、乱闘騒ぎや暴動を引き起こす**攻撃的モブ**、災害から逃れようとパニックに陥っている**逃走的モブ**、バーゲンや初売りに殺到する**利得的モブ**、騒ぐことによって興奮を発散しようとする**表出的モブ**に分類される。

　一方聴衆は、娯楽や情報収集などを目的として集まった群集のことで、コンサートやスポーツ観戦など意図をもって集まった**意図的な聴衆**と、街中で生じた事故などに通りがかりの人たちが集まり形成される**偶発的な聴衆**とに分けられる。

　モブと聴衆の分類は、固定的なものとは限らない。たとえば、サッカーの試合を観戦しているサポーターは試合を楽しもうとする意図をもって集まった聴衆といえるが、相手チームサポーターとのいざこざから乱闘になった場合、攻撃的モブに変わったと考えることもできる。

群集行動が生じる理由とパニックの発生

　集合行動のうち群集が示す行動を**群集行動**といい、個人であれば起こさないような非合理的な行動が生じやすくなる。

　その理由としては、群集のもつ以下のような特徴があげられる。1つは、共通した意図や興味をもって集まった集団の中にいるためまわりの人が自分と同じであるという感覚が増し、自己の感覚が薄まることでまわりに行動を合わせてしまうといった**同質性**である。また、興奮していることによりまわりの状況を冷静に考えられなくなり、合理的な判断や思考ができず感情に流された行動をとってしまうといった**情緒性**や、匿名性の高さから遠慮がなくなり、群集で問題となる行動をとったとしても多くの関係者の中で自分が責任を追及される可能性は低いだろうと考える**無責任性**などがある。

　群集によって引き起こされる行動としては**パニック現象**が頭に浮かびやすい。しかし実際にパニック的な逃走行動の発生を調べてみると非常にまれにしか生じていないことが明らかになっており、パニックに対する誇張された情報の広まりが、災害発生時にパニックが生じやすい状態を作り出すとの指摘もある。（古俣）

> **豆知識**　必ずしも確認がとれているわけでないが、嘘であるともいえないコミュニケーションを流言という。災害時など情報が必要とされるが不足している場合に発生することが多い。

群集の様々な分類

モップ 能動的な集団

状況によってどちらかに変化することもある

[攻撃的モップ]
乱闘騒ぎや暴動などを引き起こす集団。

[逃走的モップ]
災害から逃れようとパニックに陥っている集団。

[利得的モップ]
バーゲンや初売りなどに殺到している集団。

[表出的モップ]
騒ぐことによって興奮を発散しようとする集団。

聴　衆 娯楽や情報収集などを目的として集まった群集

[意図的な聴衆]
コンサートやスポーツ観戦など意図をもって集まった集団。

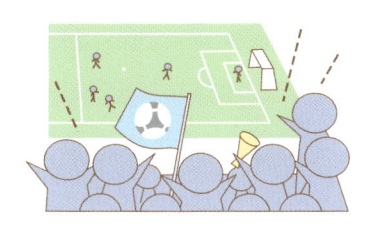

[偶発的な聴衆]
町中で起きた事故などに通りがかりの人たちが集まった集団。

豆知識 恐怖から逃れようとする人々の混乱した逃走状態をパニックという。煽動者がいたり情報が不明瞭で不安が高まっていたりするときに生じやすい。

社会的手抜き、社会的促進

> **Key word　社会的影響**　他者の働きかけによって態度が変容する説得や、自分が含まれる集団の意見に影響される同調など、個人の行動や態度、感情が、他者によって変化することを社会的影響という。

個人の努力が減少する社会的手抜きと、努力が増す社会的補償

　何かの作業を1人で行う場合と、他者と一緒に行う場合とでは、ひとりひとりが発揮する努力の量が変わることがある。たとえば、綱引きをするとき、1人の綱を引く力は人数が多くなるほど減少する。このように何かの課題に取り組むとき、他者の存在によって課題への努力量が減る現象を**社会的手抜き**という。

　共同作業する人数が増えるほど個人がどれくらい努力したか、他者から正確に評価される可能性は減少する。これが社会的手抜きにつながるとされている。

　一方で、他者と共に課題に取り組んでいる際、その他者からの貢献が期待できない場合、他者の分まで補おうとして自らの努力量を増す現象も報告されている。グループ対抗のクイズ大会で優勝したいが自分のグループの他のメンバーにやる気がない場合、彼らの分まで一生懸命考えるといった場合がこれに当たり、**社会的補償**と呼ばれる。

　他者と共に行う課題の結果が個人にとって重要である場合には社会的補償が、重要でない場合には、社会的手抜きが生じると考えられる。これらの現象はどちらも**社会的影響**に分類される。

課題の容易さや習熟度で決まる社会的促進と社会的抑制

　その他の社会的影響として、社会的促進・社会的抑制がある。たとえば、他の人と一緒に食事をした方が多く食べてしまうことがある。このように、他者の存在によって、ある行動がうながされることを**社会的促進**という。これとは逆に、複雑な知恵の輪を解いているような場合は、他の人に見られているとうまく解くことができない。こちらは他者の存在によって個人の行動がうまくいかなくなる現象であり、**社会的抑制**という。

　社会的促進や社会的抑制の生起には、脳の神経中枢の活動の程度を表す覚醒水準が影響している。他者の存在はそれ自体で覚醒水準を高め、覚醒水準が高まった状態では優勢な反応、つまりその時点で起こりやすい反応が生じやすくなる。

　たとえば、目の前の課題が容易だったり十分に準備ができている場合は、「正確で素早い成果」が起こりやすい反応となり、そのため社会的促進が生じる。一方で、複雑な課題や不慣れな課題の場合は、「まちがいが多く、手際の悪い成果」が起こりやすい反応となり、その結果、課題の達成が抑制される。

（古俣）

> **豆知識**　他者と共に作業を行う状況において、自分が他者から評価されていると思うことで生じる不安感を評価懸念という。

綱引きによる社会的手抜きの実験

綱を引く人数が増えるにつれて、1対1で綱を引くときと比べて個人が綱を引く力は弱くなる。

社会的促進と社会的抑制の生起

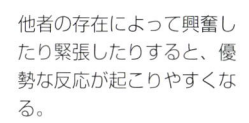

他者の存在によって興奮したり緊張したりすると、優勢な反応が起こりやすくなる。

課題の容易さや習熟度

しっかり準備したから自信たっぷり。

社会的促進が生じる

他者がいることで大成功。

準備不足で自信がない。

社会的抑制が生じる

他者がいることでよりうまくいかなくなる。

豆知識 寝ている状態や、極度に興奮している状態よりも、適度に活動している中程度の覚醒水準において、もっともよく身体的・心理的機能が働くとされる。

ステレオタイプ

> **Key word** 　**活性化**　人、事物、出来事など、私たちの様々な知識は脳内に、あるまとまりをもって保存されていると考えられている。活性化とは、そのようなまとまりをもった知識が意識に上りやすくなっている状態を指す。

人を判断するときに活用される単純化された知識

ステレオタイプとは、ある社会的カテゴリに含まれる人たちが共通してもっていると信じられている特徴についての、単純化された知識のことである。私たちは社会生活を行うなかで、何らかの社会的カテゴリに属している。**社会的カテゴリ**とは、ある基準によって人と人とを区別し分類するくくりのことで、たとえば出身国というくくりによって、ドイツ人・日本人などといった区別がなされる。

日本人は、みんなメガネをかけていて旅行中はカメラを離さない、ドイツ人は職人気質で、ビールが大好きといった知識は、典型的な出身国ステレオタイプであるといえる。

もちろん、日本人全員がメガネをかけていて旅行にはカメラを持って行くわけではないし、日本酒を愛するドイツ人がいるかもしれない。つまりステレオタイプは正確な知識であるとはいえない。しかし、ステレオタイプがあるからこそ、わずかな特徴からある個人がどのような人物であるのか、おおよその見当を素早くつけることができるのである。

ステレオタイプの活性化とステレオタイプ的判断

ステレオタイプに関連した情報に接すると、ステレオタイプは無意識に**活性化**し、私たちの注意にある方向づけを与える。これを**選択的知覚**という。

たとえば、ある人の自己紹介で「東北出身」と聞くと、その後その人が示す行動のうち「口べた」「我慢強い」といったステレオタイプに合致した行動にのみ注意が集まり、「目立ちたがり」「飽きっぽい」といったステレオタイプに合致しない行動には注意が向かなくなる。そしてその結果として、典型的な東北人としての印象がつくられることとなる。このようにひとたび形成されたステレオタイプは再生産されるのである。

私たちは様々なステレオタイプをもつが、生活の中でそれを意識することは少ない。そしてときに意図せずステレオタイプに沿って他者を判断することによって、相手を傷つけたり、不利益を与えてしまう場合もありうる。

ステレオタイプをもつことと、ステレオタイプに従って他者を判断することとは異なる。ステレオタイプに従った判断を回避する方法としては、正確に他者を理解しようとする動機をもつことや、個人が含まれる複数のカテゴリに注目することなどがある。　　　　　　（古俣）

> **豆知識**　ステレオタイプのうち、ネガティブな内容が含まれるものを偏見といい、偏見に基づいて他者に不利益を与える行動を差別という。

ステレオタイプの発生

1人1人を個人として見ているときはステレオタイプは発生しない。

カテゴリ化することでステレオタイプが発生。

日本人
・メガネをかけている
・旅行にカメラを持っていく

ドイツ人
・職人気質
・ビールが好き

ステレオタイプの活性化

ステレオタイプ通りの情報に接すると活性化し、ステレオタイプに合わない情報は例外とみなされやすい。

やっぱりドイツ人はビールが好きなんだ！

日本好きな変わったドイツ人だな。

ステレオタイプ的判断を回避する方法

同時に含まれている他のカテゴリに注目することで、特定のステレオタイプ的判断を回避することが可能になる。
たとえば、男女というカテゴリでとらえると、性ステレオタイプが活性化し、性ステレオタイプに従った判断がなされることがあるが、同じ人物でも好きな動物カテゴリに注意が向くことで、性ステレオタイプの影響が弱まることがある。

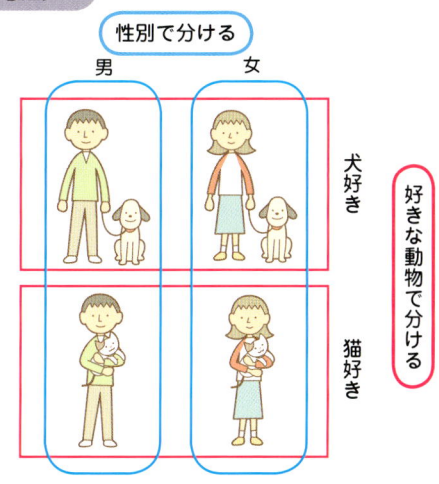

性別で分ける
男　女
犬好き
猫好き
好きな動物で分ける

豆知識 ある社会的カテゴリに含まれる人の中で、典型的ではない特徴をもつ人を「例外」とみなすことをサブタイプ化という。既存のステレオタイプの維持に寄与するメカニズムである。

合理化と認知的不協和

Key word 認知的不協和理論　フェスティンガー（L.Festinger）により提唱された態度や行動に関する包括的な理論。概念的に明解で身近な多くの現象が説明可能であったため、後の研究に大きな影響を与えた。

2つの矛盾した情報を抱えていることは不快

　お酒は飲みたいけど飲み過ぎると明日の仕事に差し障る、あのメーカーの車を買いたいがこの前リコールが出ていた、といったように、私たちは相容れない矛盾点を含む態度や考えを2つ同時にもつことがある。このような場合、迷いや気持ちの揺らぎなど心理的な緊張や不快感を感じることが多い。

　個人がある対象に対してもつ態度、考え、信念を含むあらゆる知識は**認知要素**と呼ばれる。私たちはこの認知要素間の関係ができるだけ調和のとれたものになるように態度・信念を調整する傾向をもっており、この働きを**合理化**という。

　たとえば手の届かないところになっているブドウを目の前にしたときに生じた、「ブドウがおいしそう」という認知と、「でも届かない」という認知との間には矛盾が生じる。そのままでは不快なため一方の認知要素である「ブドウがおいしそう」を「酸っぱいにちがいない」に変えることで、認知要素間の調和を保つ。

　認知要素間に矛盾が生じることが予想できる場合には、あらかじめ矛盾を引きおこしうる情報から距離をとるなどの回避策をとるとされている。

不協和を解消するためのいくつかの手だて

　ひとたび生じた矛盾を**認知的不協和**と呼び、その生起・低減についての理論が、フェスティンガーの**認知的不協和理論**である。認知的不協和は物事を決定した後や、他者から強要されて何かを承諾した場合、その情報との出会いが偶発的な場合などに生じることが多いとされる。また、個人にとって重要な認知要素であるほど生じる不協和は大きなものとなる。

　認知的不協和が生じた場合は様々な解消方法がとられる。①不協和を起こしている認知要素のうち一方を変化させる、②認知要素の重要性を変える、③新たな認知要素を加える、といった方法がある。

　たとえば、愛煙家にとって喫煙の有害性を認めることは認知的不協和を招く。そのため、なるべく喫煙の有害性の主張には近づかないなど、不協和を回避しようとする。不協和が生じた場合は、「長期間吸い続けても長生きしている人はいる」と有害性を過小評価する方向に認知要素を変えたり、「喫煙することでよいアイディアが浮かぶ」といった新たな認知要素を加えることで不協和の低減を試みる。また、喫煙をやめるといった選択も不協和を解消する手だてとなる。　　　　（古俣）

豆知識　商品購入などの場面で魅力的な条件を提示して応諾させた後、好条件を取り除いても購入撤回が生じにくい。自分が決めた購入決定事実と相容れない情報を過小評価するためである。

手が届かないブドウを酸っぱいと思う心理

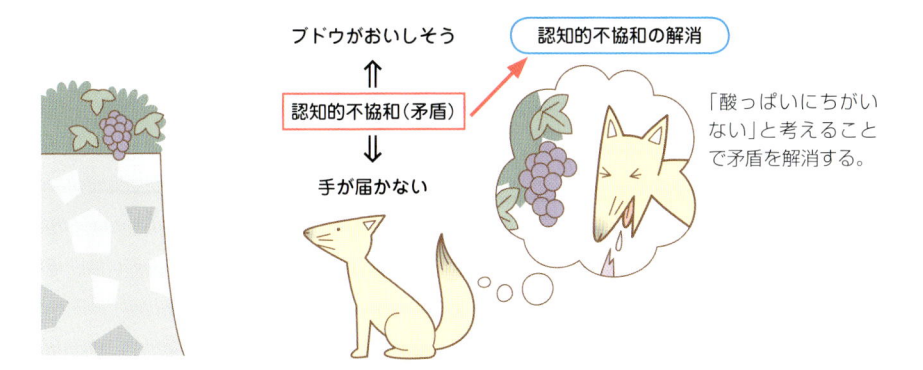

ブドウがおいしそう
⇑
認知的不協和（矛盾）
⇓
手が届かない

→ 認知的不協和の解消

「酸っぱいにちがいない」と考えることで矛盾を解消する。

認知的不協和の発生と解消法

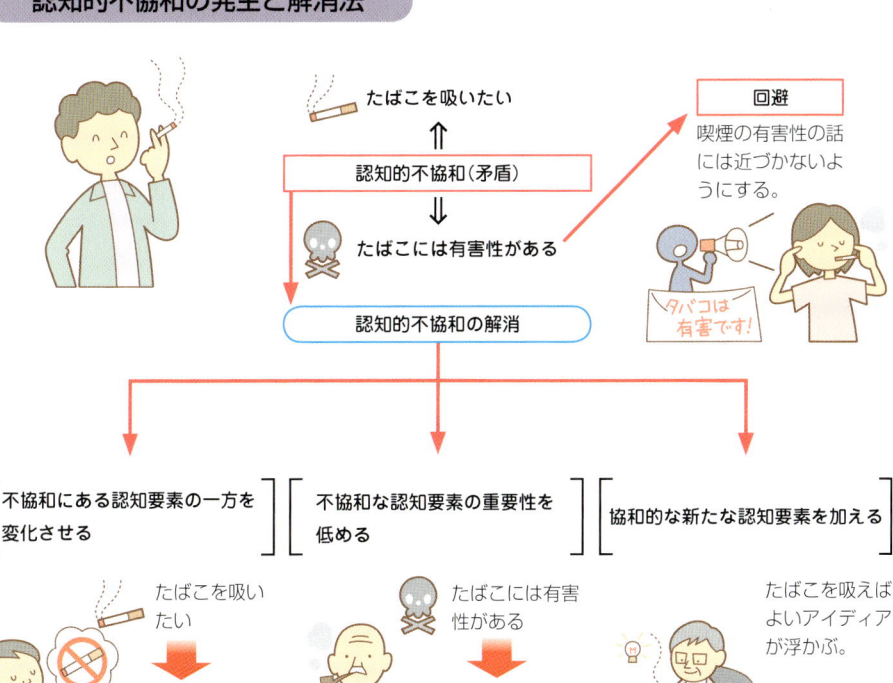

たばこを吸いたい
⇑
認知的不協和（矛盾）
⇓
たばこには有害性がある

回避
喫煙の有害性の話には近づかないようにする。

認知的不協和の解消

- [不協和にある認知要素の一方を変化させる]
  - たばこを吸いたい → たばこを吸うのをやめることで不協和を解消。
- [不協和な認知要素の重要性を低める]
  - たばこには有害性がある → たばこを吸っていても長生きしている人はいる。
- [協和的な新たな認知要素を加える]
  - たばこを吸えばよいアイディアが浮かぶ。

第3章

豆知識 対人関係を3つの項で表しそれぞれの項の関係により、均衡か不均衡のどちらかが生じるとする理論をバランス理論という。認知的不協和理論とともに後の研究に大きな影響を与えた。

好きになる理由

> **Key word　印象形成**　他者に関する部分的な情報を手がかりとして全体的な印象をつくりあげること。全体的な印象は情報の提示順序にも影響を受け、最初に提示された情報や最後に提示された情報が影響しやすい。

「あの人はどんな人だろう？」情報をもとに印象をつくる

ある人物について次のような情報が与えられたとしよう。「知的な、器用な、勤勉な、冷たい、決断力のある、実際的な、用心深い」。この人物はどのような人と思われるだろうか。

他者について複数の情報が与えられると、私たちはその情報にもとづいて他者の全体的な印象をつくりあげる（**印象形成**）。このとき、与えられた情報は均等に作用するのではなく、印象に大きな影響を与える**中心的な特性**とそれほど影響を与えない**周辺的な特性**がある。

つまり、周辺的な特性を変えても印象は変わらないものの、中心的な特性を変えると印象は変わるのである。さきほどの例では「冷たい」が中心的な特性であり、これを「温かい」に置き換えると印象が変わることがわかっている。

よいところがあると全体的に望ましく見える

ある人物が望ましい特徴をもっていると、その人物が全体的に望ましく見えることがある。これを**ハロー効果（光背効果）**という。

たとえば、美術の授業でつくった粘土作品が教室に展示されているとする。どれもなかなかのできだ。なおも眺めていると、ある作品の作者の名前がふと目に入った。それはこのまえのテストでよい点をとったAくんの作品であった。作品をもう一度眺めていると、Aくんの作品が優れているように思えてきた。このとき、「テストでよい点をとった」というAくんの望ましい特徴が、作品の評価をも望ましく感じさせたのである。このように望ましい特徴は、その特徴と関連のない性格や行動の評価にも影響を及ぼすことがある。

対人関係の発展における"近さ"の役割

対人関係の発展には何が関係するのだろうか。大学の新入生を対象とした研究から、近接性と類似性が関連することがわかっている。新入生の交友関係を追ってみたところ、知りあってまもなくは住まいが近い人と親密になる傾向がみられた。ところが時間が経過するにつれて、態度が似た人と親密になることがわかった。このように対人関係の形成過程においては、当初は**近接性**が影響し、時間が経つと態度の**類似性**が影響する。

（土倉）

豆知識　印象形成において、初めの方に提示された情報の影響を「初頭効果」、終わりの方に提示された情報の影響を「新近効果」という。

中心的な特性と周辺的な特性

[中心的な特性]
「冷たい」を「温かい」に変えると印象が大きく変わる。

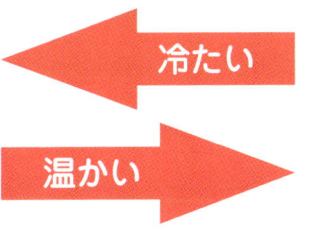

冷たい
温かい

[周辺的な特性]
周辺的な特性を変えても全体の印象はあまり変わらない。

決断力のある
実際的な
用心深い
知的な
器用な
勤勉な

ハロー効果とネガティブなハロー効果

有名大学卒で落第経験があるAさんの場合

ハロー効果
有名大学卒などよい情報だけが伝わると全体がよく見える。

有名大学を卒業しているだけあって賢そうな顔をしているし、立派な人なんだろうな。

ネガティブなハロー効果
落第など悪い情報だけが伝わると全体の印象が悪くなる。

落第しただなんて、日常生活もルーズでだらしない人なんだろうな……。

豆知識 対象にくり返して接触（見たり触れたり）するだけで、その対象に対する好意が増すことが知られている。これは単純接触効果といわれる。

官能評価

> **Key word** 　**知覚判断**　明るさや重さなどの感覚属性に対して行われる判断。人の表情や意見などに対する判断は社会的判断。判断には、2つのものを直接比べる比較判断と個人の基準にもとづいた絶対判断とがある。

騒音の評価

　隣の家のエアコンの音が気になる人もいれば、気にならない人もいる。自動車の音を騒音と感じる人もいれば感じない人もいる。騒音計で測って何dBと数値が求められても、その数値だけで音のうるささや嫌さ加減を、一概に決めることはできない。人によって、また状況によって感じ方は異なるので、実際に聞いた人がどのように感じたかを評価してもらう必要がある。これが**官能評価**である。隣家の物音の場合、隣家との親密さの関係で、官能評価の結果はかなり変わってくる。

　物事の受け止め方は、感覚・知覚能力、過去の経験、社会的な関係など、多様な属性の絡み合いで、大きく変化していく。これらを織りこんだ**知覚判断**が、官能評価には求められる。

ものづくりに活かされる官能評価

　ものづくりの現場では、いろいろな場面に官能評価が使われている。たとえば原材料の受け入れ検査の際に、人がものと接して、適切な材料かどうかを評価する。ビール工場では、かつては洗浄したビール瓶の背後から光を当てて、瓶を見て傷があるかどうかの評価をしていた。わずかな傷でもビール瓶が運搬中に破裂する危険があるからである。

　出来上がった製品が出荷してもよい状態かどうかを、実際に食べたり使ったりして評価することもよく行われる。チーズであれば、消費者の手元に届くときにもっともよい熟成度になるように出荷する。また、ご飯のおいしさを測定する**食味計**の開発では、実際にいろいろなご飯を食べておいしさの評価（官能評価）を行う。そして、その水分量や粘り度などを物理的に測定し、これらと官能評価結果との関係を調べて、どのような物理的側面を測ればおいしさを表現できるかを明らかにして、食味計が開発されている。

　ある商品を作ろうとするときは、そのコンセプトに見合った**品質構成**が必要となる。オレンジジュースであれば、甘味をどれだけにして酸味をどうすればよいかなど、試作品を作って官能評価を行い、品質構成が決められていく。また、製品のパッケージが中身の製品と合致したものになっているかどうかを、官能評価手法を使って明らかにして、パッケージデザインの改良に役立てている。このように、様々な場面に多様な官能評価の可能性がある。

（神宮）

> **豆知識**　レストランで、対応がこうだからというように具体的には意識できなくても、何となくサービスがいいなと感じることがある。原因を意識できなくても官能評価は可能である。

騒音の評価

物理的には同じ大きさの音（音圧）でも、主観的な感じ方は人により、また状況によってちがう。

■ 隣家と仲がよい場合

エアコンの室外機の音がしても、大して気にならない。

■ 隣家と仲が悪い場合

左の例と同じ音圧でも、とてもうるさく感じる。

官能評価でよりよい商品を開発

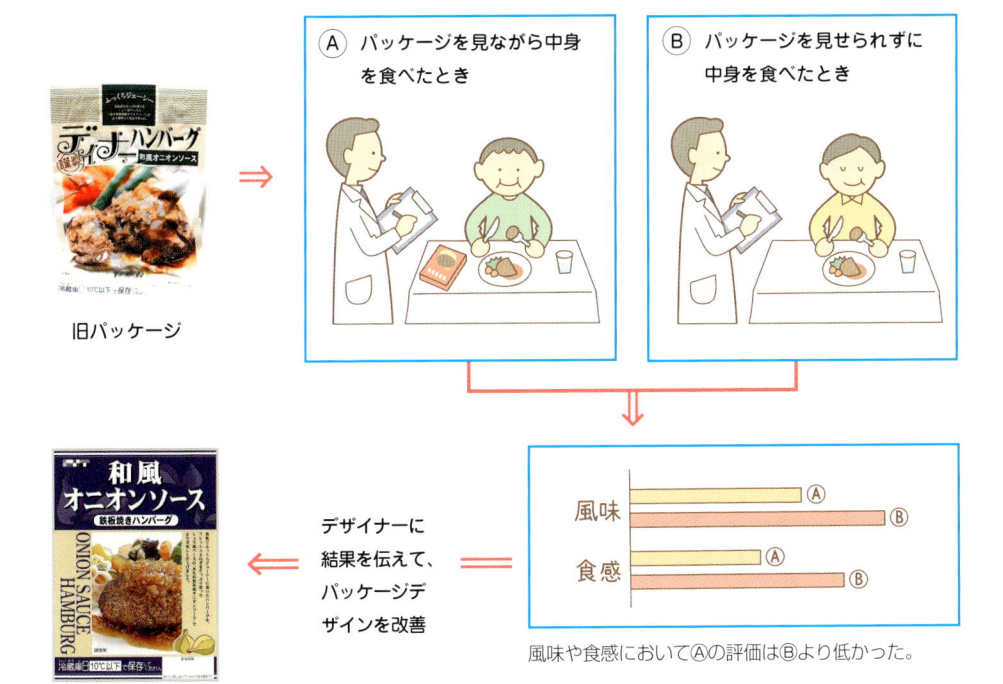

旧パッケージ

⇒

Ⓐ パッケージを見ながら中身を食べたとき

Ⓑ パッケージを見せられずに中身を食べたとき

⬇

風味や食感においてⒶの評価はⒷより低かった。

⬅ デザイナーに結果を伝えて、パッケージデザインを改善

新パッケージ

豆知識 何となくよさそうな人とか、うさんくさい人だとか、人に対する印象や評価でも、官能評価と同様の事態が存在する。全体のイメージを全体として受け止める力を人はもっている。

リーダーシップ

> **Key word**
> **PM理論** 三隅二不二(みすみじふじ)(1942-2002)が提唱したリーダーシップ論。リーダーの目標達成行動(Performance行動)と集団維持行動(Maintenance行動)によってリーダーシップをとらえる。

リーダーシップと2種類のリーダー

　私たちは複数の人々からなる組織や集団に所属している。その集団とは、家族、会社、学校、友人関係、クラブ、サークルなど様々である。集団には、課題を解決する、業績をあげる、試合に勝利するといった明確な目標があることがある。こうした集団の目標達成に向けて、人々の活動に影響を与える過程を**リーダーシップ**という。つまり、ある人がリーダーシップを発揮するとは、集団のメンバーに影響を与えていることを意味する。リーダーシップを発揮する人はリーダーと呼ばれる。

　リーダーについては、大きく2つに分けることができる。1つは、既存の集団を統率する人物を指す場合である。たとえばチームのキャプテンや部署のリーダーのように、あらかじめ集団があり、その人々を率いる場合である。集団の運営は、リーダーシップと区別してマネジメントと呼ばれることもある。

　もう1つは、歴史上の偉大な人物を指す場合である。たとえば、リンカーンやキング牧師などがこの意味でのリーダーに該当する。この場合、人々を率いるうちに集団が組織されるとか、既存の集団や組織が変革されるといった側面がある。こうしたリーダーシップのあり方はカリスマ的リーダーシップ、変革型リーダーシップといわれる。

効果的なリーダーシップとは？

　集団を運営するうえで目標達成と集団維持の2つの機能が重要となる。目標を達成することを急ぐあまりメンバーの気持ちがばらばらになってしまうこともあれば、個々のメンバーの気持ちを大切にするあまり目標の達成が二の次になってしまうこともある。このため2つの機能のバランスをとることが重要となる。

　リーダーシップの**PM理論**では、集団のこの2つの機能を促すのがリーダーの行動と考える。それがリーダーによる目標達成に向けたメンバーへの働きかけ(**P行動**)と集団の存続やメンバーへの配慮などの行動(**M行動**)である。それぞれの行動の高低に応じてリーダーシップを4つの類型に分類する。P行動とM行動がともに高い**PM型**、P行動が高い**P型**、M行動が高い**M型**、P行動とM行動がともに低い**pm型**である。集団の生産性、メンバーの意欲・満足度という点でPM型がもっとも効果的なリーダーシップとされる。　　　（土倉）

豆知識 PM型がP型よりも生産性が高くなるのは、集団維持に向けたM機能が目標達成に向けたP機能を媒介することで相乗効果が生じるためと考えられている。

リーダーシップのPM理論

リーダーの行動によって、その集団の生産性や団結力などが変わってくる。

M型 メンバーの意欲・満足度は高いが、生産性は低い

PM型 生産性、メンバーの意欲・満足度ともに高い

M行動 集団存続のためのメンバーへの配慮

M型	PM型
pm型	P型

高 ↔ 低（M行動）
低 ←→ 高（P行動）

P行動 目標達成に向けたメンバーへの働きかけ

pm型 生産性、メンバーの意欲・満足度ともに低い

P型 生産性は高いが、メンバーの意欲・満足度は低い

豆知識 集団が十全に機能している一方、構造が硬直してしまい様々な弊害が生じることもある。そうしたときには、集団の構造をあえてこわすことがリーダーには求められる。

社会的ジレンマ

> **Key word** 社会的ジレンマ　個人の利益追求と全体の利益確保が葛藤する状態。共有地においてひとりひとりが放牧数を増やしすぎることで、共有地の牧草がなくなってしまう「共有地の悲劇」がよく知られている。

割り勘にすると損をする！？

　気の合う仲間が集まって食事に出かけたとしよう。支払い時にもめるのは面倒なので、あらかじめ支払いは割り勘と決めている。さて、席についてメニューをながめると、リーズナブルなものから、手を出すのがためらわれるような高価格のものまで様々である。

　みんなが高いものを注文すればもちろん個人の負担も大きくなる。そうとはわかっていながらも、「1人くらい高いものを注文しても、負担は全体に分散されるので個人の負担はそれほど大きくならない」とか、「それに割り勘なのだから自分だけ安いものを注文するのは損だ」などと考えはじめる。

　ところがそんなふうに考えるのは1人だけではない。考えることはみんな似たり寄ったりだったりする。その結果、支払いのときにびっくりするような金額になってしまう。この場合、ひとりひとりが自分の利益を大きくするように行動したことで、全体の負担が大きくなってしまい、結果的にひとりひとりの負担も大きくなってしまったのである。これは**割り勘のジレンマ**と呼ばれており、**社会的ジレンマ**の一つである。

ひとりひとりの利益の追求が全体の利益を損なってしまう

　ひとりひとりが利益を大きくしようとすると、社会全体の利益が損なわれてしまうような葛藤状況を社会的ジレンマという。社会的ジレンマは水やガソリンなどの共有資源をめぐる問題など日常の多くの場面にあてはまる。

　たとえば、「今年は水不足になるかもしれない」といった予測がなされたとする。すると、ひとりひとりは水不足に備えて水を確保しようとするだろう。ところが、全員がそのように行動することで通常よりも水の消費量が増えてしまい、水不足が現実のものとなるといったことが起こる。これにより、誰もが十分に水を確保することはおろか、いっそうの不便を強いられることになる。

　個人にとっては、水を確保することは、水を確保しないことよりも自らの利益に適う合理的な行動である。ところが、ひとりひとりが合理的に行動すると、全体の利益が損なわれてしまうのである。このように社会的ジレンマとは、ひとりひとりにとっては合理的に行動する方が利益となるものの、全体としてみればひとりひとりが合理的でなく行動する方が利益となるような状況である。　　　　（土倉）

豆知識　かつてヨーロッパの農村でみられた共有地（コモンズ）をめぐる問題を「共有地の悲劇」としてとりあげたのはハーディン（1915-2003）である。

割り勘に見る社会的ジレンマ

[割り勘の1人あたりの金額]
1180円

[注文した金額]
割り勘の場合、高い食べものを注文した人ほど得をする。

得 ←――――――――――→ 損
A:1800円 B:1500円 C:1200円 D:800円 E:600円

■ 自分だけ得したい、自分だけ損したくない

フカヒレ・ステーキ・肉じゃが・焼き鳥・おしんこ

割り勘なんだから自分1人くらい高いものを注文してもいいだろう……。割り勘なんだから安いものを注文するのは損だ……。

■ 1人の利益の追求が全体の損失を生む

¥100,000-

ほかにもある社会的ジレンマ

■ 水不足のときの水の大量確保

■ ゴミのポイ捨て

■ 禁煙場所での喫煙

NO SMOKING

豆知識 囚人のジレンマ（→p.78）は2者間での利害の葛藤であるが、これを3人以上の利害の葛藤に拡張したのが社会的ジレンマといえる。

囚人のジレンマ

Key word 囚人のジレンマ　2人がそれぞれの利益を大きくしようと合理的に意思決定すると、双方が合理的に意思決定しなかったときより悪い状態になる。このとき、どう意思決定すべきかジレンマが生じる。

「黙秘」すべきか、それとも「自白」すべきか

　2人の男が重大事件の共犯容疑をかけられている。懸命な捜査が続くものの十分な証拠は得られず、いまのところ彼らを起訴するのは難しい。自白がポイントになりそうだ。さて、2人が盗難で別件逮捕されて取調室にやってきた。重大事件で起訴された場合は懲役15年、起訴できない場合は盗難についてのみ起訴され、懲役2年とみられている。起訴したい検察は容疑者に取り引きを求めてきた（アメリカの話だとしよう）。
「自白したらどうだ。おまえが黙秘していても、相手が自白するかもしれないぞ。そうしたらおまえは懲役15年だ。相手は情状酌量が認められて懲役1年だな。おまえも自白したら2人とも懲役10年だ。もし、おまえだけが自白して相手に不利な証言をすれば懲役は1年、相手は15年だな。どうだ、自白する気になったか。まぁ、2人とも黙秘しつづければ、ともに懲役2年だけどな」
　2人の男は別々に取り調べを受けており、相手と相談することもできなければ、相手の意思を確認することもできない。どのように意思決定（選択）するのが容疑者にとって「得」なのだろうか。

容疑者は利益追求のジレンマに陥る

　相手が「黙秘」ならば、自分が「黙秘」だと懲役2年、「自白」だと懲役1年だから、「自白」が得である。一方、相手が「自白」ならば、自分が「黙秘」だと懲役15年、「自白」だと懲役10年だから、「自白」が得である。合理的に考えれば、相手の選択がいずれにせよ「自白」が得である。相手も同じ条件だから、合理的に考えれば「自白」が得である。
　2人が合理的に考えてともに「自白」した場合、ともに懲役10年になる。ところがこれでは、ともに合理的ではない選択（黙秘）をした場合の懲役2年よりも損をすることになる。それなら「黙秘」すればよいかといえば、そうともいえない。「黙秘」したとしても、相手が「自白」すれば、懲役15年になってしまう。
　意思決定（選択）に伴う自分の利得は相手の選択に依存している。このとき、相手の選択がわかっていれば、どちらが合理的な選択かはわかりやすい。ところが、相手の選択を知ることなく、意思決定する必要がある場合は、どう意思決定すべきかジレンマに陥ってしまう。こうした2者の利害をめぐる意思決定の問題を**囚人のジレンマ**という。　　　（土倉）

豆知識　囚人のジレンマはランド研究所のフラッドとドレッシャーが行った実験に、タッカーが囚人をもちいたストーリーをあてはめることでできあがった。

囚人 A と囚人 B の意思決定の選択肢と利益

囚人A \ 囚人B	黙秘（協力）	自白（非協力）
黙秘（協力）	A: 懲役 2 年 B: 懲役 2 年	A: 懲役 15 年 B: 懲役 1 年
自白（非協力）	A: 懲役 1 年 B: 懲役 15 年	A: 懲役 10 年 B: 懲役 10 年

たとえば、A が「自白」、B が「黙秘」の場合、A は懲役 1 年、B は懲役 15 年になる。

2 人とも黙秘（協力）
2 年　2 年
合計 4 年
全体で見るともっともよい結果

A が自白（非協力）、B が黙秘（協力）
1 年　15 年
合計 16 年

A が黙秘（協力）、B が自白（非協力）
15 年　1 年
合計 16 年

2 人とも自白（非協力）
10 年　10 年
合計 20 年
全体で見るともっとも悪い結果

社会で見られる囚人のジレンマ　[商品のディスカウントの場合]

競合している A 社と B 社には「値段据え置き」（協力）と「値引き」（非協力）という選択肢がある。どちらかが「値引き」すると、単価は下がるものの、売上枚数を増やすことができる。ただし、ともに「値引き」してしまうと、「値段据え置き」のときと売上枚数は同じでも、単価が下がっているので、両社とも利益が下がってしまう。

A 社 B 社ともに値段据え置き　→　A 社 B 社ともに値引き合戦。全体の売り上げが下がる

1,000円 → 500円
1,000円 → 500円

豆知識 囚人のジレンマは 2 国間の軍拡競争などに当てはまる。また、選択（戦略）にともなう利得の構造を変えることで囚人のジレンマ状況を回避することもできる。

くり返しのある囚人のジレンマ

> **Key word　応報戦略**　くり返しのある囚人のジレンマにおいて、相手が1つ前の試行でとった選択をとる戦略。相手の選択をくり返すことから、しっぺ返し戦略、おうむ返し戦略などと呼ばれる。

自分の行動が相手の行動を変える

囚人のジレンマ（→ p.78）状況では各自にとって「非協力」（自白）が合理的な選択にみえる。ところが、ともに「非協力」を選択する場合、ともに「協力」（黙秘）を選択する場合よりも利得が少なくなってしまう。ただし、自分が「協力」したとしても、相手が「非協力」の場合、相手に出し抜かれてしまう。このため、ともに「協力」を選択すれば、ともに「非協力」を選択するよりも利益を得られるにもかかわらず、「協力」が選択されることは多くない。

ところが、囚人のジレンマをくり返し行う場合には「協力」が増えることが知られている。これは、くり返して行う場合、自分の選択が以降の相手の選択に影響を与える可能性があるためと考えられる。くり返して行う場合、出し抜かれたとしても、その後、相手から「協力」を引き出すことができるかもしれない。長期的に考えれば、ともに「協力」を選択することは、ともに「非協力」を選択することよりも、双方の利益になるためである。

「目には目を、歯には歯を」の応報戦略

くり返しのある囚人のジレンマをもちいた研究では、相手から「協力」を引き出す有効な戦略として**応報戦略**が知られている。応報戦略とは、前の試行で相手がとった選択を次の試行でくり返すというものである（相手の出方がわからない最初の試行では「協力」を選択する）。

たとえば、前の試行で相手が「非協力」であれば、次の試行では「非協力」を選択するといった具合に行う。この戦略をとれば、「非協力」を続ける相手に対して「協力」を続けて一方的に出し抜かれるといったことはないし、「協力」を続ける相手とは「協力」関係を築くことができる。また、応報戦略同士であっても「協力」関係を築くことができる。

囚人のジレンマにおいて、どのような戦略が有効なのかがコンピュータ・シミュレーション実験で検討されている。この実験では、様々な戦略プログラム同士で囚人のジレンマをくり返して行わせることで利得の大きさを競わせた。すると、いくつもの戦略プログラムがある中で応報戦略がもっともよい成績をおさめた。これは「目には目を、歯には歯を」の戦略が相手との関係をうまく築いたためと考えられる。

（土倉）

豆知識　政治学者のアクセルロッドが行ったコンピュータ・シミュレーションによる検討では、応報戦略を含む15のプログラムが参加した。

囚人Aと囚人Bの意思決定の推移

■ 囚人Aが応報戦略をとっている場合

1回目
最初は相手の出方がわからないので、協力を選ぶ。

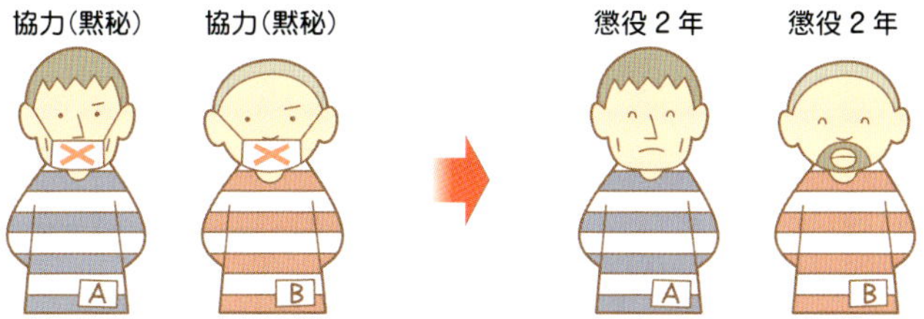

協力(黙秘) / 協力(黙秘) → 懲役2年 / 懲役2年

2回目
BはAを出し抜いて自分だけ得をしようとする。

協力(黙秘) / 非協力(自白) 裏切られた！ → 懲役15年 / 懲役1年

3回目
出し抜かれたAはしっぺ返しをする。

非協力(自白) / 非協力(自白) やり返した → 懲役10年 / 懲役10年
しっぺ返しされた……

4回目
Bは協力した方が利得が増えることに気づく。

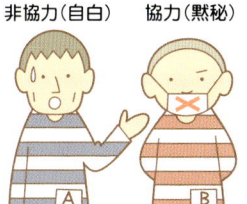

非協力(自白) / 協力(黙秘) → 懲役1年 / 懲役15年
反省……

5回目
協力を引き出すことで利得が増える。

協力(黙秘) / 協力(黙秘) → 懲役2年 / 懲役2年

豆知識 シミュレーションによる検討は、プログラムの総当たり戦で、囚人のジレンマを200回くり返すというものだった。

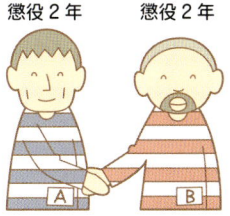

Column

パーソナルスペース

本人でさえ気がつかない人間関係を知る

あの人が好き、同じ部屋にいるのも嫌、など人に対してその関係から人はいろいろな気持ちを感じている。しかし、「世界は舞台、人はみな役者」というシェークスピアの言葉のように、あの人が好きという気持ちを意識しているのは役の上だけで、本心は嫌いでしょうがないということがある。この本心に実は本人も気がついていない場合もある。本人が意識している人間関係と心の底で思っている関係は必ずしも一致しているわけではない。周りとの関係を意識して自分の役を演じているに過ぎないともいえるのである。

このわかりにくい本当の人間関係を、人と人との距離間から知ることができる。恋人がデートをしているときに、何mも離れて2人で歩くことはまずない。誰が見ても恋人同士だと思えるくらいの近い距離で、腕を組んで歩いている。用事があって職員室や役員室に入ったときに、恋人のような近い距離で勉強や仕事の話をすることはありえない。やはりそれなりの距離をもって対処することになる。人間関係とその状況によって、人との距離はある程度決まっている。これが、対人間距離（パーソナルスペース）である。

人間関係によって変わる相手との距離のとり方

恋人同士や耳打ちをする場合などのように、近い人間関係では数十cm程度以下の距離が保たれる。これは密接距離と呼ばれている。ところが満員電車では、見知らぬ人と長時間接触することになる。このストレスを避けるために、目線を合わせない、むやみに体を動かさない、などいろいろな暗黙のルールを身につけている。

握手をするような関係では、1m程度の距離が保たれ、これは個体距離と呼ばれている。職員室に入ったときのように社会的な関係のある人とは、2～3mの距離が保たれる。これは社会距離という。演説者と聴衆のように特別な関係がなく公式な状況では、6～7m以上の距離が保たれ、これは公衆距離と呼ばれる。無意識のうちにとっている距離で人間関係の密接さを知ることができる。ただ、この距離はその文化で大きく異なり、初対面でも挨拶で頬ずりをする文化もある。

（神宮）

第4章

心の育ち方
発達心理学

生涯発達

> **Key word　生涯発達心理学**　誕生から死までを対象とする新しい発達心理学。子どもから青年期を中心とした従来の心理学が、あまり取りあげてこなかった中年期や老年期を含めて、「人の一生の道筋」を研究する。

人はどんどん大きくなって、賢くなって、早足で成長できる？

「発達する」というと、何かの能力が増大したり、身体が大きくなったりするようなものを想像しやすい。まさに「未熟な子どもが成熟した大人になるまで」の変化のイメージと合致する。

こうした発達観は、18〜19世紀の西欧において、全てが望ましい方向に進歩する可能性を認め、人類の文明の進歩と人間性向上の可能性を信じる、楽天的未来像を含んだ発想から生まれてきた。従来の発達心理学も、この基盤に立って、いかに速く、いかにたくさん、望ましい方向に変化できるかに研究の軸足が置かれてきた。

生涯発達とライフサイクル・ライフコースのとらえ方

これに対して**生涯発達**とは、誕生から死に至るまで、人は生涯にわたって発達する存在であるとみなす考え方である。

生物的な存在としての人間の成長は、加齢と共に衰退するが、年齢に応じた社会適応や心の成熟や可塑性は、一生涯持続が可能だという。現代の高齢化社会により適合した新しい発達観といえる。ある面で、社会や人類繁栄の限界点が明確に見えてきた、20世紀後半の世界観が反映されているともいえるだろう。

ところで、生涯発達的な視点をもった発達心理学（**生涯発達心理学**）にとって重要な、類似の概念が2つある。

● **ライフサイクル**　生涯発達的な観点から、個人がどのような発達の経過をたどるのかを表す概念である。もともと生物学の概念であり、生物における規則的・周期的な世代交代を意味した。生物学的視点の強い発達心理学が、これを基本概念としていた。その意味では、個人の発達が一様にくり返される営みのようにとらえられがちである。

しかし現代では、社会変動にともなって私たちのライフサイクルは大きく変貌しており、その点においてこの概念は再び今日的意義を増した。**エリクソン**（→p.28）の**ライフサイクル論**は、その代表的な理論である。

● **ライフコース**　個人が一生の間にたどる社会的な道筋のことである。もともと社会学の概念であり、ライフサイクルよりも、個人の発達過程と歴史的時間との相互関係を問題とし、多様な人生を描き出す。反対に、人々の個別的なライフコースを観察することによって、逆にそこに、一つの社会の構造が見出されてくることもある。

（青木）

> **豆知識**　世代が変わるごとに、同年齢に当たる人の成長が促進されている現象を、発達の加速現象という。戦後一貫して子どもの発達の加速が進んだが、現在は、その傾向が停滞している。

人生を四季にたとえると

人が生涯にたどる発達の経過を、ライフサイクルと呼ぶ。「サイクル」には「ひと回り」「四季」の意味もある。発達段階の節目に起こる心理・社会的危機は、季節の変わり目の春雷や台風にたとえられるだろう。

エリクソンのライフサイクル論

それぞれの発達段階で獲得すべき「心理・社会的発達課題」（基本的信頼など）を獲得できないと、危機的状態（基本的不信など）に陥ってしまう。

発達段階	心理・社会的発達課題（心理・社会的危機）	発達課題の内容・意味
Ⅰ 乳児期	基本的信頼 VS. 基本的不信	他者は信頼できるもので、自分には価値があり、この世界は居心地がいいというような感覚をもつ。
Ⅱ 幼児期初期	自律性 VS. 恥・疑惑	排泄を中心として、保持すること・排除することの自律性（自己統制）を獲得する。
Ⅲ 遊戯期	積極性 VS. 罪悪感	大人のようになりたくて積極的に環境に働きかける。傷つかない積極性（自主性）を獲得、何かを成しとげるのは楽しいと感じる。
Ⅳ 学童期	勤勉性 VS. 劣等感	遊びや空想の中で満足するのではなく、現実的な物事を達成することで満足を得るようになる（勤勉性・生産性の獲得）。
Ⅴ 青年期	自我同一性 VS. 自我同一性の拡散	自我同一性（アイデンティティ→p.104）の獲得。これができないと、自分がないような不安定で混乱した状態になる。
Ⅵ 前成人期	親密 VS. 孤立	特定の他者（パートナー）との親密な関係がもて、同時に個としての自分もゆるがない。これが獲得できないと孤立感が育つ。
Ⅶ 成人期	生殖性 VS. 停滞性	次世代の人間（子、後輩など）を育むことへの興味・関心をもつ。他者の育ちに喜びを感じることで、限定された自己を超える。
Ⅷ 老年期	統合 VS. 絶望	自分の唯一のライフサイクルを受け入れ、自分の人生は自分の責任であることを受け入れる。これができないと、絶望感が現れる。

発達課題を達成するときに、それぞれの課題に特徴的な力——たとえば乳児期では希望、前成人期では愛、老年期には英知が、心に育ってくるのだ。

E. H. エリクソン

豆知識 エリクソンは、人が成長することは、ライフサイクル上の8つの発達段階で、それぞれの心理的発達課題を達成することだと、一貫性のある理論で提唱した最も著名な理論家である。

発達の最近接領域

Key word
ヴィゴツキー（L. S. Vygotsky）　旧ソビエト連邦の発達心理学者。多くの研究を行い、心理学のモーツァルトと称された。主著は『発達の最近接領域の理論』『思考と言語』など。

「自分でできる」と「他人に助けてもらってできる」の間

旧ソビエト連邦の発達心理学者**ヴィゴツキー**（1896-1934）は、子どもの教育と発達の問題に関して、2つの水準を設定した。それは、課題解決において、子どもがおもに自分の力で解決できる「**成熟した水準**」と、集団活動の中で取り組んだり、大人の援助や指導を得て解決が可能になる「**成熟しつつある水準**」である。そして、この2つの水準の間を、**発達の最近接領域**ないし、発達の潜在的可能性の領域と呼んだ。

ヴィゴツキーによると、教育的な働きかけとは、この発達の最近接領域の範囲に対してなされるべきものであり、また、次なる発達の最近接領域を作り出していくような教育こそが、子どもの発達に貢献するものであるとした。たとえば、親が、もう少しで寝返りを打ちそうな赤ちゃんの背中を軽く支えたり、歩き始めの子どもの手をとりバランスをとるのを手伝うことがある。はさみがまだ上手に扱えない子どもには、切るべき場所にはさみが垂直に当たるよう、紙を支えてやったりもするだろう。このように、子どもがまだひとりでは十分にできない部分を、大人が少し補い、ひとりで上手にできるようになるのを促すことはよくなされることである。

子どもの発達を促す教育

かつて、子どもが学習するためには、身体的な成熟や精神的成長を待って**準備性**が整った最適期に、それに見合った学習が配置されるべきだという議論があった。最近は準備性の自然な成熟を待つのではなく、準備性を形成するといった促進的な立場が主流である。

ヴィゴツキーは、現在すでに成熟した水準の一歩先の部分、つまり発達の最近接領域に対して教育はなされるべきであり、それが子どもの発達を促す、とした。

しかし、発達の最近接領域は目に見えず、個人差もある。そこで、保育士や教師は、その領域を推測することとなるのだが、子どもが、教師や仲間の活動を模倣できる場合、それは自力でできる一歩手前にいる領域のものであり、次には独力でできるようになるということを示していると考えられる。また、教師や保育士自身が、これまでかかわってきた似たタイプの子どもとの経験から、目の前の子どもの発達の最近接領域を推測するのである。

（冨田）

豆知識　ヴィゴツキーは子どもの言語と思考の発達について、ピアジェと論争し、子どもの独り言は、伝達の道具が思考の道具へと変化する過渡的現象とした。

発達の最近接領域

子どもの発達の水準には「成熟した水準」、「成熟しつつある水準」の2つがある。この2つの間が「発達の最近接領域」と呼ばれる。この領域で、大人が適切に手助けするとよいとされる。

「成熟した水準」

子どもがおもに自力で解決・達成できる段階。補助輪でらくらく自転車を走らせるなど。

「成熟しつつある水準」

発達の最近接領域

自力ではできないが他者（教育者など）の働きかけや相互作用から能力が獲得されていく。成熟中の段階。

支えてるから安心して走れ！

ちゃんと支えててね！

次の「成熟した水準」

成熟の過程を経て結実し、次の成熟した水準に移行した段階。この場合は補助なしで自転車をうまく走らせること。

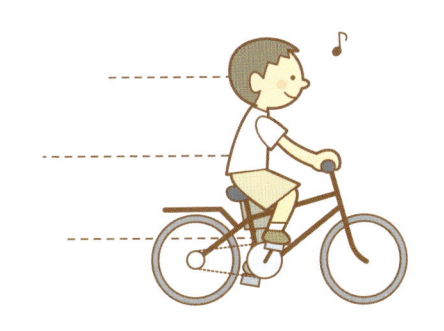

> **豆知識** ヴィゴツキーが提唱した概念に「外言」「内言」がある。外言は、他者に伝達するために声を出してする発話であり、内言とはおもに自分の思考のための声を出さない心の中の発話のこと。

胎児の感覚と行動特性

> **Key word**
> **感覚** 外からの刺激や身体の内部の情報を受容する役割を担っている。それぞれの感覚に対して、最も効果的な刺激や特定の感覚器が定まっている。視覚であれば目で光を、聴覚であれば耳で音波を受容する。

胎児の行動

現在では、超音波断層装置を用いて、おなかの中にいる胎児の行動（胎動）を見ることができる。医学的には、受精後9週から40週（出生）までを、**胎児期**という。外の世界への適応に向かって、様々なことが胎児期に準備される。

母親が胎児の胎動をはっきりと感じるのは、妊娠20週前後である。しかし、妊娠8週頃から、胎児は全身を同時に動かす動きをしており、妊娠16週頃までに胎児の運動反射はほぼ完成される。

妊娠28週以降、中枢神経の発達により、胎児は身体の各部を協調して活発に動かしている。出産前の妊娠36週頃には、胎動の大きさや回数は、だんだんと減少する。

胎児は母親のおなかの中で何を感じているのか

胎児は母親のおなかの中にいる時から、脳の神経経路や**感覚**の発達とともに、子宮内外の刺激を感じ、学習している。

とくに注目すべき感覚は、胎児の**聴覚**である。妊娠20週頃に内耳の感覚器は、一通り完成する。では、胎児は、母親のおなかの中で聞いた音を覚えているのだろうか。

超小型マイクロホンを子宮内に取りつけて胎内音を録音した研究によれば、胎内音は、母親の心臓から送り出される大動脈の音、胎盤・臍帯の血流音、母親の話す声等といった複合音で構成されていること、拍動性振動をともなった低周波であることが示された。胎内音を録音して、泣いている新生児に聞かせたところ、泣き止んだことも報告されている。

また、妊娠28週頃には、外界の大きな音に敏感に反応したり、音に対する好き・嫌いが現われる。

スペンス（M.J.Spence）とデキャスパー（A.J.DeCasper）は、妊娠34週頃に1日に2回、同じ本を母親に音読してもらった。そして、生後48時間以内に、母親に妊娠期に読んでいた本とそうでない本を読んでもらい、それを聞いている間、新生児がおしゃぶりを吸う回数を調べた。結果は、新生児が母親のおなかの中で聞いていた本ではおしゃぶりを吸う回数は最も多くなり、そうでない本では最も少なかった。つまり、聴覚的な情報処理がなされ、胎児期の聴覚経験が出生後も影響することが明らかにされた。

胎児は、とくに母親の声をよく聞いており、母親の声のイントネーションを覚えているといわれている。　　　（谷田）

豆知識 胎児は低周波の音をよく聞いていることから、高い音は苦手だと考えられる。出生後も高い音を鳴らすと、顔をしかめて嫌がるといわれている。

胎児の感覚の発達

受精	20週	25週	30週	35週
	・内耳の完成（聴覚の現れ）	・痛みに対して顔をしかめる（痛覚の現れ） ・音に反応する ・光に反応する（心拍が変わる）	・光に対して瞬間的にまばたきをする	・視力が認められる ・音を記憶する ・甘みがわかる（サッカリンを混ぜた羊水をよく飲む）

（外耳）内耳 内耳とは、三半規管と蝸牛（→ p.131）を指す。空気の振動を神経信号に変えて脳へ送る器官。

子宮内で聞こえる音

大動脈や胎盤を流れる血流の音が聞こえている。母親の声は、体内を通して聞こえており、とくに、その抑揚を覚えているらしい。

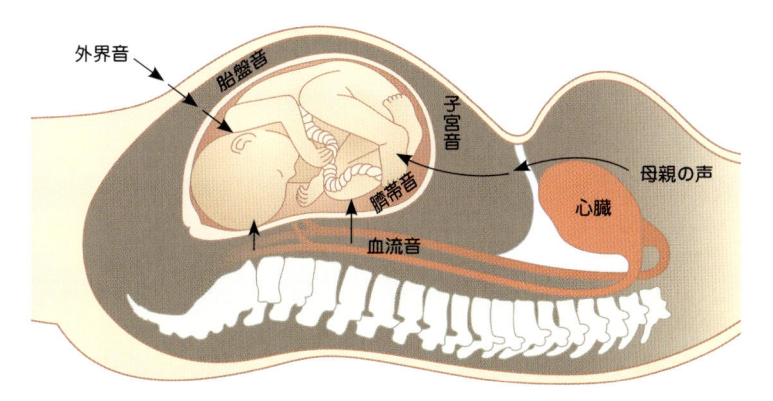

外界音　胎盤音　子宮音　臍帯音　血流音　母親の声　心臓

胎児は音を記憶する？

乳児が、胎内で聞いていた音を記憶しているのかどうかを確かめる実験。

「昔々あるところに…」

妊娠34週頃から、母親がある本を1日に2回音読する。

「昔々あるところに…」

生後48時間以内に同じ本を音読すると、他の本を読んだときよりおしゃぶりを吸う回数が多くなった。

第4章

豆知識 子宮の中はほとんど真っ暗で、妊娠後期にかすかな光が入る程度。胎児が光を感じるようになるのは妊娠30週頃だが、網膜や視神経が未熟なので、そのくらいの暗がりがちょうどよい。

赤ちゃんの感じ方

> **Key word**　**有能な乳児**　乳児は「無力で、受け身で大人に依存している」存在ではなく、自分の感覚を使って「周りと積極的にかかわろうとする有能な乳児」として存在している。

乳児の視覚・聴覚

　出生直後から乳児の目は見えていることが明らかになっており、生後数日のうちから、様々な刺激に対してじっと見つめるという**注視行動**が出現してくる。しかし、まだピントは目の前25～30cmに固定された状態であり、自分でピントを合わせることはできない。また、細かい部分を正確に見る力もまだ発達しておらず、見えるものは限られている。

　米国の心理学者ファンツ（R.L.Fantz）は、乳児の知覚の発達を調べるために、生後2～3ヶ月の乳児と3歳の幼児にいくつかの視覚刺激を提示した。その結果、特に乳児は人の顔に対して注視する時間が長かった。また、生後2～3ヶ月になると、乳児は人に対して微笑するようになるなど、乳児の視覚は早くから機能しており、人の顔を選択的に好んで見ていることがわかる。生後6ヶ月になるとピントを調節することがある程度可能になり、細かなものも識別する能力がついてきて、見える範囲が広がっていく。

　乳児の聴覚も出生時から機能しており、音の高低を聞き分けることができる。生後1ヶ月ぐらいから、話しかけられると静かになり、生後3ヶ月になると母親と他人の声が識別できるようになる。また、同じ母親の声をスピーカーで流したとき、乳児は大人同士の会話の声ではなく、**母親語**（**マザーリーズ**）といわれる高いトーンで抑揚が大きい声の方へ向くという定位反応も見られることが実験からわかっており、音への好みもすでにもっている。

感覚間の協応

　乳児は、がらがらを手に持ったとき、見つめたり、振って音を出したり、なめたりと1つのおもちゃで**視覚・聴覚・触覚**を使っている。メルツォフ（A.N. Meltzoff）らの実験では、生後1ヶ月の乳児に暗闇の中でイボイボのついたおしゃぶりを与えた後、明るいところで表面がなめらかなおしゃぶりとイボイボのついたおしゃぶりを見せたところ、イボイボのおしゃぶりを注視する時間の方が長いという結果が得られた。触覚から得られた情報が視覚にも結びついているのである。生後2ヶ月頃からは、音のする方に目を向けることから、聴覚が視覚をガイドしていることがわかる。このように、乳児の感覚は**協応**しながら機能する。乳児は、あらゆる感覚を使って外界とかかわる「**有能な乳児**」なのである。　（南山）

豆知識　乳児のピントがあう目の前25～30cmというのは、母親の胸に抱かれた状況において、母親と乳児の距離である。この距離は乳児にとってちょうど心地よい距離なのである。

ファンツの実験

生後2～3ヶ月の乳児と3歳の幼児を対象に、右のような絵を見せて、注視する時間の長さを調べた。乳児は、とくに人の顔に対して注視する時間が長かった。

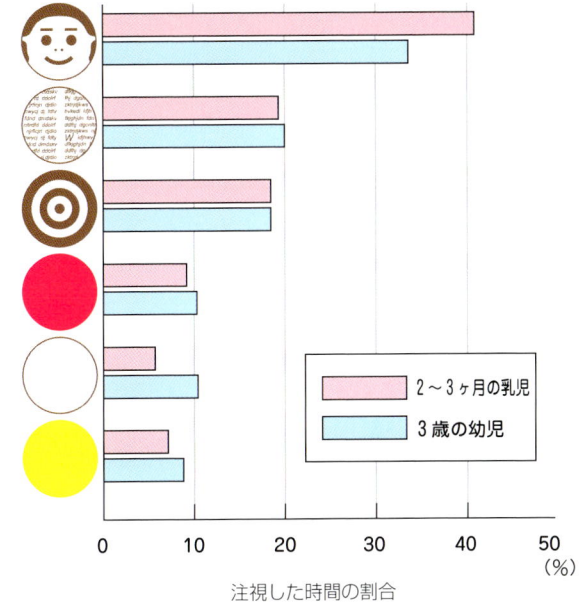

凡例：2～3ヶ月の乳児／3歳の幼児

注視した時間の割合（%）

メルツォフらの実験

乳児の触覚と視覚が結びついている（協応している）ことを確かめる実験。

生後1ヶ月の乳児にイボイボのあるおしゃぶりをくわえさせる。暗闇の中で与えるので、視覚を使ってイボイボを確かめることはできない。

明るいところで、イボイボのあるおしゃぶりと、イボイボのないおしゃぶりを見せる。乳児は、暗闇の中でくわえていた方のおしゃぶりを、より長く注視した。

豆知識　人間の赤ちゃんは出生直後から目が見えるが、ネコの赤ちゃんは生まれても1～2週間は目を閉じたままで周りの様子を見ることができない。

赤ちゃんのコミュニケーション能力

> **Key word　発話**　赤ちゃんが最初のことばを話すのは1歳前後であり、1歳半頃まで「マンマ」「ブーブー」など単語で会話をする1語発話の時期が続き、その後「ワンワン、イタ」など2語発話へと発達していく。

自発的微笑から社会的微笑へ

　赤ちゃんは、非常に早期から大人とのコミュニケーションを可能にする能力をもって生まれてくる。

　たとえば、微笑は他者に親しみを伝える表現であり、人とのかかわりで重要な意味をもつものである。微笑は生得的に準備されているものであり、一瞬微笑したかのような表情は出生後すぐから見られる。しかし、これは新生児がうとうととまどろんでいる時におもに出現し、親などからの働きかけとは関係なく起こるものであるため、**自発的微笑**と呼ばれる。

　3ヶ月頃には、誰にでも笑うようになる。あやすと喜色にあふれた笑顔になる。この頃から微笑は、双方の親密な気持ちの通じ合いの意味をもち、**社会的微笑**となる。これ以降、微笑は、他者に対して親密感を伝える表現として用いられ続けていくのである。

　しかし生後7、8ヶ月になると、親しい人とそうでない人の見分けがつくようになり、親しい人には親しみのしるしである微笑を、そうでない人にはおびえを示す**人見知り**が始まる。

ことばに先立つ世界の共有

　ことばが十分に出る前から、乳幼児と他者は、体験した世界を伝えあい、読みとりあい、分かち合うことを始める。たとえば母親はよく、おもちゃを見せたり、出来事やものが見やすい方向に向けて乳児を抱き、ともに見る（**共同注視**）といったことで、体験を共有しようとする。

　1歳前後になると、多くの乳幼児には最初の**発話**がみられるようになる。また、親の視線やしぐさを手がかりに、親の注目しているものに注意を向けたり、自分が興味のあるものを見ると**指差し**をしたりするようになる。すると指差しに従って大人は注意を向け、「ああ、ねこちゃんいるねー」などと感情経験を共有しようとする。こういった経験を経て、子どもは自分の注目しているものに他者の注意を向けようとしたり、なにごとかを要求したり、質問したりなどをするようになる。

　このように、乳幼児が生得的にもつ人に対する特有の反応は、大人から特有の反応を引き出す。大人がそれに社会的な意味があるかのように受けとり、また意味を付加していくことで、今度は乳児が自身の反応に社会的な意味を見出し、その後コミュニケーションの手段として用いるようになっていくのである。（冨田）

豆知識　自閉症の子どもたちは、社会性やコミュニケーションの発達に初期から困難があり、共同注視の理解・表出のいずれをも苦手にしていることが指摘されている。

赤ちゃんのコミュニケーションの発達

生後1ヶ月

自発的微笑

まどろんでいる時に現れる微笑。他者の働きかけとは関係なく起こる。

生後3ヶ月

社会的微笑

誰に対しても笑いかける。微笑は互いの気持ちの通じ合いを意味するようになる。

生後7、8ヶ月

人見知り

親しい人には笑いかけ、見知らぬ人にはおびえをみせる。

1歳前後

共同注視、指差し

親が見ているものに注意を向けることができる。また、自分が注目しているものを指差して示すことができる。これによって他者とのコミュニケーションが進む。

豆知識 大人は乳幼児へ、少し高めで独特の抑揚やピッチの語りかけ（マザーリーズ）を自然とすることが多いが、それは乳幼児にとって心地よく感じやすく、コミュニケーションが育ちやすい。

「愛着」をめぐる親子関係

Key word　愛着（アタッチメント）　特定の他者との間に築かれる情緒的絆。精神分析家ボウルビィ（1907-1990）が提唱した。乳児は恐れや不安を抱くと、親などに接近を求めて安全感を得る「愛着行動」を示す。

愛着（アタッチメント）関係と愛着行動

　子どもの**愛着**は、子どもの愛着欲求に対する主たる養育者（多くは母親。以下親）の応答をくり返し体験しながら、生後半年くらいで発達してくる。特定の人物（**愛着対象**という）に対して、**愛着行動**が見られたとき、両者は「愛着関係にある」という。子どもの愛着の発達というときには、この愛着行動の形成を指すが、個体の能力が単に発達するということではなく、愛着関係という親子の関係性が非常に重要となる。

　愛着関係が形成されると、子どもは、親を安全基地とすることで、安心して周囲の世界を自由に探索するようになる。不安があったり助けが必要だったりしたときには、すぐに親のところに立ち戻って、適切に情緒的な安定をはかることができるからである。この経験により、知的にも情緒的にもさらに発達が促される。

　親との分離によって不安が高まった子どもが、親の足音が近づいてくるだけで早くも安堵の表情を浮かべるのは、親が自分の不安で不快な状態を回復させてくれると確信しているためである。これは、エリクソンのいう、生後1年目の**基本的信頼感**という**心理・社会的発達課題**が獲得されていることにほかならない。

　愛着形成は、その後子どもが親以外の人との関係を育み、対人関係から多くのものを学んでいくための基礎となる。

ストレンジ・シチュエーション法で愛着のタイプを見つける

　乳児の愛着の発達を測定する方法に、**ストレンジ・シチュエーション法**という観察実験がある（→右ページ）。これによって分類される愛着タイプは、分離（❹、❻）も再会（❺、❽）もあっさりした**A（回避）型**、分離は混乱を示すが、再会すると安堵して親に抱きつく**B（安定）型**、分離に対して不安や怒りを強く示し、再会すると親を激しく求めるものの、その親に対して怒りもぶつけるなど相反する感情を顕わにする**C（アンヴィバレント）型**の3つである。これらは、あくまでも個人差であり、病理的なものではない。近年、これら3つに**D（無秩序・無方向）型**が加わり、愛着関係を上手に利用できないタイプとして着目されるようになった。さらに、愛着発達のより深刻な問題は、本来愛着対象者となるべき人物からの**虐待**や不適切な養育によって、子どもが**心的外傷体験**を負うほどのダメージを受けた場合などに現れてくる。

（青木）

豆知識　病院や施設など養育者からの長期の分離が、乳幼児の心身の発達に及ぼすダメージをホスピタリズムという。オーストリアの精神分析家スピッツ（1887-1974）が提唱した用語。

ストレンジ・シチュエーション法

2歳未満の乳幼児を下の図のような状況で観察し、基準に従って評価する。

❶ ドア／実験者／ストレンジャー用イス／子ども用イス／おもちゃ／母親用イス

実験者が母子を室内に案内。母親は子どもを抱いて入室。実験者は母親に子どもを降ろす位置を指示して退室。　　　　　　　　　　　　（30秒）

❷ 母親はイスに座り、子どもはおもちゃで遊んでいる。　　　　　　　　　　　　　　　　（3分）

❸ ストレンジャー
ストレンジャーが入室。母親とストレンジャーはそれぞれのイスに座る。　　　　　　（3分）

❹ 1回目の母子分離。母親は退室。ストレンジャーは遊んでいる子どもにやや近づき、働きかける。　　　　　　　　　　　　　　　　　　（3分）

❺ 母親
1回目の母子再会。母親が入室。ストレンジャーは退室。　　　　　　　　　　　　　　（3分）

❻ 2回目の母子分離。母親も退室。子どもはひとり残される。　　　　　　　　　　　　　（3分）

❼ ストレンジャー
ストレンジャーが入室。子どもをなぐさめる。
　　　　　　　　　　　　　　　　　　（3分）

❽ 母親
2回目の母子再会。母親が入室しストレンジャーは退室。　　　　　　　　　　　　　　（3分）

第4章

豆知識 Dタイプの愛着型は、顔を背けた状態で親に接近したり、再会時に親にしがみついたかと思うと床に倒れこんだり、本来なら同時には起こらないような、一貫性に欠ける行動を示す。

人生最初の反抗とうそ

> **Key word** 第一次反抗期　2歳を過ぎると、自己意識が芽生え、何でも自分でやりたがる場面が増えてくる。また、現実と空想が入り混じったうそをつく時期でもある。この時期を第一次反抗期という。

第一次反抗期

　1歳頃までの乳児は、自分と母親とが別の存在であるという明確な認識をもっていないが、2歳を過ぎると、身体の成長に伴い自由に動ける範囲が広がり、また、物事のしくみを認識する力や語彙も増えてくる。このような中、「私はお母さんとはちがう」と独立した存在としての自己意識が芽生えてくる。今まで母親がしてくれていたことを、「○○ちゃんやるの！」「○○ちゃんできる！」と、自分でやると主張するようになってくる。これを**第一次反抗期**という。おもに食事や排泄など生活の中で出てくることが多く、たとえば、母親が衣服の着脱を手伝おうとすると、自分では全部できないのに嫌がってひとりでやろうと強情をはるということがある。その背景には、自己意識の芽生えと同時に、親と比べて自分のできなさを痛感するため、その反動として親に従わない、食事や排泄を拒否するといった自己主張も強くなる。第一次反抗期は4～5ヶ月続くといわれ、反抗の対象は、一緒にいる時間が長い母親であることが多い。母親も、子どもが言うことを聞かないなど育児に悩む時期であるが、これは子どもの発達の中で誰にでも起こる自然なプロセスであり、自発性や自立性の出発点になる。

この時期の子どものうそ

　この時期、自己主張する力とともに、怒られる体験などを通して物事の善し悪しを識別する力もつき、うそをつくようになる。この時期の子どものうそは、大人がつくような自分を弁護したり守ったりするためのうそではなく、現実と空想、願望が入り混じったものが多い。また、先を見通す力も弱いため、とっさで苦し紛れのうそが多い。そのため、現実にあり得ない内容ですぐにうそとばれるものがほとんどである。たとえば、母親が部屋から離れている間に、机の上にあったお菓子を食べてしまったとき「（ぬいぐるみの）くまさんが食べちゃった」と怒られることを避けるためにうそをついたり、好きなテレビ番組のヒーローが「明日家に来てくれるんだ」など子どもの願望が混ざったうそをついたりすることがある。こうしたうそは、相手をだますといった意識的な目的や意図はなく、成長の過程で必ず起こることである。子どもの認知能力が成長し、現実と空想の世界との境界がはっきりしてくると、このようなうそはなくなってくる。　　（南山）

豆知識　第一次反抗期をいろいろな名前で呼ぶことがある。「テリブル2（Terrible Two）」「イヤイヤ期」「意地悪時代」「拒絶期」などの名前から、この時期の子育ての大変さがうかがえる。

2歳の反抗期

2歳になると自己意識が芽生えるため、何でも自分でやろうとして強情をはることが多くなる。親と比べて自分のできなさを痛感するため、その反動としての自己主張も強くなる。これが第一次反抗期である。

> まこちゃんがやるの！

人生最初のうそ

2歳児は物事の善し悪しが判断できるため、怒られないようにうそをつくようになる。この時期のうそは大人がつくようなうそとはちがい、現実と願望・空想が入り混じったものが多い。

> くまちゃんが食べたの…。

豆知識 2歳の子どもは、「ままごとをした夢」を見たら、本当にままごとをしたと思うことがある。これは、子どもの認知能力の育ちが発展途上中で、現実と空想が入り混じることから起きる。

子どもから大人への思考

> **Key word** **同化と調節** 外界とかかわりながら生活していく中で、対象を自分に合うように変化させながら取りこむ働きを同化といい、対象に合わせて自分自身を変える働きを調節という。

誕生から思考の操作ができるまで

人の思考の発達にはいくつかの節目があり、**ピアジェ**（→P.30）**の発達段階説**では、2歳、7～8歳、11～12歳とされる。

誕生から2歳頃までの時期は、五感を中心とした感覚と身体を動かす運動の両方を使いながら周りの世界を知っていく（**感覚運動の時期**）。誕生後しばらくは、生まれもった反射で外からの刺激に反応しているが、だんだんと、何かをしたらある事が起きる、という因果関係のパターンを覚えていく。2歳頃には、イメージする力もつき、目の前から物や人が見えなくなってもどこかに存在し続けることがわかってくる。

2歳～7、8歳頃になると、物事を実際に動かさなくても頭の中で考えることができるようになる（**前操作期**）。しかし、時間がかかる、まちがいもあるなど、まだ完全ではない。この時期の特徴がよく表れるものとして、**保存の課題**がある（→右ページ）。また、この時期は、自分の立場からの見方、感じ方にとらわれる傾向が強く、他人が自分と違う見方、感じ方をしていることがまだわからないという**自己中心性**がある。自分が見た夢はみんなも見たと思うことや、自分の心の中で考えたことが実際に起きるのではないかなど、心の中と現実が混同することもある。さらに、物事に生命や情緒があるように考える**アニミズム**的な傾向も強い。

思考の操作ができてから

7、8歳～11、12歳は、具体的なことについてなら論理的な思考が一応できるようになる（**具体的操作期**）。しかし、具体的な内容を離れて抽象的、一般的に考えることはまだできない。

11、12歳以降になると、抽象的なことや一般的なことを考えることができ、実際に目の前になくても、言葉だけで表現されたことをイメージすることができる（**形式的操作期**）。頭の中で推測した課題の結果と現実の結果とを比べるような、仮説を立てた考え方もできるようになる。この時期に、人間の思考は基本的に完成した働きをもつようになる。推理したり、科学的・実験的に考えたりすることも可能になる。この時期を超えると、単にさしあたっての現実のことだけではなく、より一般的な理論や、非実際的、未来的な理想を思い描くこともできるようになる。ピアジェは、以上のような認知・思考機能は**同化**と**調節**（→keyword）を行いながら発達していくと考えた。　　　（南山）

豆知識 イメージする力があるというのは、「つもり」ができることである。遊びでは、ままごとでお母さん役になる、砂や葉っぱをごはんに見立てるなど「ごっこ遊び」ができるようになる。

ピアジェの発達段階説

ピアジェは、子どもの思考発達を次のような段階に分けて考えた。

感覚運動の時期
（誕生～2歳）

感覚と身体を使って外の世界を知っていく。

がらがらを振って音が出ることがわかれば、がらがらを見たら振るようになる。

前操作期
（2～7、8歳）

頭の中で考えることができるが、自己中心的。

「Bのほうが多い」

保存の課題（足し引きをしていなければ量は変わらない）をクリアできない。

具体的操作期
（7、8歳～11、12歳）

具体的なことなら論理的に考えられる。

「AもBも量は同じ」

保存の課題をクリアできる。

形式的操作期
（11、12歳～）

抽象的、一般的な思考ができる。

問題
A子はB子より背が低い。A子はC子より背が高い。では、いちばん背が高いのはだれ？

アニミズムとは

anima（＝魂、霊魂を意味するラテン語）から来る言葉で、万物に魂があるとする思想・信仰のこと。ピアジェは2～7、8歳の子どもはアニミズム的思考のもとに生きていると考えた。

「お花がおどってる！」

豆知識　「足したり引いたりしなければ形が変わっても同じ」という保存の概念は、「量」は7~8歳、「重さ」は9~10歳、「体積」は11~12歳と、それぞれ獲得時期が少しずつちがう。

親離れ

> **Key word　第二の個体化過程**　精神分析科医ブロス(P. Blos)が提唱した理論。青年期に、子どもが親から心理的に分離し、一個の独立した個体となる過程を5つの段階に分けて、説明した。

親離れのはじまり

　思春期とは、医学的には第二次性徴の始まりから成長の終わりまでと定義される。これに対して、心の発達理論では、青春期、青年期などの言葉が使われるが、およその年齢区分は、重なっている。

　この時期の心理的な特徴を表している理論が、ブロス(1904-1997)の**第二の個体化過程**である。乳幼児が母子一体の共生状態から次第に分離していくことを「分離-個体化過程」というが、青年が親から心理的に分離し、親とはちがう自分を確立する過程には、ほぼ同様の心のダイナミクスがあるとブロスは考えた。

❶**前青春期**は、運動能力の著しい発達により、自己コントロールの感覚が育つ。親の価値観は絶対だが、親に汚い言葉を吐いたり、おてんばぶりをみせたりしながら、親離れの準備を進める。

❷**初期青春期**は、第二次性徴によって特徴づけられる。自分の体に起きている急激な変化に戸惑い、性への興味や異性への関心が高まるが、これまでのように、何でも親に話すことをためらうようになる。また、完全だと思っていた親や教師がそうでもないことに気がつく。このように親から物理的に距離をとり始めるが、実は、心細く親に依存している**アンヴィバレント（両価的）**な状態である。

親離れの達成

❸**中期青春期**になると、親から心理的にも物理的にも本格的に距離をおくようになる。その一方で感じている孤独や不安を埋めるかのように、友人とのより親密なつきあいが活発になる。一方、同性の親に対する反抗および批判的な気持ちが高まる。これはしばしば、世の中の大人が作った社会的な規範に向けられることもある。こうして、同世代の友人と共に、親や社会を批判することで、親とはちがう自分を確認したり、大人になった自分を感じたりしている。

❹**後期青春期**は、統合の時期とも呼ばれる。親との間で一定の物理的・心理的距離を保つことができるようになる。これまでは、自己評価に他人からの評価が重大な影響力をもっていたが、この頃には、安定した自己評価ができるようになる。つまり、あるがままの自分として、自分自身を受け入れられるようになる。

❺**後青春期**は、次に続く成人期への移行期である。自分自身の価値観を作りあげ、親のよい面も悪い面もひとりの人間として受け入れられるようになる。　（太田）

> **豆知識**　青年期は児童期と成人期の間にあり、子どもから大人への過渡期である。高学歴化等の影響を受け、青年期は延長しており、その終わりを一律に定義することは困難といわれている。

第二の個体化過程　　（P. ブロスによる）

前青春期
（10〜12歳頃）

運動能力の著しい発達。自己コントロールの感覚が育つ。親に汚い言葉を吐いたり、おてんばぶりをみせたりしながら親離れの準備を進める。

初期青春期
（12〜15歳頃）

自分の体に起きている変化への戸惑いや性への関心を親に話すのをためらう。親や教師とは距離をとり始めるが、心の中ではまだ親に依存している。

中期青春期
（15〜18歳頃）

心理的にも物理的にも、親から本格的に距離をおく。友人とはより親密なつきあいが活発になる。同性の親への反抗、批判的な気持ちが高まる。

後期青春期
（18〜22歳頃）

親と一定の距離を保つ。あるがままの自分を受け入れられるようになる。

「これが私！」

後青春期
（22〜25歳頃）

自分の価値観を作りあげる。親のよい面も悪い面も受け入れられる。

豆知識　乳幼児期の「分離−個体化過程」とは、乳児の誕生から母親と離れていても過剰に不安にならずにいられるまでの心のプロセスをマーラー（1897-1987）が理論化したものである。

青春期の嵐

> **Key word**
> **第二次性徴** 生殖腺から分泌される性ホルモンの作用によって生ずる身体的変化。女子のほうが男子よりも2年程度早く開始し、性差があるとされる。男女とも開始や順序、発達の速度には個人差がある。

身体の変化と心の揺れ

小学校高学年くらいになると、**第二次性徴**が開始し、身長や体重が急激に増加し、性的に成熟する。心の発達理論では、この時期の身体的変化が心の発達におもに影響を及ぼす時期（およそ10〜18歳）を**青春期**と呼び、ここでは、心理社会的な影響が強い**青年期**と区別する。

青春期は、子どもから大人へと体が急激に変化していくが、身体の変化に心が追いつかないこともある。子ども時代の自己像が揺らぎ、青年は常にいらいらしたり、不安を感じたり、まるで心に嵐が吹き荒れているようである。そのため、一時的に不適応状態になりやすい。

青春期にみられる問題

青春期は、他者の評価を通して自分の存在価値や意義を確認していくが、認められているという確信が得られないとき、その不安や怒りが非行、不登校、社会的引きこもりといった問題を引き起こすこともある。

この時期は、親や教師の指示を無視しての反抗、社会的慣習や制度への批判、暴力的行為がよく見られるようになり、**非行**の問題が大きく取り扱われる。これらは内的な衝動の高まりや他者から認められない不安と怒りの表れと理解できる。反抗の対象は、まずは家庭や学校など身近な存在に向けられるが、ここでうまくいかないと、世間、自分自身へと変化し、その内容も、より暴力的なものへと変容していく。

不登校の問題が最も顕著に現れるのが中学校である。不登校のきっかけは対人関係の問題、非行、家庭の問題、これまでの発達課題の積み残しなど、子どもによって様々である。不登校への支援には、ひとりひとりの事情を理解し、その子どもに合ったケアを個別に行う必要がある。

社会的引きこもりは、医学的には「20代後半までに問題化し、6ヶ月以上、自宅に引きこもって社会参加をしない状態が持続しており、ほかの精神障害がその第1の原因とは考えられにくいもの」と定義されるが、現象としては中学生頃から現れることが多い。自分を認めてもらえない不安や怒りが、非行とは逆に働き、不確実な自己像を守っていると考えることもできる。ほかにも「こもる」こと自体に成長の意味を見出す立場もあるが、こもることが成人期まで長期化すると非常に深刻な事態となる。

（太田）

豆知識 非行とは広義には、怠慢、義務の不履行、不公平といった行為をさすが、少年法では刑罰法令に触れる犯罪行為と触法行為、及び犯罪を行う危険性がある虞犯（ぐはん）という行為がその対象である。

青春期、青年期、思春期の定義

■研究者による発達区分のちがい

10歳頃～成人までの発達区分は、研究者によりやや異なる（図内の年齢は目安）。発達には個人差があるので、何歳で区切るかではなく、その人が現在どの段階にいるのかが重要。

※青春期は青年期と訳されることも多い。

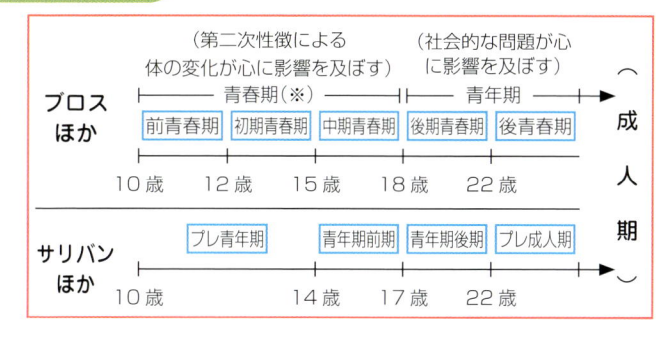

	（第二次性徴による体の変化が心に影響を及ぼす）	（社会的な問題が心に影響を及ぼす）	
ブロスほか	← 青春期（※） →	← 青年期 →	成人期
	前青春期 ｜ 初期青春期 ｜ 中期青春期 ｜ 後期青春期 ｜ 後青春期		
	10歳　12歳　15歳　18歳　22歳		
サリバンほか	プレ青年期 ｜ 青年期前期 ｜ 青年期後期 ｜ プレ成人期		
	10歳　14歳　17歳　22歳		

■思春期と青年期

「思春期」とは、第二次性徴の始まりから成長の終わりまでをいう。思春期と青春期・青年期は重なりあう。

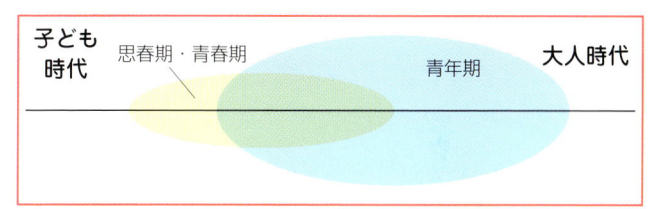

子ども時代 — 思春期・青春期 — 青年期 — 大人時代

青春期にみられる心理的危機

青春期の若者は、他者の評価によって自分の価値、意味を確認したがる。しかし、認められているという確信がもてないと……

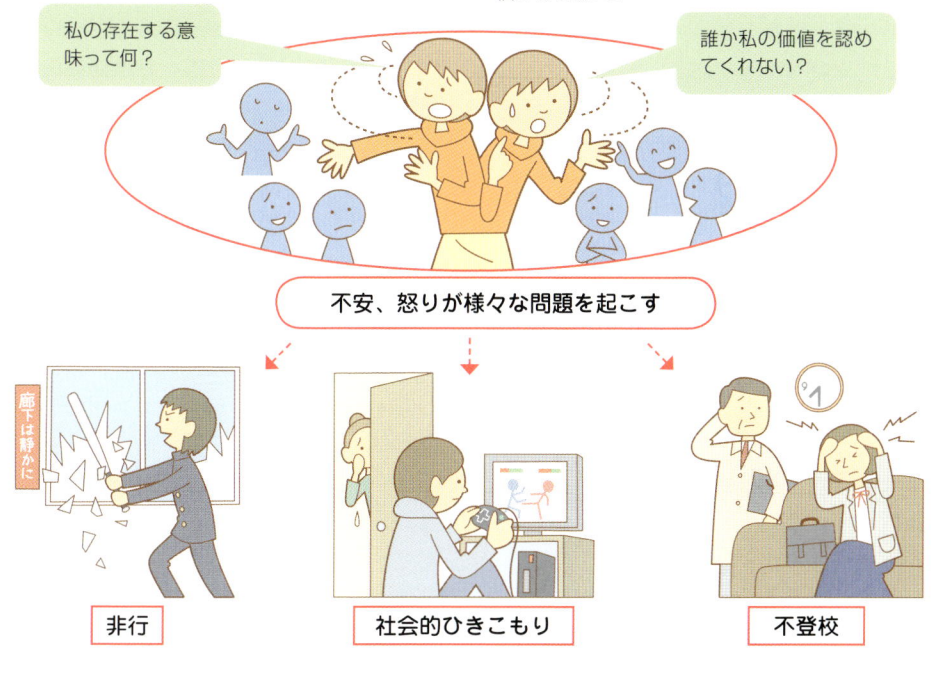

私の存在する意味って何？

誰か私の価値を認めてくれない？

不安、怒りが様々な問題を起こす

廊下は静かに

非行　　社会的ひきこもり　　不登校

豆知識 引きこもりは、統合失調症などの精神病性引きこもりと、重篤な精神障害ではないにもかかわらず、対人関係に困難を示し、社会から撤退する社会的引きこもりに大別される。

自分探しと自己確立

> **Key word　心理社会的モラトリアム**　エリクソンが、子どもでもない大人でもない青年期の特徴を示すために用いた言葉。モラトリアムとは本来は経済学用語であり、債務の支払猶予や執行猶予期間を意味している。

アイデンティティの模索

青年期は「自分とは何者か」「自分は何のために生きているのか」と、自分なりの答えを求めて大いに悩み格闘する時期である。**エリクソン**は、青年期の発達課題を**アイデンティティ（自我同一性）の確立**とし、その概念を提唱した。

アイデンティティとは、「自分とは何者か」という感覚であり、次の3つの側面からなる。1）**自己の斉一性**（どんな場面でも自分は自分であると自他共に認めている）、2）**時間的な連続性**（自分について、現在・過去・未来を一貫して語ることができる）、3）**帰属性**（自分は何らかの社会集団に所属し、そこに一体感をもつとともに、他の成員からも認められている）である。また、アイデンティティには、職業、民族、宗教等の領域があり、個別に発達する。

なぜ、アイデンティティの模索が青年期に行われるのだろうか。第二次性徴による身体の急激な変化から、人はこれまでの自分との連続性を感じにくくなる。そのため、子ども時代に築きあげてきた自己が不確実となる**アイデンティティ・クライシス**を経験する。これが自分探しの契機となる。また、エリクソンは、青年期は社会的な責任や義務からは免れ、大人への一時的な猶予が認められているという意味で、この時期を**心理社会的モラトリアム**の期間と呼んだ。猶予があるからこそ、青年は様々に役割実験を行い、十分に自分探しができる。

アイデンティティの4タイプ

アイデンティティの確立がうまくいかないと、**アイデンティティ拡散**と呼ばれる状態となり、自分を見失う、選択や決断ができない、無気力といった状態になる。他者と親密な関係をもつことが困難となる傾向も指摘されている。

青年期は、不安や葛藤の中にあり、アイデンティティの確立は容易ではない。マーシャ（J.E.Marcia）は、アイデンティティ・クライシスの有無、ある生き方への傾倒の有無によって、アイデンティティ確立の程度を、「達成型」「早期完了型」「同一性拡散型」「モラトリアム型」の4つに分けた。一般に早期完了型や同一性拡散型からモラトリアム型、達成型へと移行していくと考えられるが、達成型から他の型に移行することもある。アイデンティティ・クライシスは、青年期以降も現れ、アイデンティティは生涯にわたって模索されていくと考えられる。（太田）

豆知識　マーシャのアイデンティティ・ステイタスの分類の視点となる「傾倒」とは、具体的には自分の考えや信念を明確にもち、それに基づいた行動を一貫して示すことを指す。

アイデンティティ・ステイタス（同一性地位）

❶ 達成型

「これが私の道だ！よし、次はあそこを目指そう！」

アイデンティティ・クライシスを経験した後、自分自身の価値観や世界観を見出し、それに基づいた信念に従って行動している。

❷ 早期完了型

「そうそう！」
「誰から見ても私はいい子。」

アイデンティティ・クライシスを経験していない。親や世間から期待される価値観を葛藤なしに自分の価値観として受け入れている。

❸ 同一性拡散型

「私なんて……」「自分がイヤ！」「どうしたらいいの？」

アイデンティティ・クライシスを経験している場合と、経験していない場合がある。自分の人生に責任をもつことや、主体的な選択をすることができない。無力感や自己嫌悪感、焦燥感が特徴。

❹ モラトリアム型

「これが私の道？」「それとも、あれが私の道？」

アイデンティティ・クライシスを経験している最中。自分の価値観や職業についてはいくつかの選択肢の中を迷っている段階。

> **豆知識** 青年期の発達課題は「アイデンティティ確立 VS. 拡散」と表される。これは成功か失敗かではない。「否定的な部分（拡散）を乗り越えて肯定的な部分（確立）を身につける」という考えである。

大人の発達

> **Key word**
> **世代性** エリクソンのライフサイクル論における、成人期の心理社会的発達課題である。自らが生み出したものを世話して、育むことを意味し、次世代とかかわることによって、自己の成長が促される。

ニート（NEET）をどうとらえるか？

　青年期の心理社会的発達課題は、**アイデンティティ**（→p.104）の達成であり、その中で職業選択は重要である。**ニート**といわれる仕事をしていない若者は、アイデンティティが拡散している状態にみえる。しかし、人は社会や文化の影響を受けて生きているというエリクソンのライフサイクル論（→p.85）にならえば、現代の若者は、社会の大きな変動により、アイデンティティを獲得しにくいといえる。ニートは職業の選択を迷っている**モラトリアム**にあるのではなく、その根底には、社会構造により、仕事につきたくてもつけない状況がある。

大人になるとは？

　大人の発達について、生涯発達的視点から詳しく研究を進めたのが**レビンソン**（1920-1994）である。彼は、**生活構造**（ある時期におけるその人の生活の基本パターンあるいは設計）の**安定期**と、それまでの生活構造を見直す**過渡期**が交互に現われるとした。**成人への過渡期**には、大人の生活に必要な選択を行うことが大切である。そこでの重大な選択として「職業をもつこと」と「家庭をもつこと」があげられる。仕事、家庭、地域社会を通じて、新米の大人から、いくつかの段階を経て、一人前の大人へと移行する。

　新米の大人が、職業をもち、キャリア形成するのに不可欠なのが、自分より先輩で仕事の相談相手になる**メンター**の存在である。メンターとのかかわりを通じて、「自分はこの仕事で何ができるのか」と、新たな自分の可能性に気づく。

　一家を構える時期には、新米の大人から一人前の大人になり、一本立ちすることが重要な課題である。結婚して、家庭をもったならば、その責任を負い、夫（妻）であり、親であることに満足を見出すことが大切である。夫婦は2人で生活構造を組み直し、仕事と家庭のバランスを考えなければならない。

　人生半ばの過渡期は、成人前期と中年期の橋渡しに相当する。これまでの人生を見直し、内面的変化を迫られる。また、30代の生活を修正し、中年期に向けた生活の基盤を構築することが必要である。エリクソンのライフサイクルのモデルと関連していえば、この頃は、次世代を育むという**世代性**に取り組む時期である。つまり、個人を超えて世代間をつなぎ、他者のために責任をもってかかわることが求められる。

（谷田）

豆知識 メンター（mentor）は、人生経験が豊富で、指導者、後見人、助言者、教育者、支援者という役割を果たせる人物のこと。

ニートの数の推移

ニート (NEET) は「Not in Education, Employment, or Training」の略。親の介護など何らかの理由で働きたくても働けないなど、多様な人が含まれている。1993年から見ると、その数は全体に増えている。とくに25～29歳、30～34歳のニートは10年間でほぼ倍増した。

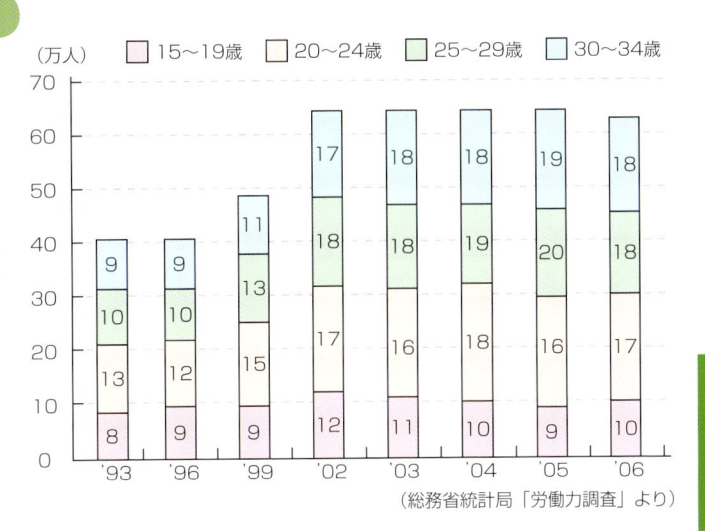

年	15～19歳	20～24歳	25～29歳	30～34歳
'93	8	13	10	9
'96	9	12	10	9
'99	9	15	13	11
'02	12	17	18	17
'03	11	16	18	18
'04	10	18	19	18
'05	9	16	20	19
'06	10	17	18	18

(単位：万人)
（総務省統計局「労働力調査」より）

レビンソンによる発達段階説（成人前期と中年期の発達段階）

参考資料：レビンソン著『ライフサイクルの心理学』（講談社）

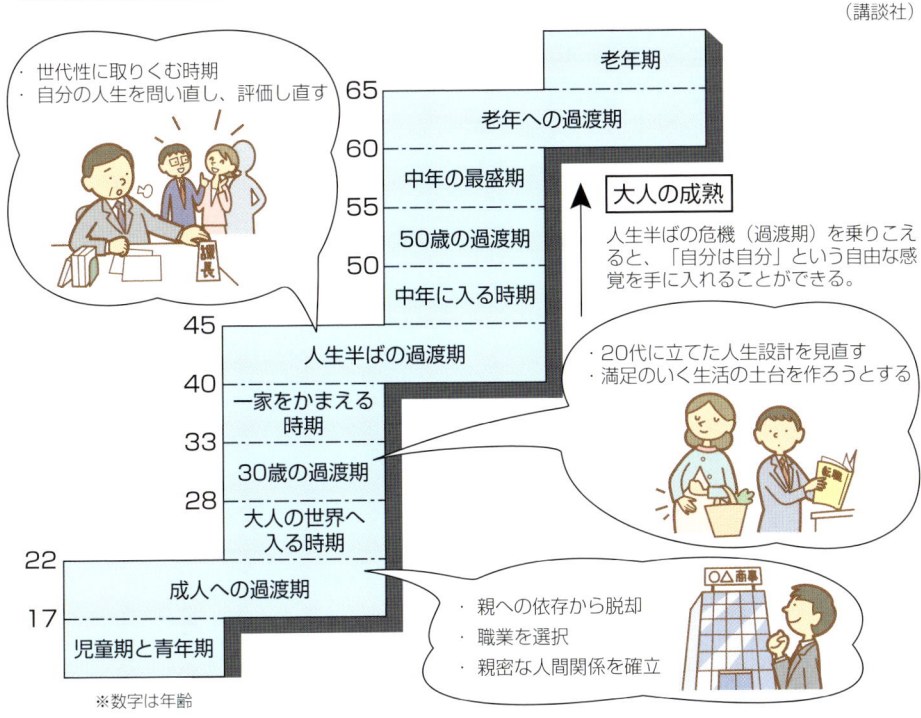

- 世代性に取りくむ時期
- 自分の人生を問い直し、評価し直す

年齢	段階
65～	老年期
60～65	老年への過渡期
55～60	中年の最盛期
50～55	50歳の過渡期
45～50	中年に入る時期
40～45	人生半ばの過渡期
33～40	一家をかまえる時期
28～33	30歳の過渡期
22～28	大人の世界へ入る時期
17～22	成人への過渡期
～17	児童期と青年期

※数字は年齢

大人の成熟
人生半ばの危機（過渡期）を乗りこえると、「自分は自分」という自由な感覚を手に入れることができる。

- 20代に立てた人生設計を見直す
- 満足のいく生活の土台を作ろうとする

- 親への依存から脱却
- 職業を選択
- 親密な人間関係を確立

豆知識 メンター自身も、若手を育てることで、新たな役割に取り組む充実感を味わったり、仕事を異なった視点からとらえる機会を経験する。

サクセスフルエイジング

> **Key word　統合**　エリクソンのライフサイクル論における老年期の心理社会的発達課題。自分自身の唯一のライフサイクルを受け入れ、自分の人生に価値を見いだすこと。また、死を自らの人生に統合していくこと。

「いかに老いるか」というテーマ

　サクセスフルエイジングは、心身の変化に適応し、生きがいを感じながら、人生を送るという**老年期**の生き方である。単に若さにしがみついたり、老いを否認することではない。この時期に、記憶力の低下などの「身体的機能の喪失」、社会の第一線から退く「役割の喪失」、友人や配偶者の死による「人間関係の喪失」といった否定的側面に遭遇する。周囲の人は、高齢者は新しい環境にゆっくり慣れてゆくことや、喪失経験と出会いながら生きていることを理解する必要がある。また、高齢者のもっている力に合わせて、主体的にその人が選択できるような機会を作り、かかわることが大切である。

　一方、老年期には、これまでの人生経験に意義を見いだし、新たな可能性に開かれている肯定的側面も存在しており、他者や社会とのかかわりの中で「いかに老いるか」が問われる。つまり、喪失体験に直面しながらも、自分自身の変化、社会や他者とのかかわりに多面的な視点を見いだすことが可能である。

　エリクソン（→P.85）は、高齢者は死が間もなくやって来ると自覚しながら、自分の人生を再吟味する過程を通じて、心理・社会的発達課題の**統合**と**絶望**のバランスに取りくんでいるという（→右ページ）。

サクセスフルエイジングを超えて

　生涯発達的にみれば、老年期は、新たな生き方を模索し、歴史的連続の中で自分の場所を受け入れる時期といえる。たとえば、仕事を退職することは、社会的な縛りがない自由に生きる機会となる。ボランティアやコミュニティでの活動などの社会貢献がその人の生きがいとなり得る。このように、心身の健康を保ちながら、趣味や社会貢献に励むことは、サクセスフルエイジングのモデルのひとつであろう。

　しかし、今後、さらなる高齢化の進行に伴い、認知症を患う人や寝たきりで介護を受ける人が増えると考えられる。認知症や寝たきりのリスク要因として、高齢者の**閉じこもり**（週1回以下の外出しかしない状態）が考えられるが、これはライフスタイルのひとつととらえられて見過ごされやすい。周囲の人は、本人のもっている力や意思を最大限生かしながら、その人らしく生きることを尊重する態度が求められる。

（谷田）

> **豆知識**　わが国の65歳以上の高齢者人口は2006年10月現在、過去最高の2660万人に達し、5人に1人が高齢者である。2055年には2.5人に1人が高齢者となるといわれている。

サクセスフルエイジング

私の人生とは何だったのか？

統合
- 自分自身の人生を受け入れ、その価値を見出す
- 死と向きあい、受けいれようとする

様々な喪失体験との出会い
- 親しい者たちの死（人間関係の喪失）
- 社会の第一線から退く（役割の喪失）
- 記憶力、体力などの低下（身体機能の喪失）

新たな可能性
- 自由に生きられる時間
- 趣味や社会貢献など、新たな生きがい
- 社会・他者とのかかわり（コミュニティ・サポートなど）

絶望／統合

高齢者の「閉じこもり」の要因

一般的には「閉じこもり」とは、週1回以下の外出しかしない状態をいう。
閉じこもりは、身体活動能力の低下（③）だけではなく、人とのつきあいや物理的環境の変化（①）、活動意欲の低下（②）などの心理的要因が複合的にからみ合い、生じる。
医療者や家族からの働きかけも重要である。

①社会・環境要因
近所とのつきあいが少ない、高層住宅で地階に降りにくい、など

②心理的要因
転倒への恐怖、活動意欲の低下

③身体的要因
加齢による身体活動能力の低下

閉じこもり

資料：『介護予防研修テキスト』（社会保険研究所）

豆知識 サクセスフルエイジングを客観的に測る指標として「主観的幸福感」（いかに自分が人生に満足しているか）が使われる。代表的な測定尺度として、PGCモラールスケール改訂版がある。

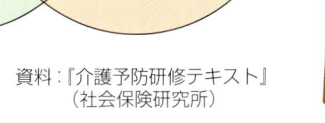

メディアからの影響

> **Key word　観察学習**　自ら直接体験したり、外から報酬あるいは罰を与えられなくても、他者の行動を観察することを通じて学習すること。周りの環境との相互作用を通じて学習する、社会的学習理論の中心的概念である。

乳幼児期におけるテレビやビデオの視聴に関する問題

　現代社会では、テレビ、ビデオ、ゲーム、携帯電話やインターネットなどの映像メディアが氾濫しており、子どもの心の発達に影響を及ぼすと考えられている。子どもの心の発達とメディアとの関連を扱った研究には、2つの大きな流れがある。

　その1つは、乳幼児期におけるテレビやビデオの視聴に関する研究である。2008年現在、約1000名の乳幼児を縦断的に調査している「子どもに良い放送プロジェクト」が進行中である。その中では、テレビを見る時間の長さや番組の内容だけではなく、養育者がどのようにメディアを生活の中に組みこむのかについても注目されている。

メディアの暴力シーンは、子どもの暴力的行為や攻撃行動を助長するのか？

　もう1つは、子どもの暴力的行為や攻撃行動と、メディアの暴力シーンとの関連の研究である。テレビゲームの暴力シーンをくり返し体験することは、(その結果は研究によってばらつきがあるが)生体内に覚醒をもたらし、攻撃に関連する考えや感情を増加させるという報告がある。これは、**観察学習**によって、テレビやテレビゲームの暴力シーンから暴力的行為を学び、記憶の中に暴力に関連する知識の構造をとどめるためではないかといわれている。**バンデューラ**(1925-)は、観察学習の成立過程を提唱した。ある行為を実行するかどうかを決定する動機づけ過程が、適切に機能することが肝心である。つまり、暴力的行為を観察したからといって、全ての子どもが攻撃行動を示すのではない。自分の行動を的確に調整できるかが重要となる。

　テレビあるいはテレビゲームの暴力シーンを頻繁に体験することが、青年期以降の発達にどう影響するのかについて、因果関係は特定されていない。メディアの暴力シーンに頻繁に触れていたことのみが、青年期の暴力的行為や攻撃行動を引き起こすのではないと、近年いわれている。たとえば、心理学者ブラウン(K.D.Browne)たちの研究では10代の暴力犯罪の加害者の特徴として、暴力的な映画を好む傾向があるものの、共感や道徳面の発達が不十分であること、暴力に対して歪んだ認知をもっていることが報告されている。その背景として、暴力的な家庭で育てられたことが指摘されており、現実の生活場面における暴力シーンとの関連を考えなければならない。(谷田)

豆知識　現実の人とのかかわりから引きこもっている場合、オンラインゲームやチャットに1日の大半を費やすネット依存がみられる。生活リズムを整えることが、依存から抜け出す一歩となる。

バンデューラによる観察学習の実験

3歳から5歳の子どもたちに、大人のモデルが暴力をふるっているビデオを見せる。
子どもたちは3群に分けられ、群によって、見せられるビデオの後半部分が異なる。

「ぶちのめせ！」

前半で、モデルの大人は暴言を吐きながら、ビニール人形をなぐったり蹴ったりする。

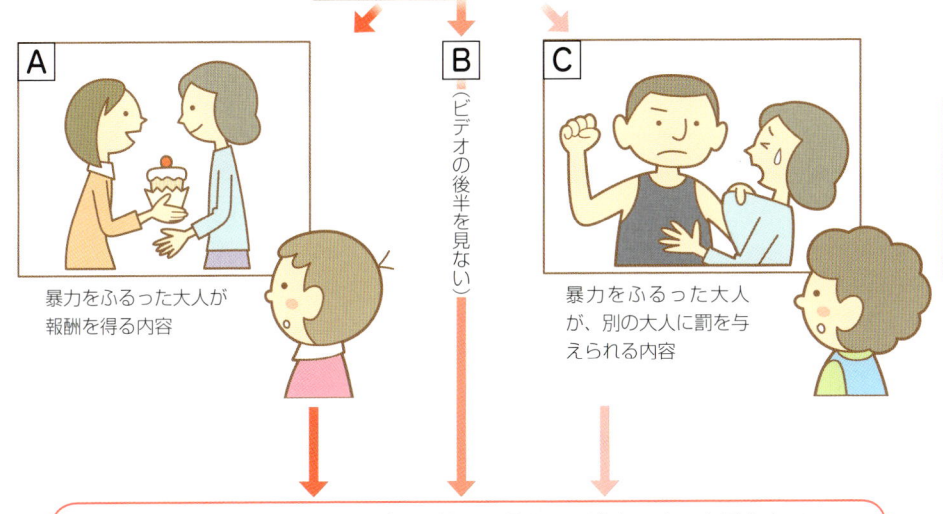

A 暴力をふるった大人が報酬を得る内容

B 〈ビデオの後半を見ない〉

C 暴力をふるった大人が、別の大人に罰を与えられる内容

↓

映画と同じビニール人形がある部屋に通され、遊んでよいと言われる

人形に暴力をふるった頻度

モデルの賞罰にかかわらず、暴力シーンを見ただけで暴力を学習したことがわかる。しかし、罰の映像を見た子は、学習したはずの暴力を実行する率が目に見えて少ない。

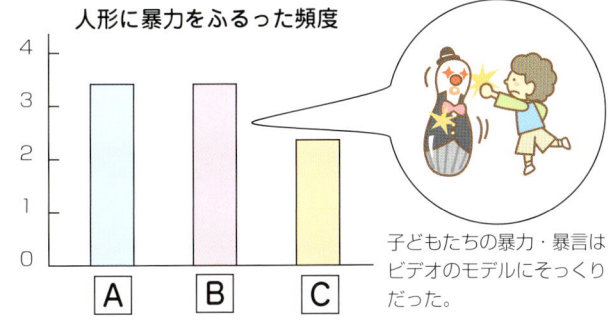

子どもたちの暴力・暴言はビデオのモデルにそっくりだった。

観察学習の成立過程

バンデューラが提唱した、観察学習の過程。子ども自らが行為の善悪を判断し、行動を調整することが大事である。

暴力的行為に注目 → **注意過程**
暴力的行為を記憶 → **保持過程**
暴力的行為をするか否か → **運動再生過程**
「そんなことはするべきではない」 → **動機づけ過程**

第4章

豆知識 ネット上のやりとりだけでは、現実社会と仮想現実の境界があいまいになりやすい。親子でネットの使用時間、ルール、トラブルへの対処を話し合いたい。

発達の進度を測る

> **Key word** **WAIS-Ⅲ（ウェクスラー成人知能検査第3版）** 16〜89歳が対象の知能検査。言語性IQ、動作性IQ、全検査IQの3つのIQが算出できるほか、言語理解、知覚統合、作動記憶、処理速度の面からも知能を把握できる。

発達検査・知能検査とは

　知能とは、高次の認知機能の総称である。**知能検査**は、知能を認知・記憶・思考・判断・推理・言語などの様々な知的機能が複合した概念としてとらえ、その発達の状況を**IQ（知能指数）**など数量的に整理し、評価するものである。知能は、年齢にしたがって発達的に変化していくものであり、その発達状況はその人の社会的適応と大きく関連する。知能の発達に遅れや偏りがある場合の早期発見（**スクリーニング**）やその程度の評価、行動問題などの背景としての知能の評価、発達上のリスクがある子どものフォローアップ、治療的教育の効果の評価など、様々な状況で知能の評価は必要となる。

　しかし、乳幼児について評価する場合、言語を使った項目が多い知能検査は適切でないため、**発達検査**を用いることとなる。発達検査は、知的側面だけでなく、運動や言語、社会性などを含め、乳幼児の発達を多面的にとらえるものとなっている。結果は**DQ（発達指数）**や発達プロフィールとして整理され、子どもの理解や支援に役立てられていく。

発達検査・知能検査の種類

　知能検査・発達検査には、保護者の話を聞きとっていく**間接検査法**と、実際に子どもに対して心理の専門家が個別に行う**直接検査法**がある。それぞれおもなものとして、間接検査法には遠城寺式乳幼児分析的発達検査法、乳幼児精神発達質問紙（津守・稲毛式）などがあり、これらは乳幼児の発達上の問題のスクリーニングとして用いられることが多い。直接検査法には、幼児から児童向けとして新版K式発達検査、田中・ビネー知能検査法、WPPSI知能診断法、WISC-Ⅲ、K-ABC心理・教育アセスメントバッテリー、成人向けとしてWAIS-Ⅲなどがあり、これらはより精密に発達や知能の測定を行うものである。また、スクリーニング用として学校などで一斉に筆記式で行う集団式検査もある。

　実際に知能や発達のアセスメントをする際には、1つの検査で測れる知能や発達の側面は限られていることから、複数の検査を組み合わせて行うことが多い。

　また検査は、単に「遅れ」を示したり、診断をつけるだけのものではない。外からはわかりにくいその人が抱える困難への理解を深め、よりよく生きるための援助の手立ての方向性を得ることも重要な活用のポイントである。

（冨田）

豆知識 知能指数（Intelligence Quotient ＝ IQ）は、知能検査の結果を表す代表的な指標。遺伝的要素もあるが、環境によっても変化し、検査の種類によっても異なる結果が出る。

知能検査

知能には、認知・記憶・思考・判断・推理・言語など、様々な面がある。知能検査では、これらの発達状況を検査し、結果をIQ（知能指数）など数量的に整理、評価する。

この3枚の絵を、お話の順に並べかえてください。

※この例は実際の検査内容とは異なる

検査方法は、この図のように本人に行う「直接検査」のほか、保護者への聞きとりを通して行う「間接検査」がある。

検査結果とその活かし方

知能検査・発達検査は、ＩＱなどの数値を出すだけではなく、発達に障害のある子どもへの具体的な支援方法を考えるのに役立つ。

たとえば、右のような結果の場合、

- 視覚的な情報の処理（絵や図の理解・操作）は得意
- 聴覚的な情報の処理（言葉の理解・操作）は苦手

と考えられる。

支援の方法として考えられること

- 言葉だけでなく視覚的なヒント（絵や図）を使って説明するようにする
- 実際にやってみせる、やらせてみせるようにする

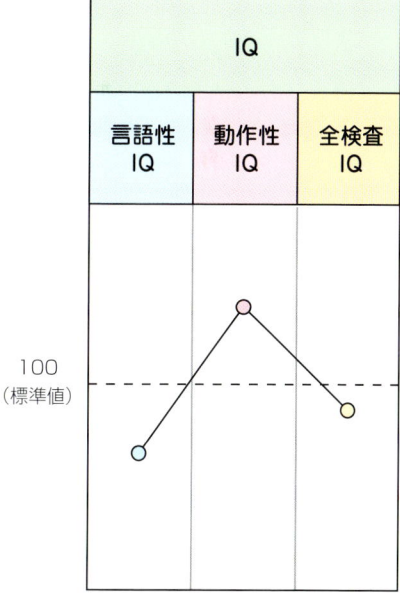

など

IQ		
言語性IQ	動作性IQ	全検査IQ

100（標準値）

第4章

豆知識 心の知能指数（Emotional Quotient ＝ EQ）は、自分や他人の感情を知覚したり、自分の感情をコントロールする技術を「心の知能」として、それを測定する指標といわれている。

様々な発達の阻害①

> **Key word** **アスペルガー症候群** 広汎性発達障害の一つだが、コミュニケーションの障害の部分が軽微で、言語発達の遅れが少ない。社会性の障害、興味の偏り、不器用さを示す場合が少なくない。

発達障害の種類とその現れ方

　発達障害とは、子どもが育つ過程において特定の領域に生じる発達の乱れや偏りであり、社会的な適応が損なわれる可能性が高いものである。その障害は中枢神経系の機能障害に基盤をもつと推測され、生涯にわたり何らかの形で持続すると考えられている。発達障害には、**広汎性発達障害**（自閉症、**アスペルガー症候群**を含む）、**学習障害**、**注意欠陥多動性障害**が含まれ、診断は時に重なりあう。

　発達障害の現れ方は、子ども自身の育つ力だけでなく、周囲の働きかけの具合や環境とのかかわりによって変化する。ゆえに、発達障害の早期診断は難しく、発達過程で診断名が変更されることもある。とくに、発達の乱れや偏りの状態が理解できないまま、周囲が適切なかかわりができずに発達すると、二次障害として、新たな行動や情緒の問題が現れることがある。早期に子どもの発達の乱れや偏りを理解し、その特性に合ったかかわりを行うことが求められる。

社会性の発達の偏り～広汎性発達障害～

　広汎性発達障害は、おもに社会性の発達に偏りがある発達障害であり、自閉症スペクトラム障害ともいわれる。その基本となる障害は、**社会性（対人的相互反応）の障害**、**コミュニケーションの障害**、**想像力の障害**とそれに基づく常同行動である。

　社会性の障害は、視線が合わないか合わせにくい、集団で行動するのが苦手である、他者の感情を共有しにくい、などである。コミュニケーションの障害は、言葉による伝達能力に遅れがあるほか、言語の遅れがなくても、周りの状況に合わせて話すことが難しいという形で表れる。想像力の障害には、時間や空間についての見通しがもてない、見立て遊びやごっこ遊びができない、などがある。

　社会性の障害の心理学的基盤を認知機能の障害と考えるか、情動に関連する障害と考えるかについて論争がある。前者は、他者の信念や願望など心的状態を認知する**心の理論**（→ P.162）の障害と考える。後者は、対人刺激を知覚し情動を評価する力に障害があると考える。心理機能と脳機能の関連についても研究が進められている。

　広汎性発達障害への支援では、指示を視覚化し、環境を構造化して、子どもの理解を促す。社会性の獲得を支援するためにソーシャルスキルトレーニング等を行うことも有用である。　　　　　（森）

豆知識 2007年に発達障害者支援法が施行され、これまで福祉支援の対象とされなかった発達障害者に対してライフステージに応じた一貫した支援を行うことが示された。

様々な発達障害

発達障害には様々なものがあり、その診断は時に重なり合う。

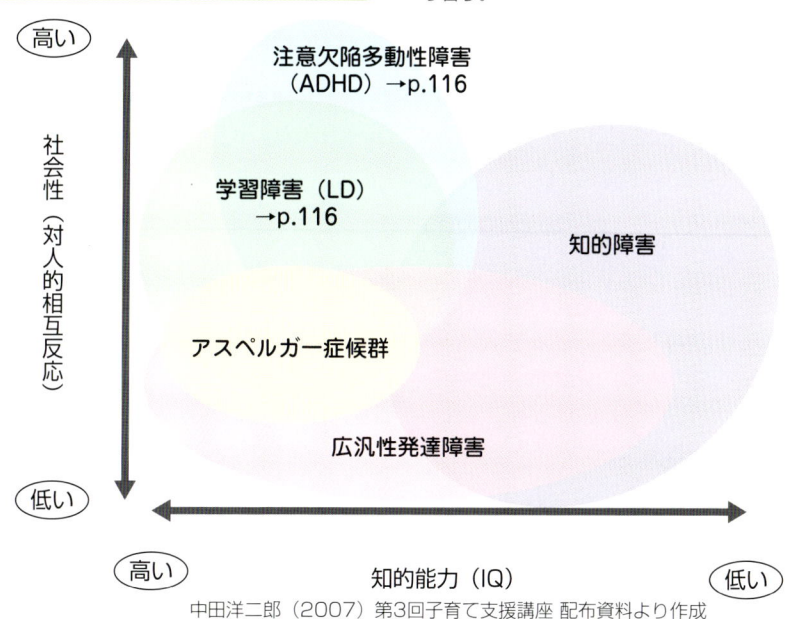

社会性（対人的相互反応）　高い ←→ 低い
知的能力（IQ）　高い ←→ 低い

- 注意欠陥多動性障害（ADHD）→p.116
- 学習障害（LD）→p.116
- アスペルガー症候群
- 広汎性発達障害
- 知的障害

中田洋二郎（2007）第3回子育て支援講座 配布資料より作成

広汎性発達障害への支援

言葉を通しての指示が伝わりにくい障害なので、指示を視覚化することが行われている。

（視覚教材の例）

上：掃除の際に行うことを、写真や絵で示したカード
右：給食の後に行うことを絵で示した貼り紙

豆知識 かつて、自閉症は母親の冷淡な養育態度によって生じる後天的障害と考えられて、母親が不当に責められた時代があった。現在ではその考え方は否定されている。

様々な発達の阻害②

> **Key word**　**二次障害**　発達障害があることで二次的に生じる問題で、障害特性を怠けや努力不足ととらえられたり、不適当な対応がくり返されることと関連して生じる。暴力・非行等の行為障害や、抑うつ状態等がある。

学齢期に明らかになる発達の偏り

　文部科学省は、知的能力に遅れがないが学習や行動に著しい困難や問題を示す子どもが小中学校に6.3％いることを明らかにした。この中に、**アスペルガー症候群**（→ p.114）、**注意欠陥多動性障害**（**ADHD**）、**学習障害**（**LD**）が含まれる。これらは、集団活動を求められる学齢期に問題となりやすい発達障害である。

　ADHDは、**不注意**、**多動性-衝動性**、もしくは両方の症状が複数の状況（たとえば家と学校）で見られ、学業や生活上の不適応が生じている状態である。不注意とは、注意集中の維持が困難な状態である。多動性は、はしゃぎまわる、動きまわる等の症状である。衝動性は、順番を守れない、会話に割りこむ等の行動に示される。背景に行動抑制の困難が考えられている。LDは、全体的知的能力に遅れがなく、特定の能力（聞く、話す、読む、書く、計算する、推論する能力）の習得と使用に著しい困難を示す状態である。背景に、認知の仕方や情報処理機能の偏りが考えられている。LDとADHDは合併する率が高い。

　どちらも何らかの**中枢神経系の障害**が推測され、注意、計画、行動の統制にかかわる**前頭前野**が注目されているが、実証されていない点は多い。かつて行動や学習の問題は本人の努力不足や育ちの問題ととらえられやすかったが、現在では個々の認知や情報処理の特性を理解し、適切な対応を行うことが求められている。

大人になったとき

　発達障害は、子どもだけの問題だろうか。成人期にも症状の一部は持続し、職業や日常生活に困難が生じる場合がある。たとえば、広汎性発達障害では、社会的スキルの不足ゆえに、職場の人間関係に困難が生じやすい。ADHDでは、不注意ゆえに仕事に失敗したり、衝動的行動により日常生活に支障をきたすことがある。また、**二次障害**（→ keyword）は、成人期の精神的健康と適応に影響を与える。

　このような成人期の状況を見越した生涯にわたる支援、つまり、地域における幼少期からの一貫した、専門的な支援が求められている。学齢期に長所を伸ばし自尊心を育み、青年期には自らの困難について自己理解を促すことが必要だ。理解に基づき適切な支援を求め、生活上の工夫を行うことが可能になる。卒業後には、就職準備の支援はもちろん、就労維持の支援の重要性が指摘されている。（森）

> **豆知識**　LDの定義は医学と教育で異なる。教育領域では、LDとは、学習上困難がある子どもに適切な教育を行うために提唱された概念であり、医学診断基準より範囲が広い。

ADHD、LDは脳の障害？

ADHDやLDの人は、認知や情報処理の方法が独特。その原因として、中枢神経系の何らかの障害が推測されている。とくに、大脳の前頭前野が注目されている。

前頭前野

大脳皮質（大脳全体を覆う、厚さ2mmほどの皮質）のうち、自己コントロールなどを担う部分。額の奥あたりに位置する。

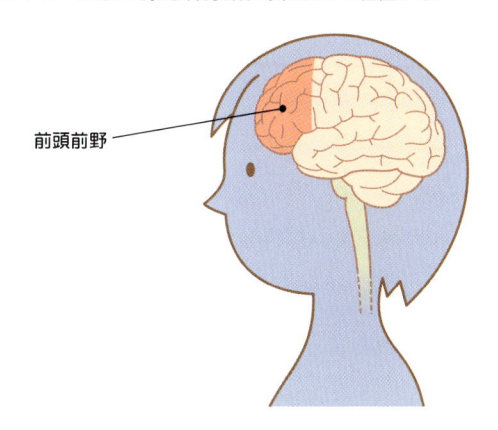

前頭前野

ADHD
「不注意」「多動性-衝動性」といった特徴が複数の状況で認められ、学業や生活上の不適応が生じる障害。

LD
全体的な知的能力に遅れはないが、「聞く・話す・読む・書く・計算する・推論する」能力のうちいずれかの習得と使用に著しい困難を示す障害。

第4章

発達障害への支援

（例：ADHDの場合）

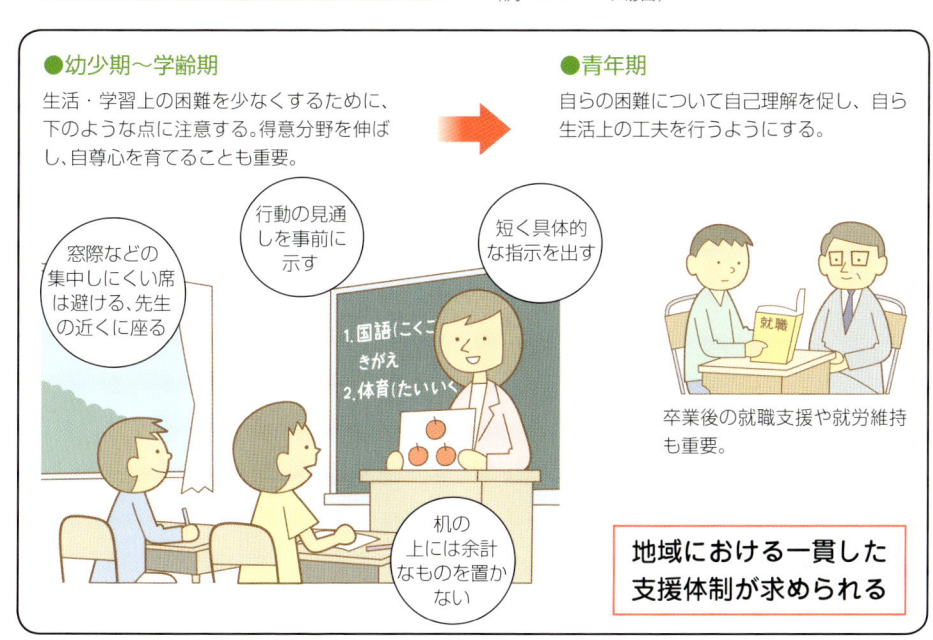

●幼少期～学齢期
生活・学習上の困難を少なくするために、下のような点に注意する。得意分野を伸ばし、自尊心を育てることも重要。

- 窓際などの集中しにくい席は避ける、先生の近くに座る
- 行動の見通しを事前に示す
- 短く具体的な指示を出す
- 机の上には余計なものを置かない

●青年期
自らの困難について自己理解を促し、自ら生活上の工夫を行うようにする。

卒業後の就職支援や就労維持も重要。

地域における一貫した支援体制が求められる

豆知識 発達障害への認知の高まりにより、成人以降に支援機関を訪れる人が増えている。しかし、診断は幼児期の症状が基準となるため、診断が難しい場合がある。

Column

心を育む心理教育

心理教育（psychoeducation）とは何か

　心理教育とは、もともと、非行等の攻撃的行動をもつ子どもに対して行われた集団アプローチと、統合失調症患者とその家族に対する支援技法という2つの源流から発展した、援助方法である。心理学的な理論や実証研究に裏づけられた知識や情報を提供し、参加者の対処能力の向上を図り、問題解決や再発予防を目指す。グループを対象とする場合、参加者相互のサポート関係を築くことも目的となる。現在では、精神障害や発達障害を有する人々、危機的状況にある人々だけでなく、健康な人々を対象とした予防的支援へと、範囲が広がっている。

　対象となる問題に応じて多様なプログラムが開発されているが、共通する要素を紹介する。まず、プログラムには、参加者のニーズに合わせた知識や情報を提供する教育内容を盛りこむ。そして、共通のテーマについて具体的な体験を話し合い、協力して対応を検討する。安心して相互交流できる場づくりが重要である。ここで、参加者は日常の体験を語ったり、課題に取り組む。支援者は問題を整理し、解決に役立つ情報を抽出する。最終的には、参加者の自尊心や自己決定力が回復する、すなわちエンパワーメントが生じることを目指すのである。

予防的支援における心理教育の例

　では、実際にどのような心理教育が行われているのだろうか。ここでは、近年、広がりを見せている予防的支援を紹介する。

　予防的支援は、健康な人々に働きかけ、対処力を向上させ、問題の発生を未然に防ぎ、よりよく生きることを目指す。発達的に経験しやすい心理状態に関する知識を伝達し、体験を通して今後生じる問題に対処するスキルを学び、グループ体験をもとにサポートネットワークを構築することを目指す。

　たとえば、学校では、児童生徒を対象として、摂食障害や抑うつ、いじめ、喫煙や物質乱用などの特定の問題に焦点を当てたプログラムや、対人関係スキルやアサーティブ（※）な自己表現力の習得を目指すプログラムなどが行われている。また、地域では、親を対象として、子どもへのかかわり方、問題行動への対処法を学びあい、相互にサポートしあうためのプログラムが行われている。　　　（森）

※アサーティブ……自分のことも相手のことも尊重する言動であり、自信や自尊心につながる。

第5章

心のしくみ
知覚心理学・学習心理学・認知心理学

実験心理学の展開

Key word 　**実験心理学**　厳密な条件統制の下で、感覚・知覚・学習・思考などを研究する心理学。心の働きの一般的法則を見つけ出すために、個人差よりも条件の差による心の働きの違いを明らかにしようとしている。

構成心理学

　実験心理学が科学として成立するためには、実験条件の差による心の働きの違いを測る手立てが必要となる。その手立ては、心理物理学によってもたらされた。ウェーバーとその後のフェヒナーの研究による、**心理物理学的測定法**（→ p.20）がそれである。

　フェヒナーが『精神物理学綱領』を完成させた1860年を実験心理学の誕生の年とする人もいるが、**ヴント**（1832-1920）がドイツのライプチッヒ大学に最初の心理学実験室を作った1879年を誕生の年とする人もいる。ヴントは、心理学を「直接経験の学」と規定した。経験的に確実にとらえることのできる心の事実は、意識に現われたこと以外にはないと考え、自分の意識を記述していく**内観法**によって、複雑な心を単純な要素に分解した。そして、これらの要素を組み立てて、元の状態を復元することによって、意識を説明しようとした。この考えは、**構成心理学**と呼ばれている。

機能心理学と行動主義そしてゲシュタルト心理学

　同じ頃、ヴントの影響を受けて、アメリカでは**ジェームズ**によって、意識の研究がなされた。ジェームズは、意識を別々の要素によって説明すべきではなく、一連の**意識の流れ**であると考えた。そして、意識の構造よりも、その機能や効用を研究すべきであると考えた。これは、**機能心理学**と呼ばれている。

　心理学の対象を意識に限定したことに対する批判として、機能主義の影響の下で、人と環境との関係を問題とする**行動主義**が起こった。**ワトソン**（→ p.24）は、行動のみを心理学の対象として、行動の単位を明らかにし、複雑な行動を説明しようとした。その後、この要素論的考えに対して、**新行動主義**が、トールマンやハルや**スキナー**（→ p.136）などによって起こった。

　また、要素の構成という考えに対して、全体的、力動的なものとして心を考えようとする**ゲシュタルト心理学**が、**ウェルトハイマー**やケーラーらによってドイツで起こった。彼らは、心的現象のありのままを観察によって忠実にとらえ、条件分析によって、条件と現象との間の法則を発見しようとした。

　その後、認知心理学、社会心理学、発達心理学などの多様な研究領域においても実験的な手法が取り入れられ、それぞれの展開をみせている。　　　　（神宮）

豆知識　ヴントのもとでドイツはもちろんイギリスやアメリカ、そして日本の心理学者が多く育ち、各地に心理学実験室が建てられた。心理学は、ヴントを境として実験科学として変化していった。

実験心理学の展開：ヴントから現代まで

19世紀後半

ヴントが世界初の「心理学実験室」を大学に創設。

〔クロノスコープ〕
ヴントらが反応時間の測定に用いた。人間が音などの刺激を受けてからそれに反応するまでの時間を、1000分の1秒単位で測定できる。

ヴントの構成心理学
複雑な「意識」というものを、「感覚」「単純感情」といった個々の要素に分け、それらの結びつきを研究する。

ヴントは意識を研究する方法の一つとして「実験」を行った。

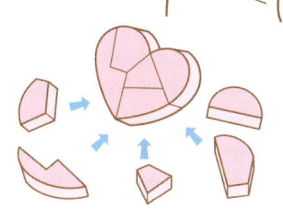

しかし、実験だけでなく「内観法」(自己の意識を観察して記述する)によっても意識を研究しようとした。

20世紀初頭

ヴントと相対立する立場の研究者たちによる実験心理学が隆盛

ウェルトハイマーらのゲシュタルト心理学
アニメや映画のしくみと同じ「仮現運動」の実験など。要素の寄せ集めとしてはとらえきれない心の現象に注目した。

ワトソンらの行動主義心理学
意識を内観するのではなく、客観的に実験・観察可能な「行動」のみを対象とした。条件づけの実験(→p.24)など。

20世紀～現代

様々な分野で展開
社会心理学、発達心理学、認知心理学など様々な分野でそれぞれ実験的手法を用いている。

スキナーらの新行動主義心理学
人間や動物の能動性を重視(→p.136)。

豆知識　晩年のヴントは「民族心理学」の完成に力を注ぎ、芸術・宗教・文化・社会・歴史などの人の営みを心理学の対象とした。それと実験心理学とを両輪として心理学が完結すると考えていた。

感情のしくみ

Key word
ジェームズ＝ランゲ説 ある対象に接したときにまず身体的な反応が生じ、その反応を自分で知覚することによって感情が生じる、という説。感情の末梢起源説とも呼ばれ、感情に関する基本的な理論の一つ。

感情の役割

　私たちは、喜んだり悲しんだり怒ったり、といった**感情**をもっている。なぜ私たちは感情というものをもっているのだろうか？

　感情の基本的な機能は、生物が環境中で生き延びるのに必要な行動を引き起こすことにあると考えられている。たとえば、命を脅かすような危険に対しては**恐怖**を感じ、そのものから逃げ出すような行動が引き出される。また、嬉しい、楽しいといった**快感情**を引き起こすような対象（餌など）に対しては接近をしようとする。進化的な側面から考えると、人間がもつ複雑な感情も、基本的にはより下等な生物から引き継いだ環境適応のしくみが働いている、と考えられている。

悲しいから泣く？　泣くから悲しい？

　では、感情はどのようなメカニズムで生じるのだろうか？　感情のメカニズムに関する古典的な理論の一つは、**キャノン＝バード説**である。私たちが何らかの事象（たとえば、嫌いな虫）を知覚すると、脳の中の**視床**と呼ばれる部位を経て**大脳皮質**に情報が伝えられる。皮質で情報が処理される（これは自分が嫌いな虫だ！と気づく）と、視床に興奮が伝えられる。その興奮は再び大脳皮質に伝えられて、自分の感情状態が意識化・体験され（怖い！）、同時に**身体的な反応**を引き起こす（顔が引きつる、思わず後ずさりする、汗をかく、等）。つまり、私たちの情動的な体験と身体的反応は共に中枢神経系の働きによって生じる、とするのが、キャノン＝バード説であり、**中枢起源説**とも呼ばれている。

　感情の生じるメカニズムに関するもう一つの古典的な理論は、**ジェームズ＝ランゲ説**である。素朴に考えると、キャノン＝バード説のように「何か怖いものを見ることで、怖いと感じ、体が震えたりする」のが当然のように思える。しかし、ジェームズ＝ランゲ説によると、私たちがある対象に接するとまず身体的な反応が生じ、次にそうした自分の身体反応を知覚することで、自分の感情状態が初めて感じとられる。つまり、身体反応などの末梢での反応が感情体験の起源であるとする考え方であり、**末梢起源説**と呼ばれている。一見奇妙な説のようだが、近年、末梢起源説の考え方に立つ**顔面フィードバック仮説**（→右ページ）が提案され注目されるなど、感情に関する重要な考え方の一つである。　　　　（田中）

豆知識　キャノンは20世紀前半のアメリカの生理学者。バードの行った研究に基づいて、感情の中枢起源説を提唱した。そこで、この2人の名前をまとめてキャノン＝バード説と呼ばれている。

キャノン＝バード説

① 対象を知覚すると、② 視床を経て ③ 大脳皮質に情報が伝わり（対象が嫌いなクモだと気づく）、④ 一方では視床下部を経て、⑤ 身体の反応が起こる。

怖い！

嫌いなものの姿

身体の反応

知覚対象 → 視床・視床下部 → 大脳皮質（感情）／骨格筋・自律神経系（表情・体の変化）

ジェームズ＝ランゲ説

① 対象を知覚すると、② まず身体的な反応が生じ、③ その身体反応を知覚することで、自分の感情状態が初めて感じとられる。

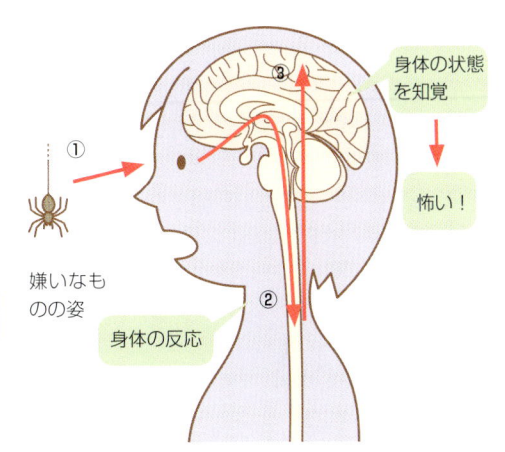

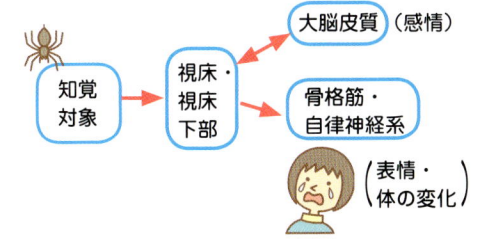

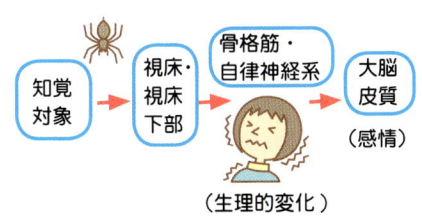

身体の状態を知覚

怖い！

嫌いなものの姿

身体の反応

知覚対象 → 視床・視床下部 → 骨格筋・自律神経系（生理的変化） → 大脳皮質（感情）

顔面フィードバック仮説

顔面の筋肉を笑ったときのように動かすと、気分も明るくなるという仮説。ジェームズ＝ランゲ説に近い考え方で、近年、注目されている。

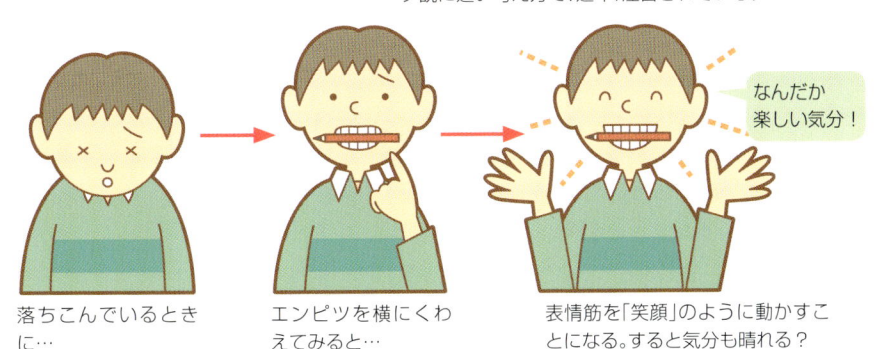

落ちこんでいるときに… → エンピツを横にくわえてみると… → 表情筋を「笑顔」のように動かすことになる。すると気分も晴れる？

なんだか楽しい気分！

豆知識 ジェームズとランゲの2人は、ほぼ同時期にそれぞれ独立に類似した感情についての理論を提案したので、現在では2人の主張をまとめてジェームズ＝ランゲ説と呼ばれている。

心を生み出す脳

> **Key word**
> **ラテラリティ（側性化）** 左右の大脳半球が異なった機能を分担していること。左右の大脳半球はそれぞれ反対側の半身の感覚や運動を制御するほか、左半球は言語、右半球は空間イメージの操作にかかわる。

心を生み出す生理的なしくみ

目や耳、皮膚などの感覚器官でとらえられた刺激は、神経インパルスとなって**末梢神経系**から**中枢神経系**（脊髄と脳）へ送られる。中枢神経系はそれらの情報を統合し、再び末梢神経系へ信号を送り出し、それらの刺激に対する反応を引き起こす。この過程で、感覚・知覚や認知、感情、行動といった心の働きが生じてくるのである。

中枢神経系は脳と脊髄からなるが、とくに脳は、多くの心の働きにおいて非常に重要な役割を果たしている。

脳のしくみ

脳は、大まかに大脳半球、間脳、小脳、脳幹等の部位に分けられる。

●**脳幹** 私たちが生存してゆく上で欠かすことのできない様々な反射や自発呼吸など、自律機能に直接かかわっている。

●**間脳** 視床と視床下部からなる。視床は、末梢から大脳皮質に伝える感覚情報や、大脳皮質から末梢の運動器官への指令を中継する。視床下部は、自律神経系の調整や本能的な行動にかかわる。

●**小脳** 身体運動を司っている。

●**大脳** 左右２つの半球（大脳半球）に分かれており、**脳梁**と呼ばれる太い神経の束でつながれている。大脳の内側にある大脳辺縁系と呼ばれる部位は、進化的により古く（他の動物にも共通してみられる）、情動にかかわる**扁桃核**、記憶にかかわる**海馬**などが含まれている。他の動物と比べたとき、人間の脳の大きな特徴は、大脳の最も外側の部分である**大脳皮質**が大きく発達していることである。大脳皮質は知性にかかわる働きをしている。

大脳皮質は、大まかに前頭葉、頭頂葉、後頭葉、側頭葉の４つに分けられる。また、機能面では、運動野、体性感覚野、聴覚野、視覚野など、運動や感覚に関する情報を専門的に処理する領域のほか、それらの領域で処理された情報を統合する**連合野**と呼ばれる領域に分けられる。

それぞれの大脳半球は異なった機能を分担している。たとえば、右半球は左半身の、左半球は右半身の感覚や運動を制御している。また、右視野（視野の右半分）の情報は左半球の視覚野で処理され、左視野の情報は右半球の視覚野で処理される。さらに、言語（とくに発話）に関しては左半球が、空間的なイメージの操作に関しては右半球が優位とされている。このような左右の脳半球の役割分担を**ラテラリティ**（側性化）と呼ぶ。　　（田中）

豆知識 大脳皮質は、厚さ1.5mm〜4mm程度だが、非常に多くのしわが折りこまれているので、表面積は新聞紙１ページ分にもなる。

中枢神経系と末梢神経系

中枢神経系

脳
末梢神経系から送られる情報を処理し、体へ指令を出す神経細胞の集まり。感情や思考を司る。

脊髄
脳と同様、神経細胞の集まり。運動と感覚の伝達、反射などを担う。

末梢神経系
感覚刺激などの情報を中枢神経に伝え、中枢神経からの指令を受ける。脳神経、脊髄神経、自律神経からなる。自律神経は意識とは関係なく、呼吸や消化などの働きを司る。

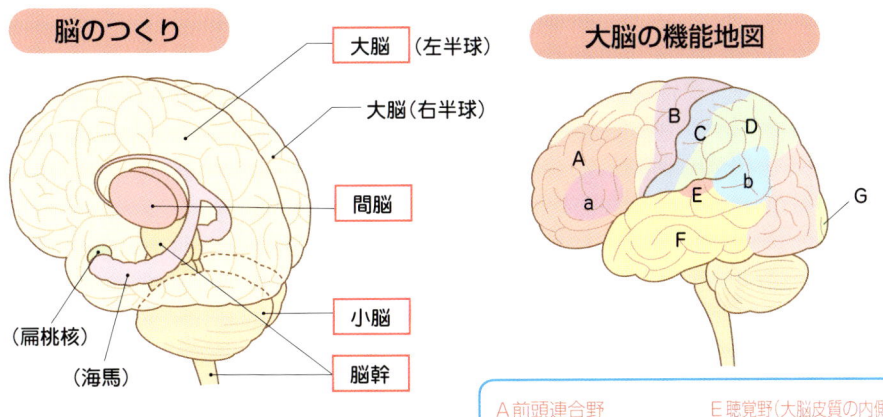

脳のつくり

- 大脳（左半球）
- 大脳（右半球）
- 間脳
- 小脳
- 脳幹
- （扁桃核）
- （海馬）

左半球／右半球
- 脳梁
- 大脳皮質（色の濃い部分）

（大脳を中央で切った断面）

大脳の機能地図

A 前頭連合野
　思考、計画、判断、自己抑制
B 運動野
　随意運動の統制
C 体性感覚野
　体性感覚（触覚・痛覚・深部感覚など）の知覚
D 頭頂連合野
　感覚情報の統合
E 聴覚野（大脳皮質の内側）
　聴覚情報の知覚
F 側頭連合野
　視覚・聴覚の知覚、認識、記憶
G 視覚野
　視覚情報の知覚
a ブローカ野
　言語の表出（書く・話す）
b ウェルニッケ野
　言語の理解（読む・聴く）

豆知識 脳損傷の患者が受けた障害の部位と症状とを調べることで、脳のどの部位がどのような機能をもっているかが調べられてきた。こうした研究領域を神経心理学と呼ぶ。

知覚① 視覚のしくみ

Key word
奥行き感 両目があるから奥行きを感じるだけではなく、片目だけでもその手がかりは多くあり、遠近法もその一つである。また、影のつき方によっても、奥行きとしての凹凸の感じ方は変わってくる。

目の情報処理は多種多様

目の構造はよくカメラにたとえられる。眼球の奥の**網膜**には、光を受ける**感光細胞**が2種類あり、それぞれ役割が異なっている。網膜の中心部に密集している**錐体**は明るいところで色を感じ、周辺にある**桿体**は暗いところで明暗を感じる。

昼間に上映中の映画館に入ると、真っ暗で何も見えないが、だんだん暗さに慣れて周りがわかるようになっていく。これは、明るさの中で錐体が働いていたのに、急に暗いところに入ってすぐには桿体が機能しないためである。

フィルム式のカメラにたとえると、白黒とカラーとの2種類のフィルムを同時に持っていて、明るさに応じてフィルムを使い分けているということになる。

奥行きがわかるなぞ

感光細胞からの情報が**視神経**を通して脳の後頭部の**視覚野**に伝わり、情報が処理され、外界の認識が行われる。ところが、周りの世界は奥行きのある3次元の空間で構成されているが、目の中では、あくまでも2次元の平面に映し出された網膜像である。脳での情報処理の段階で1次元分の情報が付加され、**奥行き感**がもたらされている。

この一つの例として、**運動視差**による奥行き感がある。電車に乗っているときに、進行方向右側の車窓を眺めていて、特徴のある建物が目に入ってきたとしよう（→右ページ）。その建物を見つめていると、その建物の付近と遠くでは運動の速さが異なって感じるとともに、手前の方は電車の動きとは逆方向に移動し、その建物よりも遠くは、電車と同じ方向に動いていく。こうした見た目の運動の差により、奥行きが感じられる。

また、目が2つあることも重要な要因である。同じものを見ていても、網膜上に写る像は左右でわずかに異なり、これらを脳が融合することによって、奥行き感が生じる。これは**両眼視差**と呼ばれている。立体映画を見る際に簡単な色ちがいのメガネをかけるのは、この応用である。

絵の中で、下が粗く上が細かいというように、点や線などのものの密度が異なっていれば、下から上という方向で奥行きを感じる。この密度に変わり目があれば、面の傾きをも意識できる。これは、**きめの勾配**と呼ばれていて、網膜像の中に3次元性についての多くの情報が含まれている証拠である。　　　（神宮）

豆知識 電車に乗っていて隣の電車が動いたように感じるときがあるが、実は自分の方が動いていたということがある。動きの知覚は、網膜像の変化と自分の動きとの関係によってもたらされる。

目のしくみ

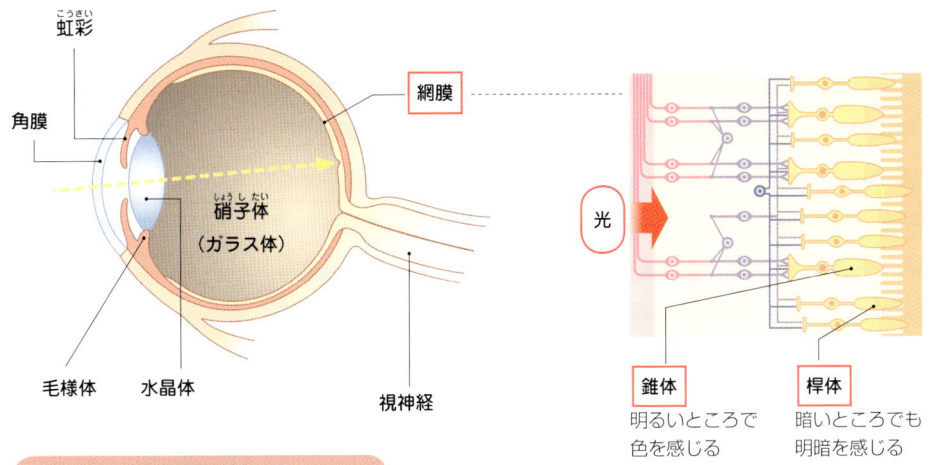

- 虹彩（こうさい）
- 角膜
- 網膜
- 硝子体（ガラス体）
- 毛様体
- 水晶体
- 視神経

光

錐体 明るいところで色を感じる

桿体 暗いところでも明暗を感じる

運動視差

車窓をながめているとき、★印の建物に視点をすえると、それより遠くのものは進行方向に動いて見える。★印より近くのものは、進行方向とは逆向きに動いて見える。両者の動くスピードも、ちがって感じる。

（進行方向）

きめの勾配

下が粗く上が細かいというように、見た目の密度のちがいがあると、奥行きを感じる。右の図はいずれも、上のほうが密度が濃いため、下から上へ向かって奥行きを感じる。

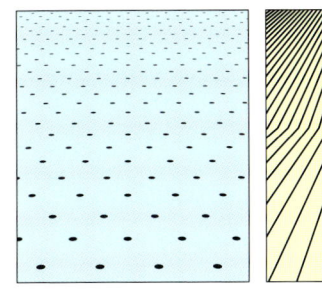

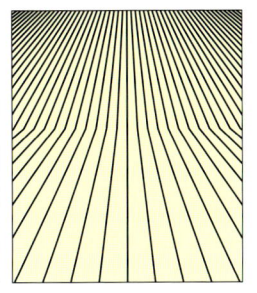

第5章

豆知識 右から左に流れる電光掲示板のニュースを見た後で、何となく右の方に全体が移動するような不思議な感じがする。これは運動残像と呼ばれている。滝を見たときにも同じことが起きる。

知覚② 錯覚の不思議

> **Key word　仮現運動**　映画の原理。コマごとに場所を変えて、あるものを連続して映写すると動いているように見える。コマとコマとの間にはフィルムの黒い部分の境があり、これが時間間隔のずれをもたらしている。

様々な錯視

　平面上の図の中で表現される**錯視（幾何学的錯視）**には、様々なものがあり、長さ、大きさ、角度などの錯視がある。ほとんどの有名な錯視には、その錯視を発見した人の名前がつけられている。

　なぜ錯視が起きるのかということは、たとえば奥行き感と恒常性との関係から説明が試みられている。これまで多くの人たちが錯視の原因を追究してきたが、必ずしも統一的な考えには至っていない。

　右ページの錯視図形は、日常の何気ない1コマにも存在している。**ジャストロウ錯視**は、バナナを2本並べた場合などに見られる。また、**ポッゲンドルフ錯視**は、外の電線を部屋の窓のサッシが横切っている場面となる。身近な場所を見渡して、錯視を見つけてみよう。

　勾配の錯視は、2種類の傾斜が連続してあることで、下りにもかかわらず、わずかに上っているように見える錯視である。山中の道路や、山越えの高速道路で車を運転していると、時々経験することがある。見た目で上りだと思って、アクセルを踏んでスピードをあげて一気に上りを登りきろうとしていると、実際は下りなのでスピードが速くなってヒヤッとすることがある。しかも、カーブなどが加わっていると、重大な事故を起こしてしまう危険がある。ケーブルカーに乗っているときでも、同様の錯視は起きる。

時間と空間の錯覚

　時間と空間との関係の中で起きる**錯覚**がある。

　袖をまくって腕の内側を出してみよう。腕の上に仮想の正三角形を構成し、目を閉じて、他の人にシャープペンの先で3つの角を順次触ってもらう。AとBの間隔を、AとCの間隔よりも長くすると、AとBの距離の方がAとCよりも長く感じられる。この空間知覚に及ぼす時間の効果は、**タウ効果**と呼ばれている。

　次に、正三角形ではなく各辺の距離を変えて、時間間隔は同じにして順次触ってみる。すると、距離の長い方で時間が長く感じられる。これは、時間知覚に及ぼす空間の効果で、**エス効果**と呼ばれている。実際に自分の腕で試してみよう。

　踏み切りにある2灯点滅機を見ていると、赤いライトが上下に運動しているように見える。これは**仮現運動**で、網膜上の異なる場所で2個の光が交互に点滅すると、1つの光が往復運動しているように見える現象である。　　　　　（神宮）

豆知識　真上の月が小さく見えるのは、実際の天空に対して、見かけの天空が真上で実際よりも地上に近くラグビーボール型をしているように感じるからである。これは月の錯視と呼ばれている。

幾何学的錯視

[ジャストロウの錯視]

上も下も、同じ大きさだが、下の方が幅が長く見える。

[エビングハウスとティチナーの錯視]

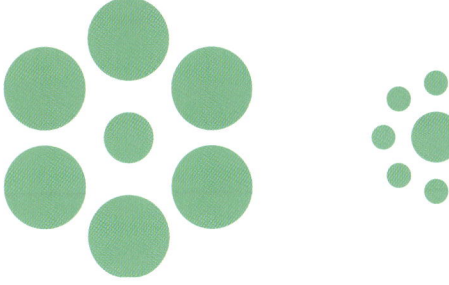

左図も右図も、中央の円は同じ大きさ。しかし、右図のほうが圧倒的に大きく見える。（エビングハウス→ p.22）

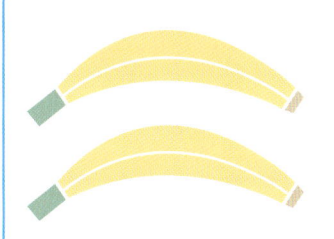

[日常にひそむ幾何学的錯視]

バナナを2本並べると、ジャストロウの錯視が起こる。台形のアイスクリーム容器を重ねるなど、類似のものでも試してみよう。

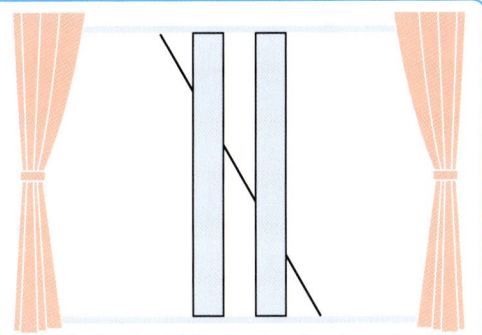

1本の線が、それを横切る2本の線によって断ち切られ、ずれて見える（ポッゲンドルフの錯視）。窓わくの向こうに電線があるときなどに見られる。

勾配の錯視

Ⓐ＞Ⓑのとき、Ⓑの坂が上り坂のように見える。

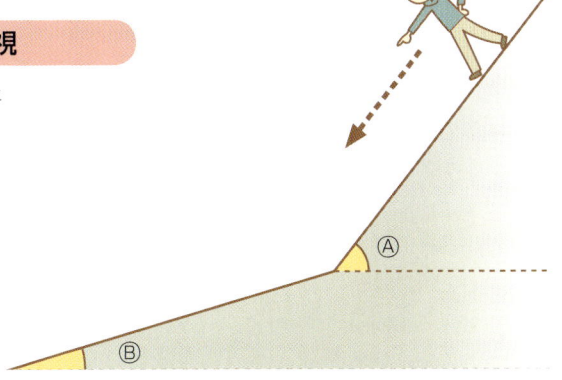

第5章

豆知識 芸術分野でも錯覚が多く使われている。エッシャーの「滝」や「上昇と下降」など、いわゆる「だまし絵」である。現実ではありえない図形ではあるが、不思議な感覚を感じさせてくれる。

知覚③　聴覚のしくみ

> **Key word**
> **蝸牛（かぎゅう）**　内耳にある渦巻状の器官。どのような音が聞こえているかを最初に分析する。外界から伝えられた音で蝸牛の内部に張られた基底膜を振動させ、その音に含まれる周波数成分を大まかに分析している。

全方位を探知する聴覚

　環境中にある物体が振動すると、その振動が周りの空気に伝わる。空気の振動が私たちの聴覚器官に到達すると、それが「音」として感じとられるのである。

　私たちの前方にある物体の振動は、直接耳に届く（**直接音**）。一方、私たちの生活する空間には、通常、山や建物、壁などの遮蔽物（しゃへいぶつ）が存在しているので、私たちの正面にない物体の振動も、それらに反射して私たちの耳に届いている（**反射音**）。つまり、視覚が前方にあるものしかとらえられないのに対して、**聴覚**は反射音を利用することで、周囲の全方位からの情報を受け取っているのである。

音を聞きとるしくみ

　音を感じとる感覚器官（聴覚器官）である「耳」は、正確には外耳・中耳・内耳という３つの部分に分かれている。

　外耳は聴覚器官の最も外側にある部分で、耳介と外耳道という２つの部分からなっている。耳介は顔の横に出っ張っている部分で、周囲の音を集めたり、あるいは音源の方向によって微妙に周波数を変化させることで、音がどの方向から来ているのかを特定する（これを音源定位と呼ぶ）のを助けたりしている。外耳道はいわゆる耳の穴に該当し、約３cmの長さをもつ。

　外耳道の奥からが**中耳**と呼ばれる部分である。外耳道の一番奥には**鼓膜**と呼ばれる薄い膜があり、外から伝わった振動はこの鼓膜を振動させる。鼓膜の振動は、**耳小骨**（槌骨（つち）、砧骨（きぬた）、鐙骨（あぶみ））と呼ばれる小さな骨によって拡大され、内耳に伝えられる。

音を分析するしくみ

　内耳には蝸牛（カタツムリの意味）と呼ばれる、文字通りカタツムリに似た形の、渦巻き状に巻かれた小さな管がある。この管の内部はリンパ液で満たされていて、**基底膜**という薄い膜が張ってある。

　耳小骨から伝えられた振動は、蝸牛の中で基底膜を振動させる。基底膜は、伝えられた音の**周波数**によって振動する場所が変化し、それによってどのような周波数がその音に含まれるかが特定されるしくみになっている。この膜には**有毛細胞**という小さな細胞がついており、膜の振動を神経インパルスに変換して、脳に神経信号を送り出すのである。　（田中）

豆知識　フォン・ベケシー（1899-1972）は人間の死体から取り出した耳に大きな音を浴びせ、基底膜の振動する様子を測定した。この業績により、1961年にノーベル生理学医学賞を受賞した。

耳のしくみ

外耳 ／ 中耳 ／ 内耳

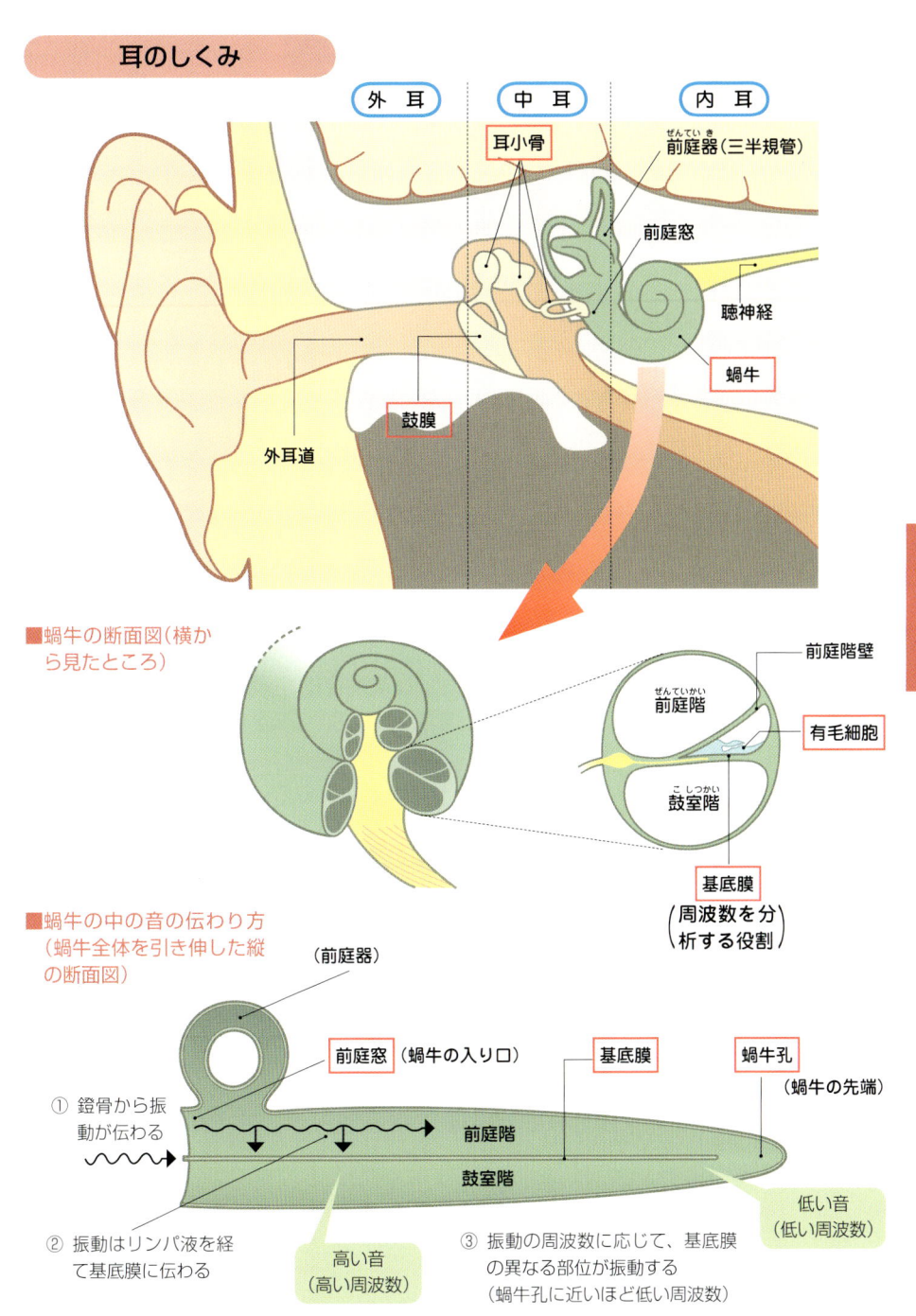

- 耳小骨
- 前庭器（三半規管）
- 前庭窓
- 聴神経
- 蝸牛
- 鼓膜
- 外耳道

■ 蝸牛の断面図（横から見たところ）

- 前庭階壁
- 前庭階
- 有毛細胞
- 鼓室階
- 基底膜（周波数を分析する役割）

■ 蝸牛の中の音の伝わり方（蝸牛全体を引き伸した縦の断面図）

- （前庭器）
- 前庭窓（蝸牛の入り口）
- 基底膜
- 蝸牛孔（蝸牛の先端）
- 前庭階
- 鼓室階
- 高い音（高い周波数）
- 低い音（低い周波数）

① 鐙骨から振動が伝わる
② 振動はリンパ液を経て基底膜に伝わる
③ 振動の周波数に応じて、基底膜の異なる部位が振動する（蝸牛孔に近いほど低い周波数）

豆知識 音は外耳から中耳を通って内耳に伝えられるだけではなく、骨から直接内耳に振動が伝わることもある（骨伝導）。これによって外耳や中耳に障害があっても音を聞くことができる。

知覚④　音の世界

> **Key word**
> **ラウドネス**　物理的に同じ大きさの音であっても、周波数（音の高さ）によって主観的な大きさは変化する。主観的な音の大きさのことをラウドネスと呼び、フォンという単位で表す。

物理的な音の大きさと主観的な音の大きさ

　空気中の振動は聴覚器官（耳）に伝わることによって、音として感じとられる。人間が感じとることができる音の**周波数**は約20～20000Hz程度の範囲だが、興味深いのは、物理的には同じ大きさ（同じ音圧）の音であっても、聞こえる大きさは異なってくる、という点である。

　たとえば、物理的な音の大きさ（**音圧**）が同じでも、周波数が20Hzの音と1000Hzの音を聞き比べてみると、1000Hzの音のほうが、はるかに大きく聞こえる。

　このように、**主観的な音の大きさ**と物理的な音の大きさとは一致しないので、物理的な音の大きさの単位(一般には**デシベル＝dB**)とは別に、主観的な音の大きさ（**ラウドネス**）を表す単位として、一般に**フォン(phon)**が用いられる。

　様々な音圧レベルの1000Hzの音波（正弦波）と同じ大きさに聞こえる音圧レベルを、様々な周波数の正弦波について調べてゆき、図に表したのが**等ラウドネスレベル曲線**である（→右ページ）。これを見ると、人間の聴覚では最も敏感なのは4000Hz付近であり、それよりも周波数が大きくなったり、小さくなったりすると、音圧レベルを上げなければ聞きとりにくくなることがわかる。

加齢による難聴の特徴

　一般に、年をとると耳が遠くなる、といわれている。この「耳が遠くなる」という現象が**難聴**である。

　聴力は一般に10～20歳代をピークにして衰え始め、とくに60歳代をこえると急速に低下してゆく。

　ただし、「聞こえが悪くなる」といっても、たとえばステレオのボリュームを絞るように、あらゆる音が同じように聞こえにくくなるわけではない。年をとると、高い周波数ほど聞こえにくくなる。また、高齢者の難聴では、小さい音は聞こえにくいが、大きな音はそれほど聞こえにくくならない。聞こえにくいからといって、むやみに音量を上げてしまうと、かえって音が大きすぎて不快になるということがありうる。

　なお、高齢者ではなくても、ヘッドホンで大音量の音楽を長時間聴いたり、騒音のある環境で長期間生活したりして、大音量の音にさらされ続けると、**蝸牛**の基底膜についている有毛細胞（→ p.131）がダメージを受けて難聴になることがある。
　　　　　　　　　　　　　（田中）

豆知識　若者にだけ聞こえて高齢者には聞きとれないモスキート音というものがある。これは15000Hz以上など、高い周波数の弱い音で、加齢による聴力低下を利用したものである。

物理的な音の大きさ（音圧）

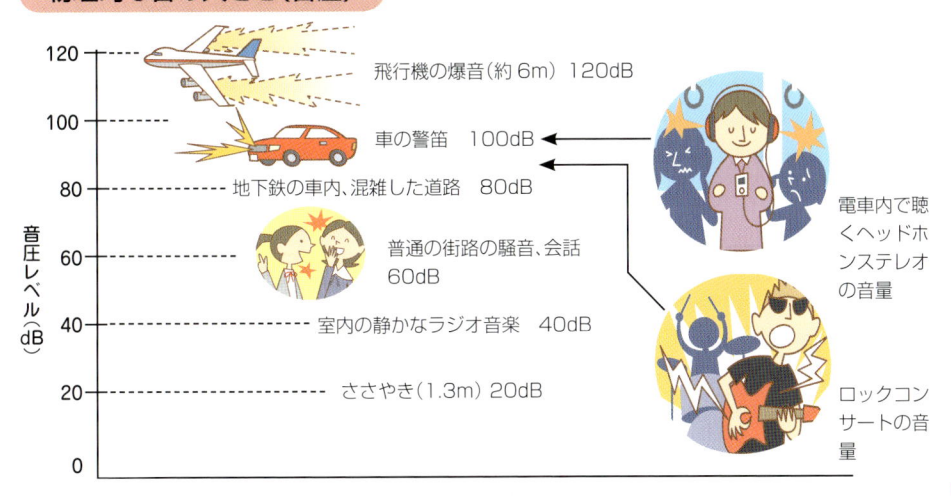

- 飛行機の爆音（約6m）120dB
- 車の警笛　100dB
- 地下鉄の車内、混雑した道路　80dB
- 普通の街路の騒音、会話　60dB
- 室内の静かなラジオ音楽　40dB
- ささやき（1.3m）20dB

電車内で聴くヘッドホンステレオの音量

ロックコンサートの音量

主観的な音の大きさ（ラウドネス）

1000Hzの音を基準とし、それと同じ大きさに聴こえる音圧レベルをphonで表す。例えば1000Hzで40dBの音と同じ大きさに聴こえれば、それは40phon。

右は、等ラウドネスレベル曲線。
基準音40dBは、静かな室内で聴くラジオ音楽の音圧。

最小可聴値
基準音（1000Hz, 40dB）

←（低い音）　周波数（Hz／kHz）　（高い音）→

加齢による難聴の特徴

右は、年齢別・純音の聴力レベルを表したグラフ。加齢による難聴では、高い周波数ほど聴こえにくくなる。高周波音が聴こえないと、人の話をきくときに言葉の聴き分けが難しい。

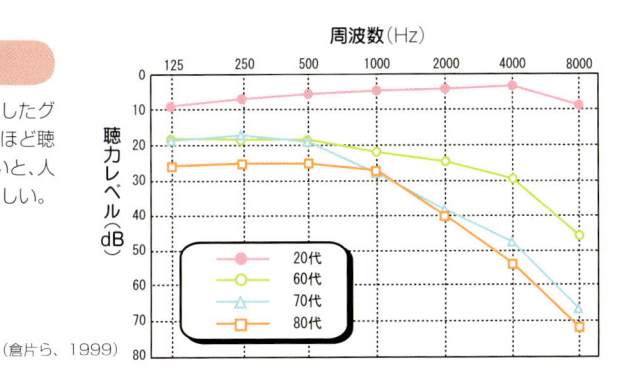

- 20代
- 60代
- 70代
- 80代

（倉片ら、1999）

豆知識　アフリカのマバーン族は、高齢者でも聴力の低下がきわめて少ないという。彼らが極めて静かな環境で暮らしており、生活習慣病がほとんどないことが原因と考えられている。

知覚⑤　その他の感覚

> **Key word**　**順応**　連続または断続的な刺激を与えることによって生じる受容器（目、鼻などの感覚細胞）の感度の一時的な変化（低下）。疲労によっても感度は低下する。肉体疲労と感覚疲労の区別は現実には難しい。

触る、味わう、嗅ぐ世界

　人は5つの感覚をもっている。視覚・聴覚・触覚・味覚・嗅覚が五感であり、それぞれに周りからの刺激を受ける感覚器官が異なっている。

　触覚は、じつは多様な感覚から成りたっており、圧覚・触覚・温覚・冷覚・痛覚・内臓感覚・平衡感覚がある。それらの感覚を受けとるのは別々の**受容器**（感覚細胞）で、皮膚や筋肉内にそれぞれ特有のものが分布している。狭い意味の触覚は、頭の痛さや足のかゆさなどのように自分の身体に関連したものと、外界の物体がもっている性質（硬さやなめらかさなど）との2つの側面がある。また、熱いお風呂に指を入れて、一瞬冷たいと感じることがある。これは**矛盾冷覚**と呼ばれており、さらに高温になると痛さ（熱痛）を感じるようになる。

　味覚の受容器は、舌の上の**乳頭**（ざらざらしたもの）と乳頭との間にある**味蕾**で、舌の上でそれぞれの味を感じる場所が、だいたい決まっている。**嗅覚**の受容器は鼻の奥にある**嗅毛**で、空気中の匂いの元が付着して、嗅神経が興奮する。

見る、聞く世界とのちがい

　触・味・嗅覚では、対象がすぐそばにあっても、直接、受容器に刺激が接しなければ、これらの感覚は生起しない。目の前のものでも、触ってみなければその肌触りはわからないし、飲んでみなければその味を知ることはできない。一方、視覚は、ものが遠くにあっても光が目に届けば、それが何かはわかる。聴覚でも、空気の振動が耳に伝われば、音を聞くことはできる。

　視聴覚は、ずっと見ていたりずっと聞いていたりしても、慣れて見えなくなったり、聞こえなくなったりすることはない。しかし、触・味・嗅覚では、塩分の濃さに慣れてしまったり、洋服のざらざら感が朝は気になったが、だんだん慣れて気にならなくなるということが起こる。この現象は、**順応**と呼ばれていて、嗅覚で最も起こりやすい。

　また、ある匂いから、ふいに昔の子ども時代の記憶がよみがえったり、その匂いに対する好き嫌いが意識されたりする。嫌いな臭いはこれ以上嗅ぎたいとは思わないし、なるべく遠ざかりたいと思う。これは、大脳での嗅覚の情報処理が、感情や情緒にかかわる**視床下部**や**扁桃核**と、記憶にかかわる**海馬**とに密接にかかわっているからである。　　　（神宮）

豆知識　味の多様性を構成する基本として基本味がある。甘・苦・塩・酸とうまみの5味である。これには、文化的要素もあり、塩辛さとは異なった辛さが基本味となっている場合もある。

触覚の受容器

マイスネル小体
指の腹や唇の真皮にある。触覚・圧覚に関係

パチニ小体
手や足の裏の真皮〜皮下組織にある。触覚・圧覚に関係

（毛髪）
（汗腺）

メルケル細胞
表皮にある。触覚を感知

自由神経終末
真皮にある。痛覚やかゆみに関係

表皮
真皮

ルフィニ小体
真皮にある。触覚・圧覚に関係

皮下組織（脂肪など）
（血管）

味覚の受容器

味蕾
ここで味を感じる

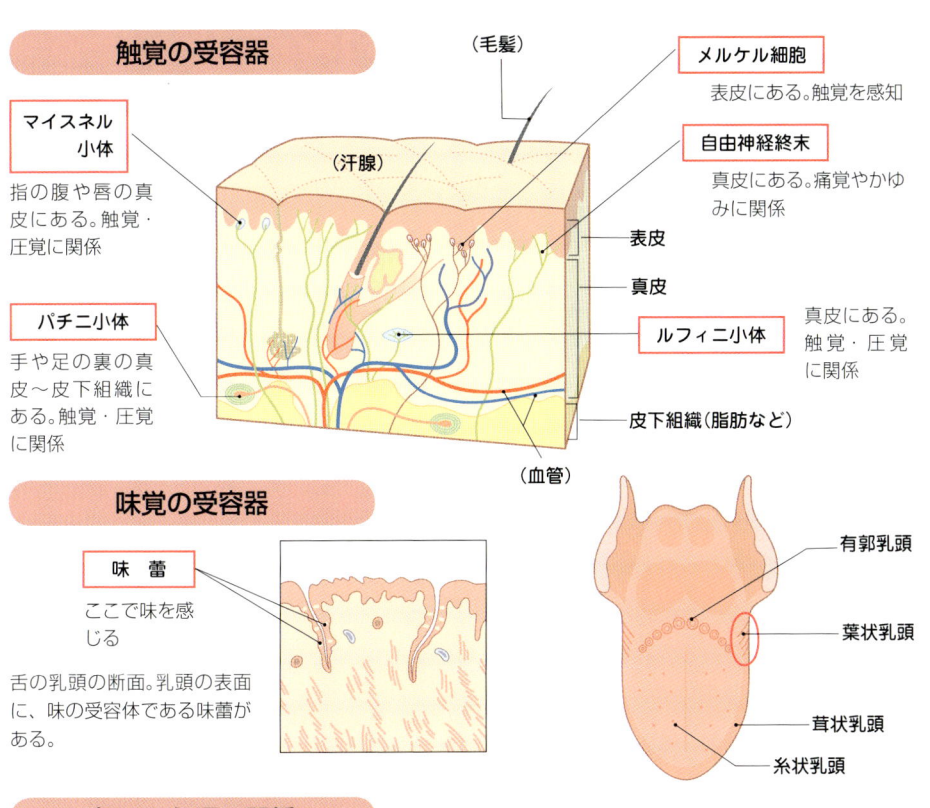

舌の乳頭の断面。乳頭の表面に、味の受容体である味蕾がある。

有郭乳頭
葉状乳頭
茸状乳頭
糸状乳頭

匂いと心理の関係

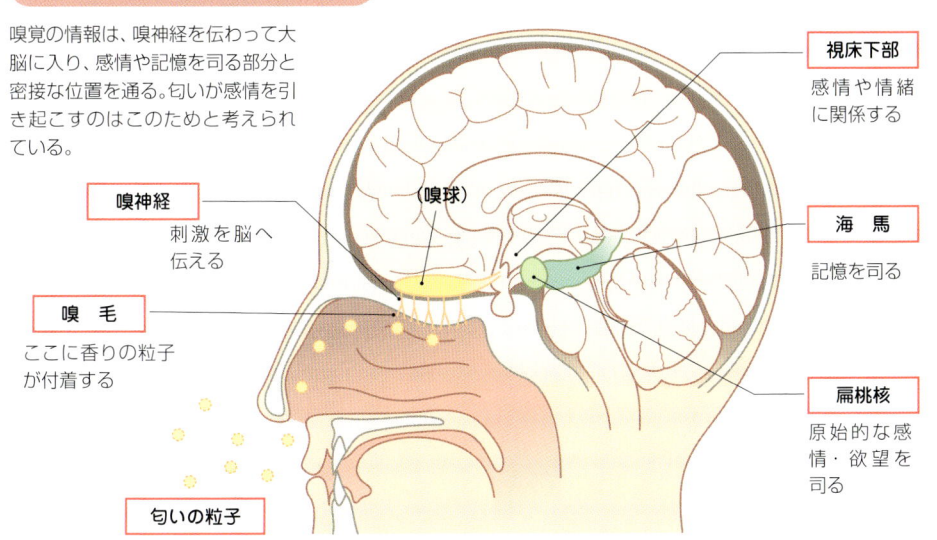

嗅覚の情報は、嗅神経を伝わって大脳に入り、感情や記憶を司る部分と密接な位置を通る。匂いが感情を引き起こすのはこのためと考えられている。

嗅神経
刺激を脳へ伝える

嗅毛
ここに香りの粒子が付着する

（嗅球）

匂いの粒子

視床下部
感情や情緒に関係する

海馬
記憶を司る

扁桃核
原始的な感情・欲望を司る

豆知識 香水などの香粧品を作るときには、香りを複数の香料から組み合わせて作る「調香師」が活躍している。彼らは、2000以上の香りを嗅ぎ分けることができる。

学習① 条件づけ学習

Key word **学習** 練習によってできないことができるようになっていく。この行動の変化が持続すること。ある行動が効果的に変化するには、必要な状態が学習者に備わっていることが必要で、これを**レディネス**という。

ブザー音を聞くと唾液を出すイヌ

有名な、**パブロフ**（1849-1936）が行った研究である。ブザー音の直後に餌を与えるということをくり返すと、その音を聞いただけでイヌは唾液を出すようになる。誰もが必ずもっている**生理的反射**（餌で唾液を出す）を使って、本来誰ももっていない反射（音で唾液を出す＝**条件反射**）を作りあげることが、パブロフの条件づけである。一般には、**古典的条件づけ**と呼ばれるが、次に説明するスキナーの条件づけとの対比で、このように呼ばれている。この条件づけは、反射（＝response）を基本として成りたっているので、**レスポンデント型**とも呼ばれている。

条件反射成立後に、餌を与えずに音だけを与えると、唾液の量は徐々に低下してしまうが、その後休憩を入れて再度音を出すと、休憩前よりも多くの唾液が出る。これは**自発的回復**と呼ばれている。レモンを見ていると唾液が出てくるのは、この条件づけが原因である。

餌のためにレバーを押すネズミ

スキナー箱（→右ページ）に入れられた空腹のネズミは、餌を探して箱の中を動きまわる。たまたまレバーに触ると餌が出てくる。このことを経験すると、後はレバーを押すことしかしなくなる。こうして、餌を与えることで特定の反応をするようにネズミに学習させるのが、**スキナーの条件づけ**である。ネズミは、餌を得るためにどんな反応をすればよいかを学習した。逆の見方をすれば、ネズミは自分にとってよりよい状況をもたらすように、レバーを押すという操作をしたことになる。何をすれば自分にとってよりよい状況が生まれるかを学習しているので、**道具的条件づけ**あるいは**オペラント**（⇒ operate）**型**と呼ばれている。

レバー押し反応による餌の出現は、その状況に餌が付加されることによって反応を強める働きをもっているので**正の強化**という。逆に、レバー押しによって不快な刺激が除去されれば、取り去られることによって反応が強まるので**負の強化**という。子どもの成績を褒めてもっと勉強させようとするのは正の強化、悪い癖を叱って直そうとするのは負の強化である。いつも叱っていれば、子どもの方もだんだん慣れてきて、叱るという効果がなくなってしまう。これは**連続強化**であるが、たまに叱るとその効果は持続する。これを**間歇強化**という。 （神宮）

パブロフの条件づけ（古典的条件づけ）

イヌの唾液を体外に出して測定できる装置を使って、パブロフは条件づけの実験を行った。ブザー音を聞かせた後に餌をやることをくり返す。

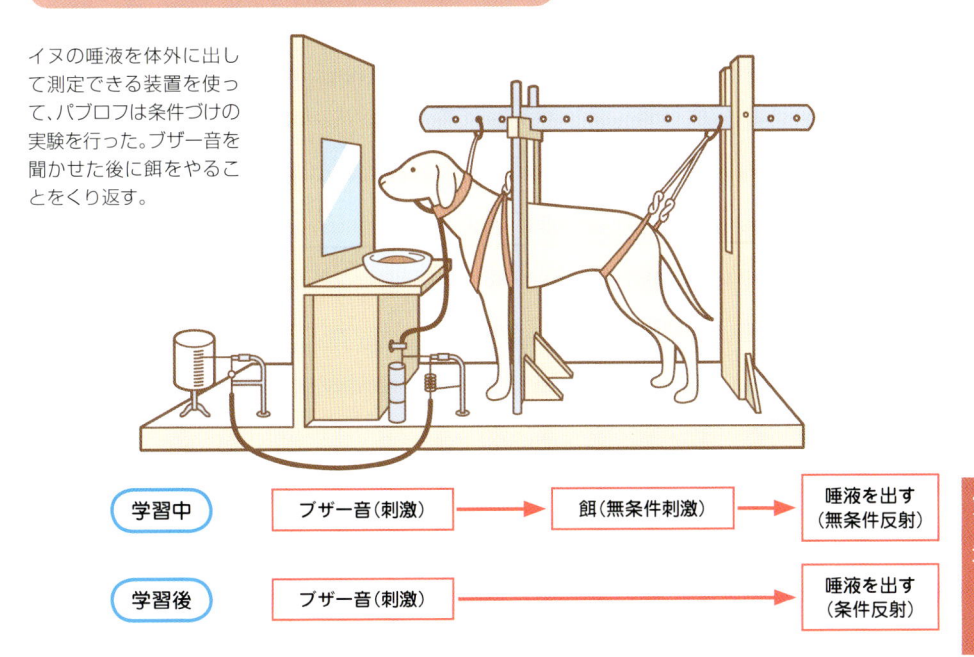

学習中：ブザー音（刺激）→ 餌（無条件刺激）→ 唾液を出す（無条件反射）

学習後：ブザー音（刺激）→ 唾液を出す（条件反射）

スキナーの条件づけ（オペラント条件づけ）

スキナー（1904-1990）は独自の実験箱を作り（スキナー箱と呼ばれる）、レバーを押せば餌皿に餌が出るようにした。空腹のネズミは、たまたまレバーを触ったときに餌が出ることを知り、これを学習する。

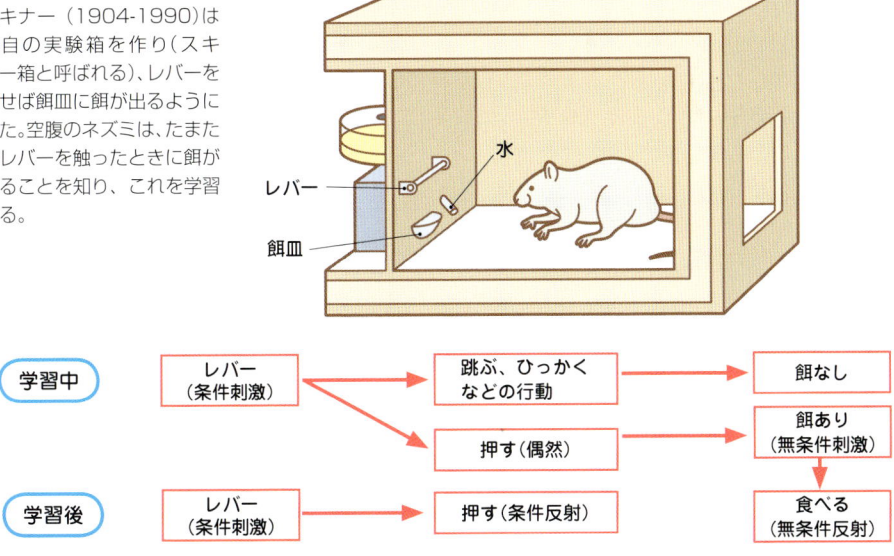

学習中：レバー（条件刺激）→ 跳ぶ、ひっかくなどの行動 → 餌なし
　　　　　　　　　　　→ 押す（偶然）→ 餌あり（無条件刺激）→ 食べる（無条件反射）

学習後：レバー（条件刺激）→ 押す（条件反射）→ 食べる（無条件反射）

豆知識 練習すれば何でもできるようになるわけではない。人が道具をつけずに空を飛ぶ練習をいくらしても、空は飛べない。能力を超えての学習は成立しないが、その限界は誰にもわからない。

学習② 試行錯誤と潜在学習

> **Key word**
> **連合説** 刺激（stimulus）と反応（response）との結合ということから、S−R連合説と呼ばれる。学習心理学の基礎的な考え方で、代表的な研究者にソーンダイクとパブロフ（→ p.136）がいる。

お腹を空かせたネコ

空腹のネコを問題箱（→右ページ）の中に入れて外に餌を置いておくと、ネコは、箱の中で何とか外の餌をとろうとする。脱出には不要な**試行錯誤**をくり返すうちに、たまたまその箱から脱出できて餌を食べる。その直後、再び箱に入れる。これを何度もくり返すと、徐々に脱出までの時間が短くなり、脱出に不要な反応が消え、必要な反応だけが残るようになる。

この実験を行った**ソーンダイク**（1874-1949）は、学習が成立するためには次の3つの条件が必要であると考えた。外に餌が置かれており、これがネコの脱出反応を引き出す効果をもっていること（**効果の法則**）。ネコが空腹であるという準備状態が必要であること（**レディネスの法則**）。必要な反応だけを残すために何度もくり返すこと（**練習の法則**）。

ソーンダイクは、パブロフとほぼ同時期に活躍したアメリカの心理学者である。練習の法則という点では、両者はとても似通った考え方をしており、刺激と反応のつながりを獲得することによって学習を説明しようとしている（**連合説**）。一方、スキナー（→ p.144）は、「箱」という実験状況が似ているだけではなく、効果の法則を受け継いできている。

ソーンダイクにはテストに関する研究も多くある。知能に関する**多因子説**は有名で、これは、言語的・数量的処理能力としての**抽象的知能**と、具体物を処理する能力としての**具体的知能**、他人を理解し協力する能力としての**社会的知能**の3群で知能は構成されており、知能は多数の能力の総計であるという考え方である。

餌が出るぞと期待しているイヌ

トールマン（1886-1959）は、「どういう場合にどうすればどうなる」という期待が成立することが、学習であると考えた。古典的条件づけ（→ p.136）の事態は、ブザーが餌の出現を期待させているので、ブザーのみで唾液分泌が起きると考えられる。しかし、学習の成立にとって、反応が外に現れる必要はない。外に現れるのは、餌などの様々な条件が整ったときである。これらの条件が整っていないときの学習は、**潜在学習**と呼ばれている。ネズミに迷路を自由に走らせた後で、特定の場所に餌を置くと即座に学習が成立する。これは、自由に走っているときに、全体的な空間配置を潜在的に学習していたからである。　（神宮）

豆知識 ソーンダイクは大学院時代に、子どもを前に座らせて、自分が考えたことを子どもが当てることができたらキャンディーを与えるという実験を行った。

問題箱の実験

① 図のような「問題箱」に空腹のネコを入れる。外には餌が置いてある。箱のとびらは、ペダルを踏むなどすれば開く仕かけになっている。

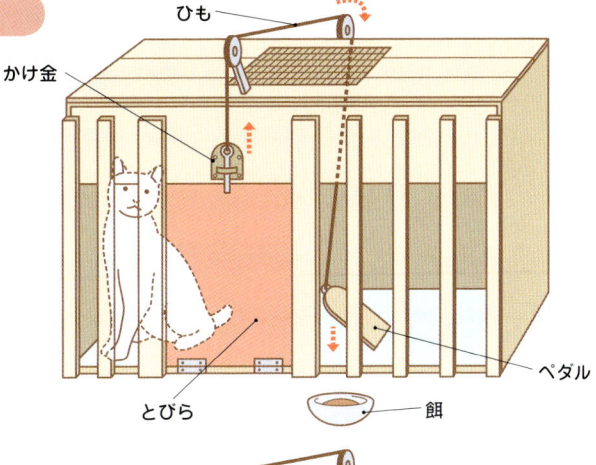

② 餌が欲しいネコは、すきまから脚をのばすなどの無駄な行動（試行錯誤）を続けるが、そのうちに偶然、ペダルに体の一部が触れる。

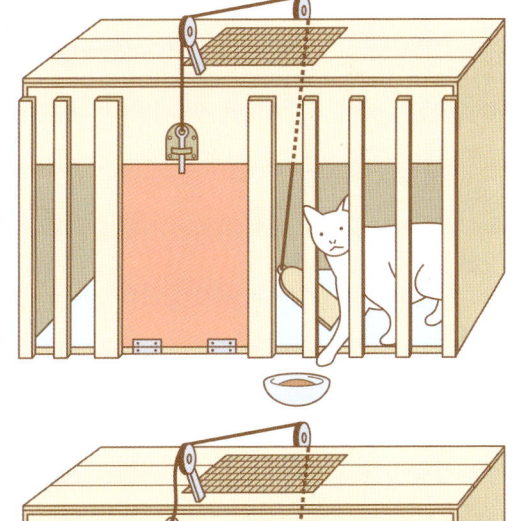

③ ひもが引かれてとびらが開き、ネコは餌にありつく。その直後にネコを箱に戻す。これをくり返すと、ネコは無駄な試行錯誤をせずに、とびらを開けるようになる。

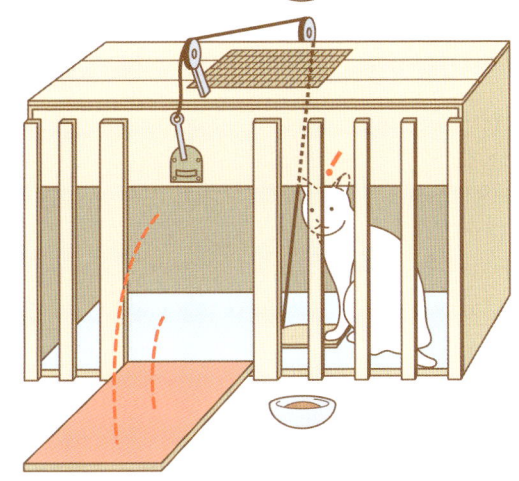

豆知識 ソーンダイクは、動物の本能や知能に関する研究の後、学習実験を行い、その後人間を対象として、訓練の問題やテストの研究とともに、教育心理学に関する有名な著作を残している。

動機づけ

Key word 　**動機**　行動の原因となるもので、人を内から動かして目標追求に向け、それを持続させる機能をもったもの。設定した目標の達成にかかわるものが「達成動機」で、やる気や意欲に最も近い概念。

犯人の動機は？

　刑事ドラマでの捜査会議の場面で、刑事が「犯人の**動機**は何か」とよく言っている。誰でもお金はほしいが、だからといってみんなが銀行強盗をするわけではない。どうしてもそうせざるを得ない状況が、その犯人にはある。そのような行動をとらせてしまう引き金が動機である。動機がわかれば、犯人像を絞りこむことができる。

　要求があり目標が明らかな場合でも、適切な行動がとられるとは限らない。成績を上げたいという要求があり、それを満たすには地道に勉強するしかないとわかっていても、なかなか勉強できない。そこで、適切な行動としての勉強の習慣をつけるための**動機づけ**が必要となる。

人は怠け者か？

　動機づけの方法には、外発的動機づけと内発的動機づけとがある。**外発的動機づけ**では、その要求を満たすべき目標とは直接関係のない目標が他者から与えられることによって、その適切な行動が遂行されるようになる。賞罰や競争場面の導入などがこの例である。

　一方、**内発的動機づけ**は、他者から強制されたものではなく、内からの働きかけによる。あるべき内的状態と現実の状態との間に何らかの**差異**があり、この差異を埋めようとして、行動が遂行される。この内的状態が記憶や思考などの認知活動の結果であれば、この差異は好奇心や興味となる。たとえば、オタマジャクシからカエルへの変化を知らない子が、今日になって手や足が出てきたことに気がついた場合、昨日までの記憶と今日の状態とは異なることになる。この差異を埋めるために、なぜこのように変化したかを知ろうと思い、先生や親にそのことを尋ねたり、自分で本を見たりして、調べるであろう。自らの行動（調べる）が、満足のいく変化（わかった）をもたらすことができたというこのような喜びが、**有能感**（**コンピテンス**）である。逆に自分の行動が何らの変化ももたらさないことが続くと、何もしないようになり**無力感**を感じることになる。

　内発的動機は、知識などの認知的側面のみではなく、生理的側面でも存在する。のどが渇いたときに水を飲みたくなったり、体内の鉄分が少ないときにほうれん草を食べたくなったり、などである。感覚的側面については、右ページ下段のような実験が有名である。　　　（神宮）

豆知識　夏の暑い日にスポーツをして汗をかいた時、体内の水分量は必要な量以下になっており、水を飲みたくなる。他者から言われなくても、自ら水を飲む。これがホメオスタシスである。

外発的動機づけ

■ 賞罰を与える

「全部解けるまでおあずけよ！」

■ 競争させる

「○○ちゃんに負けないで！」

成績上位者
1 ○○○○
2 ○○○○
3 ○○○○
4 ○○○○
5 ○○○○

内発的動機づけ

■ 自分の内からくる興味

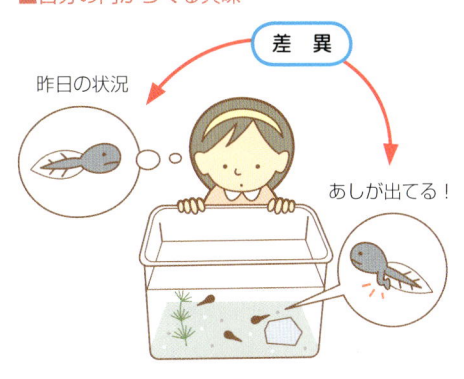

昨日の状況 — 差異 — あしが出てる！

なるほど、わかった！

有能感（コンピテンス）の成立

感覚遮断の実験

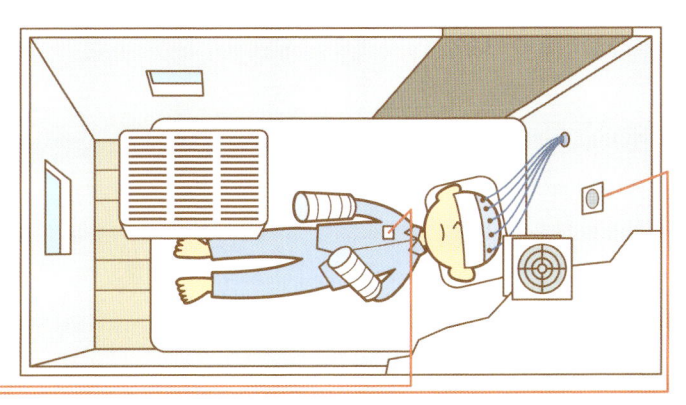

目や腕を覆い、外部との接触を断ち、空調の音しか聞こえない部屋でひたすら寝てすごさせるという実験。この状況では思考力が低下し、幻覚を見たり、自分の体が複数あるように感じたりする。人間には、刺激を求める強い内発的動機があるといえる。

第5章

豆知識 周りからの刺激が極度に制限された状態で長時間放置されると、幻覚や自分の身体が複数あるように感じられるようになる。一定の刺激がないと、自ら内的に刺激する知覚異常が生じる。

認知とは

> **Key word** 情報処理アプローチ　人間の心の働きを、情報を取りいれてそれを処理し、出力する過程としてとらえる考え方。認知過程に関する研究をはじめ多くの心理学における研究の背景にあり、大きな影響を与えている。

情報処理過程としての心

ふだんの生活の中で、私たちは色々なものを見たり聴いたりし、そこから様々なことを考えたり、判断したりしている。こうした心の働き全体は、人間が情報を処理する過程ととらえることができる。こうしたとらえ方を**情報処理アプローチ**と呼ぶ。

人間の情報処理には様々な段階があるが、大まかに感覚、知覚、認知の3つに分けられる。これらは厳密に区別するのは難しいが、感覚、知覚、認知の順で、より高次な（複雑な）ものとなる。

情報処理の最初の段階：感覚と知覚

日常用語では「感覚」というと、ものの印象や物事のとらえ方などの意味をもつが、心理学では、私たち人間が感覚器官から外界の情報を取りいれる過程そのものを指すと同時に、外界から情報を取りいれる最も初期の段階を表している。たとえば、私たちの視覚は、視野の中の様々な位置にどのような色や明るさの光があるかをとらえているが、このような色や明るさなど最も単純な印象が、**感覚**と呼ばれるものに該当する。

一方、私たちがものを見るときは、単に「明るい」とか「赤い」といった印象しかもたないのではなく、「どんな形のものか」とか「1つだけちがうものがどこにあるのか」といったことも感じとっている。これらは、目に入った明るさや色などの情報から引き出された、より複雑で高次な情報である。こうした情報を引き出す過程を**知覚**と呼んでいる。

人間の高度な情報処理：認知

私たちは、ものを見たとき単に「何か丸いものがある」といった情報を引き出すだけではなく、自分の過去経験と照らし合わせて「あそこに見える丸いものは十円玉のはずだから近づいて拾おう」と考えたり、そのことを人に話したり、といった行動もとることがある。このように、知覚よりもさらに高次な情報を操作する過程を**認知**と呼んでいる。

感覚や知覚は、その時点での外界から入力された情報の処理だが、認知には、過去経験を思い出したり、推論したり問題を解いたりといった「記憶」や「思考」と呼ばれる働きも含まれている。その意味で認知は、最も広く人間の情報処理過程を指す言葉であるといえる。　　（田中）

豆知識　心理学において情報処理アプローチが現れてきた背景には、1950年代に汎用電子計算機が開発され、数値演算以外の様々な知的な情報処理ができるようになったことがある。

情報処理の3段階

① **感覚**
色や明るさの単純な印象

明るい赤、暗い赤、明るい緑…

② **知覚**
色や明るさだけでなく、形や大きさの情報を引き出す過程

赤くて丸いものがたくさんあるが、形のちがうものが1つ…

③ **認知** 過去の経験と照合したり、考えたり、そのことを話したりする高度な情報操作

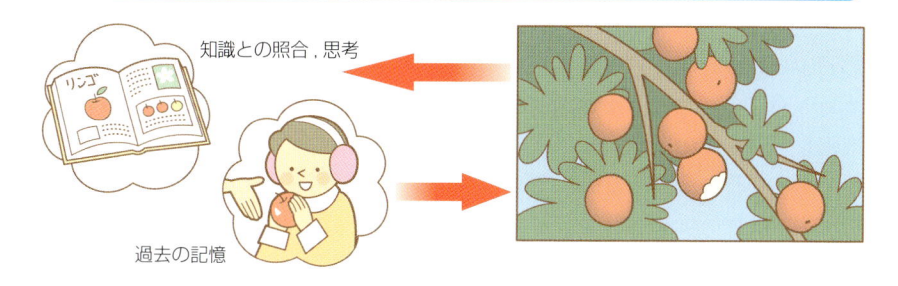

知識との照合,思考

過去の記憶

第5章

豆知識 後に説明する人間の「作業記憶」の考え方は、コンピュータのしくみについての概念から生み出された概念であり、情報処理アプローチに基づくことで初めて可能になった研究である。

トップダウンとボトムアップ

Key word　ボトムアップ処理　人間がものを見たり判断したりするとき、断片的な情報を寄せ集めながら処理をしてゆく過程のこと。何らかの期待や予備知識に基づいて判断してゆくことはトップダウン処理と呼ぶ。

心の働きにおけるトップダウン vs. ボトムアップ

　会社などの組織でものごとを決めるとき、個々の社員の意見をまとめあげて決定を下すような**ボトムアップ**的なやり方と、リーダーがすべてを決めて、部下たちがそれに従うような**トップダウン**的なやり方とがある。人間の情報処理においても、同じようにトップダウン的な処理とボトムアップ的な処理がある。

　私たちがものを見るとき、私たちの視覚系は、視野の中のどこにどんな色や大きさの光があるか、といった細かな情報を徐々にまとめあげて、いま見えているものがどんな形なのか、その形をしているものは何なのか、という順序で、情報を処理している。このような末梢レベルでの細かな情報から、徐々に高次な情報を抽出してゆく過程が**ボトムアップ処理**と呼ばれている。

　しかし、私たちがものを見るときには、必ずしもボトムアップな処理だけが行われているわけではない。右ページの上図を見てみよう。横に並んでいる文字を読むと、ABCと書いてあるように見える。一方、縦に読んでみると、12、13、14と書いてあるように見える。しかし、中央の文字は全く同じものである。つまり、中央の文字は周りのどれとセットにして見るのかによって見え方が変わってくるのである。このことからわかるように、私たちがものを見るとき、そこに何が書かれているか、ということについての期待が、とても大きな役割を果たしている。ものを見るときのこうした情報処理は、「こういうものが書かれているはずだ」といった期待や知識など、より高次な情報から、実際に見えている細かな情報を解釈していくものであり、**トップダウン処理**といわれている。

トップダウン処理の利点と欠点

　通常、目に入った細かな情報の組み合わせ方や解釈の仕方には無数の可能性があるため、ボトムアップ処理だけでは、情報を処理するのに膨大な時間や計算量が必要になる。その点、期待や知識を用いて解釈の可能性を絞りこんでトップダウン的に処理をすることには、効率的に情報を処理してゆくことができるという利点がある。その反面、トップダウン的処理に依存しすぎてしまうと、思いこみによって、期待しているものや自分がすでに知っているものだけを見ようとしてしまうため、解釈や判断がゆがんでしまうという危険もある。

（田中）

豆知識　仮説が正しいかどうかを判断するには、仮説に合わない事柄があるかを調べなければならないが、一般には仮説に当てはまる事柄だけに注目する傾向が強い。これを「確証バイアス」と呼ぶ。

中央の字は何と読む？

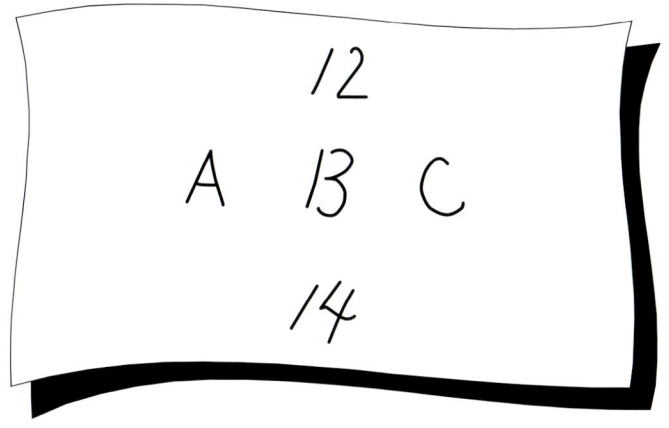

```
    12
A   13   C
    14
```

縦に読むと 13、横に読むと B。トップダウン処理の代表例。

まちがいさがし

左の絵とちがっているところはどこ？（まちがいは 7 つ。答えは p.214）
似た絵のまちがいを見つけにくいのは、トップダウン処理が働きすぎるため。

トップダウンとボトムアップの複合

トップダウンとボトムアップのどちらかだけでは、情報処理はうまくいかない。たとえば視覚情報では、見えたものが何かを決定するために、このような複合的な処理が行われる

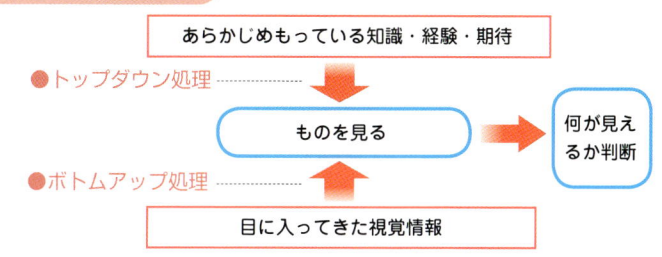

- トップダウン処理 …… あらかじめもっている知識・経験・期待 → ものを見る → 何が見えるか判断
- ボトムアップ処理 …… 目に入ってきた視覚情報 → ものを見る

豆知識 うつ傾向が強い人は、自分自身について否定的なイメージをもっていることが多く、自分の否定的な側面ばかりに注目してしまうため、うつ症状を強めてしまうことが指摘されている。

メタ認知―自分を知る自分

> **Key word　メタ認知**　人間や自分の認知的特性についての知識や、自分の認知活動についての制御など、認知についての認知のこと。認知活動や学習を進める上で非常に大きな役割を果たす。

認知についての認知――メタ認知

あなたは自分が小学校3年生の時のクラスメートの名前を思い出すことができるだろうか？ 時間をかけてゆっくり考えれば、思い出せそうな気はする。では、このページの内容を5分で丸暗記できるだろうか？ これはどうも無理なようだ。

このように、ある事柄が実際に思い出せるかどうか、記憶できるかとは別に、思い出せそうかどうか、記憶できそうかという判断が、ある程度可能である。このような「認知についての認知」のことを、**メタ認知**と呼んでいる。

メタ認知には、「メタ認知知識」と「メタ認知制御」の2つがある。

メタ認知知識とは、「普通の人なら同時にたくさんのことは記憶できない」などの**人間の認知的特性**や、「暗算が難しい計算でも筆算なら楽にできる」といった**認知活動の方略**、「自分は英語の文章を読むのは苦手だ」といった**自分の認知能力の特性についての知識**などである。

メタ認知制御には、認知活動を行う際にどのような手順で行ってゆくかという計画（**プランニング**）や、実際に認知活動を行ってゆくときにまちがいを起こしていないかなどとモニターを行うこと（**モニタリング**）などがある。

実際のメタ認知的な活動は、これらの両方が組みあわせて行われる。

メタ認知の重要性

メタ認知は、私たちが効率的・効果的に仕事を進めたり、学習を行ったりしてゆく上で、非常に重要な役割を果たす。

たとえば、報告書を作成しなければいけないときのことを考えてみよう。まず、報告書に載せなければならない情報は、全て自分が知っていることなのかどうかをきちんと判断できなければならない。また、締切りまでの時間にどのようなペース配分で作業を進めるかを計画しなければならない。集めた資料を読みこなすのに、自分の得意分野なら短時間でも読めそうだが、得意でない分野なら多めの時間が必要である。考えをまとめるのにどのようなメモを作ったらよいのかも考える必要がある。これらの活動はすべて、メタ認知知識と制御がかかわっている。

また、どこが理解できていないのかを把握したり、どのようにすれば覚えやすいのか、といったことを知っておいたりすることは、学習を進める上で非常に効果的である。　　　　　　　　（田中）

豆知識　スポーツや楽器演奏など、身体技能を身につける際に、自分の体の動きや操作の対象などについて言語化をすることが、技能の獲得に効果的に働くことが指摘されている。

認知とメタ認知

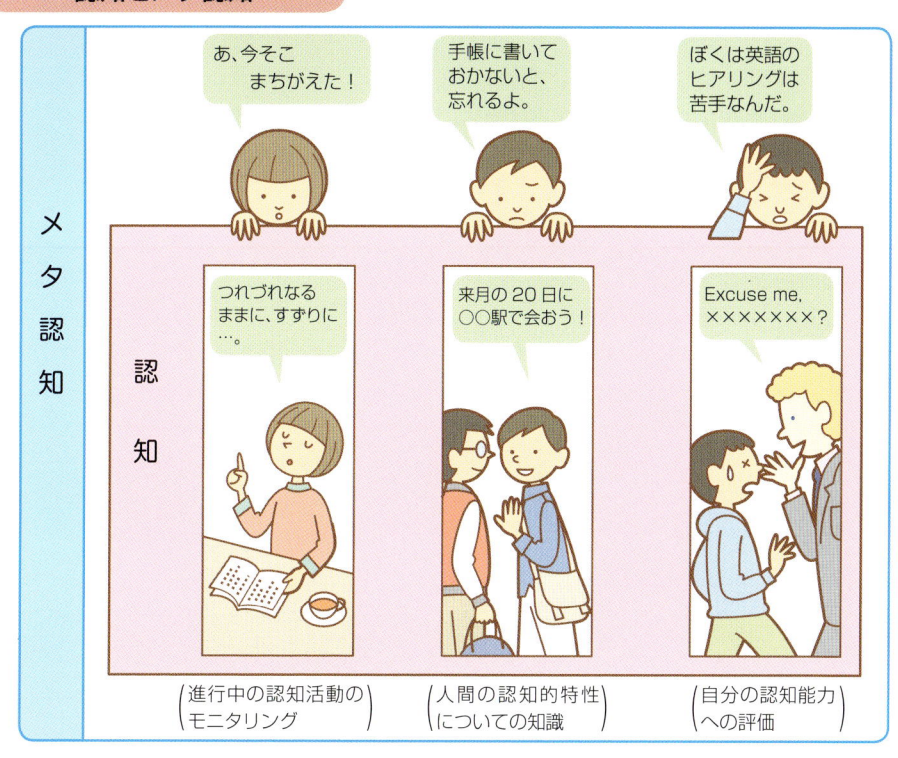

メタ認知

認知

- あ、今そこまちがえた！
  - つれづれなるままに、すずりに…。
  - （進行中の認知活動のモニタリング）
- 手帳に書いておかないと、忘れるよ。
  - 来月の20日に○○駅で会おう！
  - （人間の認知的特性についての知識）
- ぼくは英語のヒアリングは苦手なんだ。
  - Excuse me, ×××××××?
  - （自分の認知能力への評価）

メタ認知はどのように役立つか？

（レポート作成の場合）

メタ認知知識
- 苦手分野の資料を読むのは時間がかかる。
- あらかじめ全体の構想をメモした方がよい。

メタ認知制御
- 締切りが○日だから、あと20日。すると1日あたり2枚ずつ…
- 現状、2章でつまずいているな。○○○の部分が理解できていないせいだ。

豆知識　成績のよい学生はそうでない学生と比べて、また短期間で技術や技能を修得できるタイプの人はそうでない人と比べて、メタ認知の能力が高いことが知られている。

認知の状況論

> **Key word** ギブソン(J.J.Gibson) 視知覚を研究した心理学者。刺激による受容器の興奮や大脳での認知の働きでは説明できない知覚現象が多々存在するので、環境の中に存在している情報を直接知覚できると考えた。

ギブソンのアフォーダンス

　認知の働きについては、日常生活の中での行動の一瞬を切り出して考えるのが伝統的な研究方法だった。ところが、実際には、認知の働きは一連の行動の中で発揮されるものであり、対人関係などの社会的関係の中でのものでもある。さらに、過去経験や文化的背景も、その働きに影響を与えている。こうした、より大きな枠組みの中で認知を考えようというアプローチが、**認知の状況論**あるいは**状況的認知**である。

　認知は、状況との間でのダイナミックな関係の下でとらえるべきものである。**アフォーダンス**は、「afford」（与えるとか産出するという意味）からの**ギブソン**（1904-1979）の造語で、周りの環境がその人に与えるものを指す。それは、その人にとっての環境の性質である。

　たとえば、イヌは「ペット」であり「家族の一員」であり、吠えながら追いかけてくる「恐いもの」でもある。イヌは、その人に対して、多様な情報をアフォードしている。この多様さは、その人とイヌとのかかわりによって決まってくる。

　状況とのかかわりの中で、自己認識が変化し、状況の受け止め方も変化し、状況自身が変化していく。たとえば、自転車に乗れなかった子が乗れるようになることで、自分の能力やパーソナリティーの認識も変化し、他の友人との関係も変化する。これらが（さらに全体の）状況の変化をもたらすことになる。

ポイント・ライト・テクニック

　「変化する環境から不変なものが情報として取り出される」ということが、ギブソンの考え方の基本である。これに類する実験に次のようなものがある。

　人の関節にライトをつけて、ライトだけが見えるように暗くする。その人に様々な動作をしてもらい、これを録画し、後で見てもらう。すると、自転車をこいでいるときのライトの全体的な変化から、自転車に乗っているという動きを明らかに意識できる。しかし、動いていなければ変化はなく、複数個のランダムな点がただ見えるだけであり、自転車に乗っているとは思えない。

　この方法で点の動きを観察すると、その人の性別・年齢をはじめ、様々な動作、さらにものを持ち上げている場合にはその重さまでわかり、変化する環境から多くの情報が取り出されていることがわかる。

（神宮）

豆知識 ギブソンは米国オハイオ州生まれの心理学者。「きめの勾配」の錯視（→p.127）を発見したことでも知られている。

イスがアフォードするもの （アフォーダンス理論）

アフォーダンスとは、そのものが人や動物に与える価値の情報のこと。たとえば、イスは座ることをアフォード(afford)している。イスの形が単純ならば、人とのかかわりによって多様な情報がアフォードされる。

座る

上に乗る

押さえる

アフォーダンスの視点をデザインに生かす

ドアの取っ手の形を工夫することで、どのように扱うべきかがわかる。写真は、アントニオ・ガウディのデザインによる集合住宅「カサ・ミラ」のドアの取っ手。

取っ手の形で、開け方がわかる。

ポイント・ライト・テクニック

人の関節にライトをつけて、暗闇の中で様々な動きをさせる。動きによっては、もっているものの重さやその人の性別までわかるという。

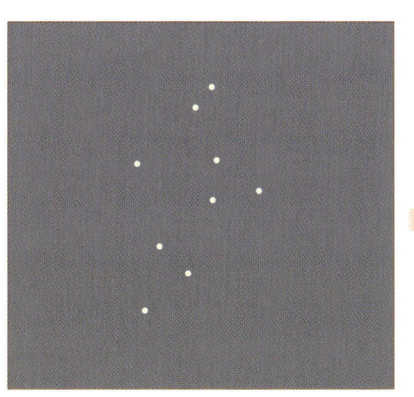

静止しているとランダムな光点にしか見えない。

動き出した途端、自転車をこぐ人間だとわかる。

第5章

豆知識 アフォーダンスの視点でものづくりを考えることで、より使いやすいものにすることができる。このテーマで、ノーマン（1935-）は『誰のためのデザイン？』を著している。

記憶① 記憶のしくみ

> **Key word　記憶の貯蔵庫モデル**　人間の記憶メカニズムが、容量と保持時間の異なる3つの貯蔵庫、感覚記憶、短期記憶、長期記憶から出来ている、とする考え方。

記憶の3つの段階

　一般に、記憶には3つの段階がある。
　まず、私たちが体験した出来事が、頭の中のどこかに記録される。これを**記銘**（もしくは**符号化**）と呼ぶ。記銘された情報は頭の中のどこかに保管されている。この状態のことを**保持**（もしくは**貯蔵**）と呼ぶ。保持されていた情報は、再び思い出されなければ記憶されていたかどうかわからない。保持されていた情報を再び思い出す活動のことを**想起**（あるいは**検索**）と呼んでいる。
　このように説明すると、私たちの記憶は、まるでビデオテープに録画して撮っておいて好きなときに再生したり、あるいはノートに書きつけておいて後でまたそれを取り出して見たり、といった活動と同じようなものであるかの印象を受ける。しかし、これまでの多くの研究から、人間の記憶はこのように単純なものではないことが明らかになってきた。

記憶の貯蔵庫モデル

　人間の記憶メカニズムに関しては様々な理論があるが、その中で最も広く知られているのは、**貯蔵庫モデル**という考え方である。この考え方によれば、人間の記憶メカニズムは、その機能面から見てみると、情報の保持できる時間の長さと、保持できる情報の量の面で異なる複数の貯蔵庫が連結されている。
　私たちがものを見たり聴いたりすることで感覚器官から取りこんだ情報は、まず**感覚記憶**（感覚レジスター）と呼ばれる貯蔵庫にほんの短い時間だけ一時的に貯めておかれる。その中から選び出された情報は、**短期記憶**と呼ばれる次の貯蔵庫に送られる。短期記憶で保持できる情報の量はわずかで、保持できる時間も数十秒程度と限られている。そして短期記憶中の情報のうち、いくつかだけが、**長期記憶**と呼ばれるもっとも長期間、大量の情報を保持しておくことのできる貯蔵庫に送られる、と考えられている。なお、長期記憶はさらに**エピソード記憶**、**意味記憶**、**手続き記憶**などのいくつかの種類に分類されている。　　　　　　　　（田中）

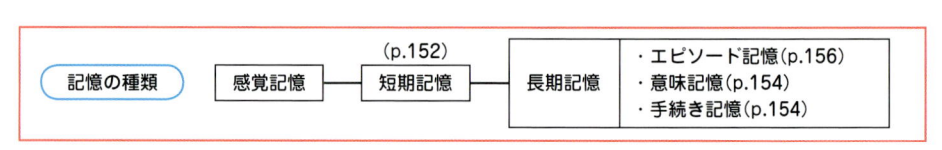

記憶の種類　— 感覚記憶 — 短期記憶 (p.152) — 長期記憶
・エピソード記憶(p.156)
・意味記憶(p.154)
・手続き記憶(p.154)

> **豆知識**　過去の悲しい出来事は悲しい気分の時に、楽しい出来事は楽しい気分の時に思い出しやすい。このようにその気分と一致した内容の記憶の想起が促進される現象を気分一致効果と呼ぶ。

記憶の3段階

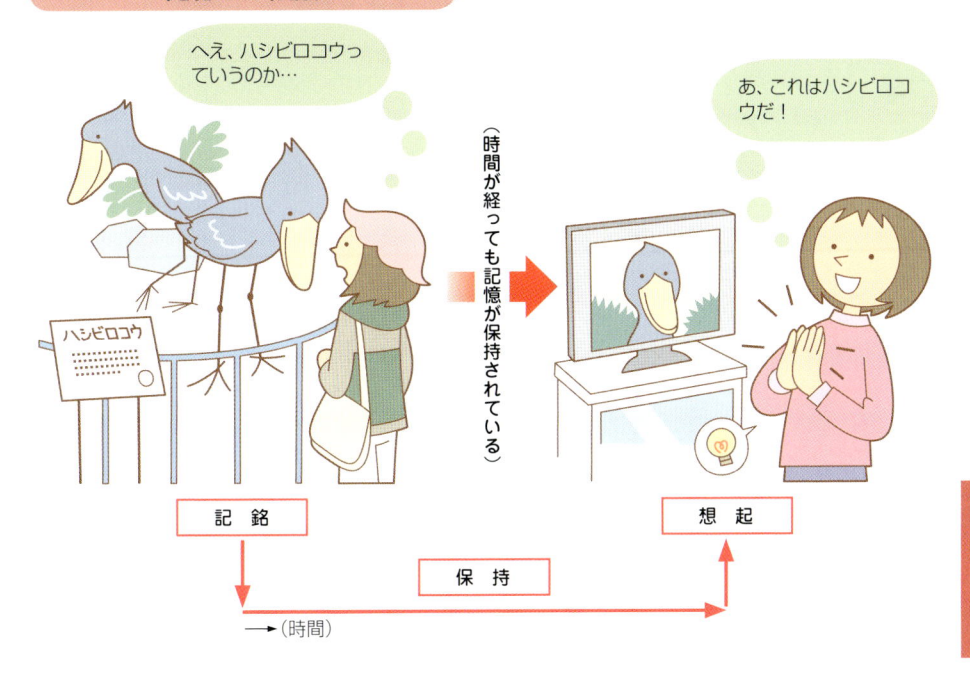

へえ、ハシビロコウっていうのか…

ハシビロコウ

あ、これはハシビロコウだ！

（時間が経っても記憶が保持されている）

記銘 → 保持 → 想起

→（時間）

第5章

記憶の貯蔵庫モデル

人間の記憶メカニズムを説明するモデルの一つ。情報を保持できる時間の長さと、保持できる情報量が異なる3つの貯蔵庫が連結されている、とするもの。

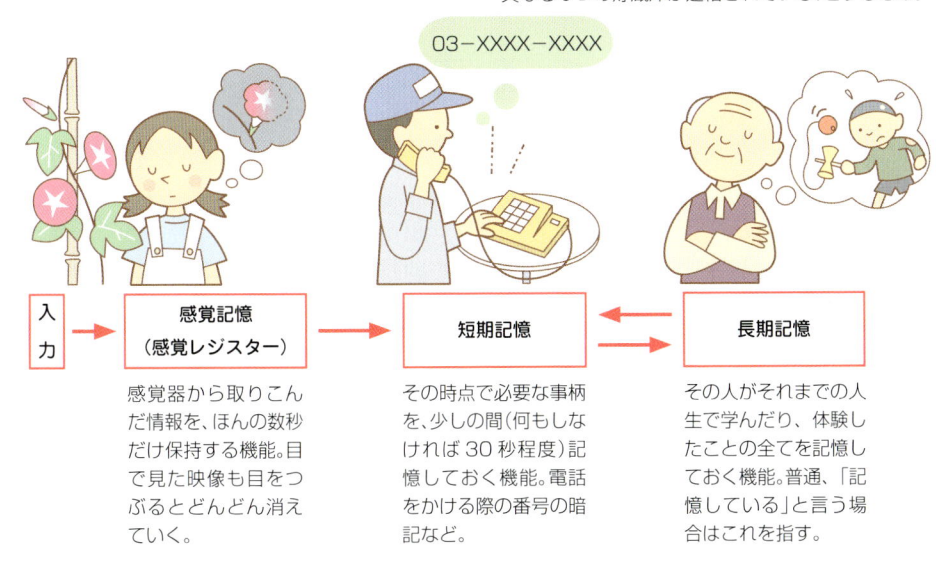

03-XXXX-XXXX

入力 → 感覚記憶（感覚レジスター） → 短期記憶 ← 長期記憶

感覚記憶（感覚レジスター）: 感覚器から取りこんだ情報を、ほんの数秒だけ保持する機能。目で見た映像も目をつぶるとどんどん消えていく。

短期記憶: その時点で必要な事柄を、少しの間（何もしなければ30秒程度）記憶しておく機能。電話をかける際の番号の暗記など。

長期記憶: その人がそれまでの人生で学んだり、体験したことの全てを記憶しておく機能。普通、「記憶している」と言う場合はこれを指す。

豆知識 高齢者が自分の人生で過去に経験した出来事を想起する時、10～30歳の間の出来事を、他の年齢での出来事よりも多く思い出す傾向がある。これをレミニセンス・バンプと呼ぶ。

記憶② 短期記憶

> **Key word　作業記憶**　ワーキング・メモリともいう。外界からの様々な入力や長期記憶から取り出された情報を制御しながら、ふだんの生活での様々な活動を円滑に進める働きをもつ記憶システム。

魔法の数 7 ± 2

　短期記憶は、ごく限られた時間だけ（何もしなければ 30 秒程度だけ）、わずかな量の情報を保持しておく働きをもっている。

　右ページ上段に、2つのリストが用意されている。一度だけさっと目を通したとき、どちらのリストの方がたくさん覚えられるだろうか？

　リストAもBも文字数は全く同じだが、おそらくリストBの方が覚えやすいだろう。短時間提示された情報を保持できる量は、短期記憶の容量に大まかに対応すると考えられる。一般に、短期記憶に保持できる情報の量は **7 ± 2** 項目ぐらいといわれている。長期記憶中で形成されたまとまりが、短期記憶で保持される情報の単位になると考えられていて、そうした情報のまとまりのことを**チャンク**と呼ぶ。

　たとえば、リストAはどれも全く初めて見る文字の組み合わせであるので、チャンクでいえば1項目あたり6チャンクとなる。一方、リストBはいずれもよく知っている単語なので、1項目は1チャンクとなる。初めて知った専門用語が全く覚えられないのに、新番組に出ている芸能人の名前ならすらすら覚えられるのは、こうした短期記憶の特徴を反映している。

心の作業場、作業記憶

　私たちは、ふだん周りのものを見聞きして記憶するだけでなく、すでに記憶していた事柄を思い出して、今見聞きしたものと組み合わせて何かを考えたりしている。このことから、感覚記憶と長期記憶の間には、短期記憶のような単なる一時的な情報の貯蔵庫にとどまらない、もっと能動的な働きをする記憶システムが必要だろうと考えられるようになった。こうして提案されたのが**作業記憶**である。

　作業記憶は、目に入ってきた情報を保持する「視空間メモ帳」、聞きとったものや自分が話している事柄を処理する「音韻ループ」、全体の働きを統括する「中央制御部」からなると考えられている。

　私たちは、ものを目で見ながら、何かを話したり、過去の経験を思い出したりしながら、日常的な行為をスムーズにこなしているが、作業記憶はこうした私たちの日常的な行為を支えている。とくに、自動車の運転や工場での作業など、高い安全性の要求される行為の遂行に関して、作業記憶の観点から多くの研究が進められている。　　　　　　　　　（田中）

豆知識　車を運転しながらこみ入った会話をしたり、大音量で音楽を聴いたりしていると、作業記憶に負担がかかるため、とっさにブレーキを踏むのが遅くなることが多くの研究で示されている。

覚えられるのは 7 ± 2 項目

まず A のリストに 1 回だけ目を通し、目を閉じる。いくつの文字列を思い出せるだろうか？
次に B に目を通し、同じように目を閉じて、できるだけ多くの文字列を思い出してみよう。今度はいくつ思い出せるだろうか？

A

1	え べ い ち そ ち
2	て げ み ふ び と
3	ぼ え い た み ぴ
4	ね け み を ん こ
5	さ ん は ぢ び ぶ
6	ぎ お か あ せ ひ
7	ろ よ い す い あ
8	ば く ぼ つ い ば
9	い お じ ふ ぢ そ
10	か へ ぴ ぼ お ほ

B

1	い ず は ん と う
2	こ う ら く え ん
3	そ ー ら ー か ー
4	じ ゆ う が お か
5	じ っ け ん し つ
6	み な み あ ざ ぶ
7	し な が わ え き
8	か ん こ う ち
9	か な が わ け ん
10	け ん ち く が く

■ チャンク

| か | へ | ぴ | ぼ | お | ほ |

合計 6 チャンクもあるので覚えにくい。

| け ん ち く が く |

合計 1 チャンクで済むので覚えやすい。

人間が一度に覚えられるのは、7 ± 2 項目（チャンク）であることがわかっている。

作業記憶のしくみ

音韻ループ ← カーステレオや話し声
視空間メモ帳 ← 車窓の風景
中央制御部 — 車の運転をしつつ、信号を見て判断しつつ、隣の人と話し、音楽を聴く
長期記憶 — 運転技術、道路交通法、話の内容に関する知識など

豆知識 本を読みながら音楽を聴くことはそれほど難しくないが、本を読みながらテレビを見るのが大変なのは、作業記憶の観点からみると、視空間メモ帳に入れられる情報が競合するからである。

記憶③ 意味記憶と手続き記憶

> **Key word** **長期記憶** 記憶の貯蔵庫モデルにおいて、もっとも多くの情報を、きわめて長期間保持できるとされる記憶。大まかにエピソード記憶、意味記憶、手続き記憶の3つに分類されている。

世界について知っていること＝意味記憶

　私たちは丸い生地の上にトマトソース、チーズやそのほかいろいろなトッピングをのせて、窯で焼いて食べる食べ物のことを「ピザ」と呼ぶことを知っている。しかし、それを知ったのがいつだったのかは思い出せない人が多いだろう。

　このように、その記憶をいつどこで得たのかということとはかかわりなく、身の回りや世の中のことについての一般知識として蓄えられている記憶のことを**意味記憶**と呼ぶ。意味記憶は、長期記憶の一種である（→ keyword、→ p.150）。

　ある事物を見たり聞いたりすると、それに関連することも思い出しやすくなることが知られている。こうしたことから、私たちの意味記憶は、関連がある項目同士が「リンク」で結びつけられたネットワーク構造をしていると考えられている。私たちが「ピザ」という言葉を聞くと、ネットワークの中の「ピザ」に対応する項目が興奮し、活性化する。この興奮はリンクをたどって「ピザ」と関連がある他の項目に伝えられ、その項目も活性化する。このしくみによって、「ピザ」に関連する項目も思い出しやすくなるのである。

身体で覚えたこと＝手続き記憶

　たとえば自転車の乗り方など、充分に身につけられた動作は、自転車にまたがると、どうやって身体を動かすかを思い出そうと意識しなくても、勝手に（自動的に）身体が動いて実行することができる。このように言葉で説明することは難しいが身体では覚えている動作や技能の記憶のことを、一般に**手続き記憶**と呼んでいる。

　手続き記憶の大きな特徴は、行為が自動化されている、ということである。よく行う動作は、最初は意識的に身体を動かさなければいけなくても、その動作をくり返し行ううちに、その動作が**自動化**してゆくと考えられている。

　出かけるときにドアに鍵をかける、改札口でポケットから定期券を出してしまう、といった私たちがふだんくり返し行う多くの行為は、自動化されている。

　逆に、いつもとちがうバスに乗らなければならないのに、うっかりいつもと同じバスに乗ってしまうなど、行為が自動化しているために失敗することもある。こうした失敗のことを**アクション・スリップ**と呼んでいる。　（田中）

豆知識 エピソード記憶と意味記憶は、言葉で意識的に内容を説明することができるので、「宣言的記憶」と呼ばれることもある。

長期記憶の種類

長期記憶

- **エピソード記憶** (→ p.156)
  昨夜の食事のメニュー、1年前の旅行の思い出など。
  時間、場所、そのとき感じた自己感覚が含まれている記憶。

- **意味記憶**
  身の回りや世の中のことについての一般知識としての記憶。

  これはピザ。　　これはイタリアの国旗。

- **手続き記憶**
  自転車の乗り方など、意識しなくても身体が動いて実行できる、動作や技能の記憶。

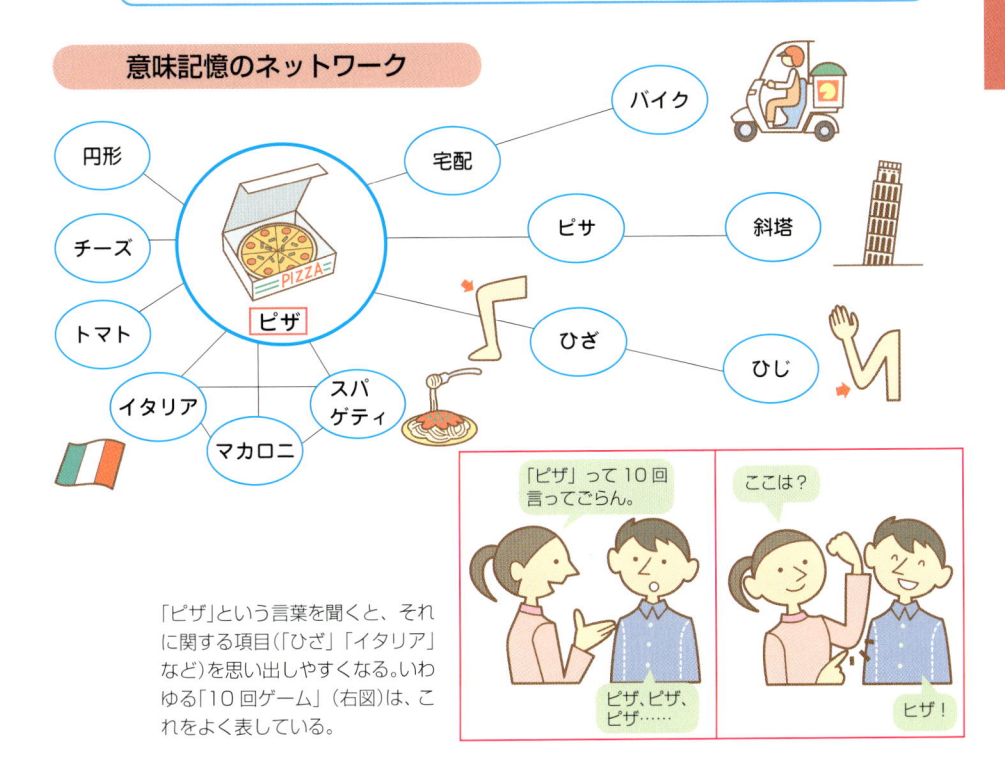

意味記憶のネットワーク

円形　チーズ　トマト　イタリア　マカロニ　スパゲティ　ピザ　宅配　バイク　ピサ　斜塔　ひざ　ひじ

「ピザ」という言葉を聞くと、それに関する項目（「ひざ」「イタリア」など）を思い出しやすくなる。いわゆる「10回ゲーム」（右図）は、これをよく表している。

「ピザ」って10回言ってごらん。
ピザ、ピザ、ピザ……
ここは？
ヒザ！

豆知識 新しく習った英単語などを記憶する際に、機械的に暗記するよりすでに知っている他の単語と関連づけるほうが、意味記憶のネットワークに組みいれやすくなるので効率的である。

記憶④　偽りの記憶

Key word　事後情報効果　自分の体験した事柄に関する記憶の内容が、後から与えられた情報によって変容してしまうこと。適切でない手がかりを使って記憶を検索しようとすることによって生じると考えられている。

自分が体験した出来事の記憶：エピソード記憶

あなたは自分の小学校の入学式のことを覚えているだろうか？　今日の朝食に何を食べただろうか？　この前に読んだページはどんな内容だっただろうか？　このような、自分が体験した出来事についての記憶を**エピソード記憶**と呼ぶ。

意味記憶とは異なるエピソード記憶の大きな特徴は、その体験がいつだったのか（時間）、どこだったのか（場所）、そしてそのとき自分がどんなことを感じていたのか（自己感覚）といった情報が含まれている点である。

偽りの記憶

私たちは、自分が体験した出来事を実際とはかなりちがった内容で覚えていることが時々ある。なかには、実際には体験しなかったにもかかわらず、あたかも現実に体験した出来事であるかのような記憶をもってしまうことがある。こうした記憶のことを**偽りの記憶**と呼んでいる。

多くの研究から、私たちのエピソード記憶は、その出来事を体験した後で与えられた情報に影響されて変化してしまうことがわかっている。こうした効果のことを**事後情報効果**と呼ぶ。

ロフタス（E. Loftus）らの行った実験では、大学生たちに自動車の衝突事故の映画を見せた後、ある学生には「自動車がぶつかったとき、どのくらいのスピードが出ていましたか？」、また別の学生には「自動車が激突したとき……」というように、少しずつ言葉を変えて映画の内容について質問した。1週間後、同じ学生たちに「映画の中でガラスが割れていたのを見ましたか？」と質問したところ、実際にはガラスが割れるシーンはないにもかかわらず、「激突したとき」と質問された学生は「ぶつかったとき」と質問された学生の2倍以上が「見た」と答えた。

私たちが何かを思い出すときには、何か手がかりを使って思い出そうとすることが多い。その際に用いられる手がかりが不適切なものであると（先のロフタスの実験の場合は「激突した」などの単語）、その手がかりに合うように断片的な記憶を再構成してしまう。そのために、記憶の内容が歪んでしまったり、偽りの記憶が形成されてしまったりすると考えられている。このように、記憶は単に情報が頭の中に貯蔵されているというよりも、思い出そうとするときに常に作り直されるものだと考えられている。　　　（田中）

エピソード記憶の特徴

エピソード記憶は、その体験をした時間・場所・そのときの自己感覚が含まれた記憶である。

時間
小学校の入学式の日…

場所
〇〇小学校の校庭で…

自己感覚
となりに並んだ子がかわいくて、うれしかったな。よそ見をしてたから先生に叱られたっけ…。

ロフタスの実験

大学生たちに自動車の衝突事故の映画を見せた後、少しずつ言葉を変えて質問する。

車がぶつかったとき、どのくらいのスピードでしたか？
時速8.0マイルくらいです。

車が激突したとき、どのくらいのスピードでしたか？
時速10マイルくらい…。

「激突」という言葉を聞いたグループの方が、車のスピードを速く見積もる傾向があった。

1週間後

●「ガラスが割れたのを見た」と答えた人

●「ガラスが割れたのを見た」と答えた人

「ガラスが割れたのを見ましたか？」という質問に対して、「見た」と答えた学生の割合

14%　　32%

（実際には、ガラスは割れていなかった）

> **豆知識** 1990年代米英で、幼児期に虐待を受けたとして親族が訴えられる事件が相次いだが、その中には虐待の記憶がカウンセリングの過程で生み出された偽りの記憶であったケースがあった。

思考① 推論

> **Key word** ヒューリスティックス　物事を考えるとき、必ず正解が見つかる保証はないが、効率的に答えが見つかる可能性が高い方法のこと。日常生活の中の経験などから生み出されるもので、人間の思考の大きな特徴。

人間は論理的思考が得意か？

　物事を考えるとき、論理的であることは最も重要な事柄とされている。しかし様々な研究から、私たちがものを考えるときには形式論理的なルールに従うことが難しいことがわかってきた。

　右ページの問題①と②を解いてみよう。問題①と②は、じつは論理的には同じ構造をしている。にもかかわらず、問題①は問題②よりもはるかに難しい。

　このようなちがいが生じるのは、私たちが「**実用論的推論スキーマ**」と呼ばれる知識を用いているからと考えられている。私たちは日常生活の様々な場面で、原因を推測したり結果を予測したりするときに使うことのできる経験的なルールのまとまりである「実用論的推論スキーマ」を形成しており、推論をする際にはこれに基づいて考えているのである。たとえば、ある行為が許可されるかどうかに関して「その行為が許可される場合は前提条件を満たしていなければならない」「その行為を行わないなら、前提条件を満たしていなくてもよい」といったルールの知識（「**許可スキーマ**」）をもっており、問題②を解くときにはそれに従って答えることができる。しかし問題①は、全く同じ論理構造をもっていてもルールが抽象的で現実には存在しないものであるため、許可スキーマを用いることができず、正解できないのである。

代表性ヒューリスティックス

　思考に関する多くの研究から、私たちは日常経験によって作り出した、「必ず正解が得られるわけではないが効率的であることが多い方法」に依存していることがわかってきた。こうした方法のことを**ヒューリスティックス**と呼び、様々な種類があることがわかっている。

　問題③について考えてみよう。多くの人は選択肢(b)が正しいと思ってしまう。しかし、コインを投げたとき裏表のどちらが出るかは、その前に表裏のどちらが出たかとは全く独立した事象なので、(a)も(b)も確率としては等しいのである。表と裏の出る確率が等しいので、表と裏が同じ回数出ている(b)の方がコインの特徴をよく表す代表例であり、したがってこちらの方が確率が高いと判断してしまうのである。

　このように、直感的にある事象の特徴をよく表していると思われるものを選ぶことを、**代表性ヒューリスティックス**と呼ぶ。　　　　　　　　　　（田中）

豆知識　人間と同じような知能をコンピュータにもたせる人工知能の研究では、人間がどのようなヒューリスティックスを用いているか、という研究が盛んに行われた。

問題① 4枚カード問題

ここに、片面にはアルファベット、もう片面には数字が書かれたカードがある。

「カードの片面に母音のアルファベットが書かれている場合には、もう片面には偶数が書かれている」というルールがある。今、上のような4枚のカードがあるとき、どのカードをめくれば、このルールが守られているかどうかを確認することができるだろうか？ 何枚めくってもよいが、必要最小限の枚数をめくること。
(答えはp.214)

問題② 飲酒問題

日本の法律では、20歳になってから飲酒が認められる。ここに、ビールを飲んでいる人、コーラを飲んでいる人、21歳の人、18歳の人の4人がいる。この法律が守られているかどうかをチェックするには、この4人のうち誰の年齢や飲み物を調べる必要があるだろうか？ 警官になったつもりで答えてほしい。
(答えはp.214)

問題③ コイン投げの問題

ここに、表と裏の出る確率が等しいコインがある。このコインを10回投げたとき、表(○)と裏(×)の出るパターンとして、次の2つのどちらになる確率が高いだろうか。

(a) ○○○○○○○○○○
(b) ○×○××○×○○×

(答えは左ページ)

豆知識 コインをくり返し投げて表が連続して出ると、実際の確率は1/2ずつであるにもかかわらず、次は裏が出る確率が高いと判断してしまう。この誤りをギャンブラーの錯誤と呼んでいる。

思考② 問題解決

> **Key word　問題空間**　問題解決において、現在の状態や問題が解決された状態（目標状態）、それに達するまでの中間状態や利用可能な手段などを表現したもの。問題解決は問題空間を探索する過程としてとらえられる。

問題解決と問題空間

　問題解決とは、問題が生じている現在の状態と、問題が解決された状態（**目標状態**）とのギャップを、何らかの手段を使って埋めてゆくことをいう。たとえば、「お腹がすいてストレスを感じている」のが現在の状態だとすると、「そのストレスを解消する」ことが目標であり、そのためには「食べ物を手に入れる」「空腹を忘れるために他のことをする」などの手段を用いて目標を達成するのである。

　さて、私たちが問題を解決しようとするとき、現在の状態と目標状態、解決のための手段、その手段が実行可能になる条件（制約）、目標状態までの途中の状態などを頭の中に思い浮かべてみることができる。これを**問題空間**という。問題解決は、この問題空間の中を探索してゆくことだといえる。

問題空間の探索とヒューリスティックス

　さて、問題空間を探索する際、可能な全ての手段を実行してみれば、そのうち目標状態に到達するだろうが、効率的ではない。むしろ私たち人間は、p.158で述べた**ヒューリスティックス**を用いて、探索の範囲を限定し、効率的に問題を解決しようとしている。

　「**下位目標の設定**」と呼ばれるヒューリスティックを例にとろう。「空腹感によるストレスの解消」を目標状態とすると、その手段の一つに「食べ物を手に入れること」がある。そこでこれを中間の目標（これを下位目標という）として設定し、これを達成するために可能な手段を探す。その手段がすぐに実行できれば実行し、それが無理であればその手段の実行を下位目標として手段を探し…といった方法で問題を細かく分けて、それぞれの下位目標を達成してゆくことで問題を解決するのである。

　さて、問題解決がなかなかできない、という場合には、必要な情報や知識が足りないということもありうるが、あらかじめ充分な知識や情報があってもうまくいかないことがある。

　たとえば、右ページのクイズを考えてみよう。いずれもクイズを解くのに必要な情報はすべてそろっているにもかかわらず、なかなか解決できない。

　これは、問題を解決するための手段や目標状態に関して先入観や期待を形成してしまい、制約条件を狭めているためである。この現象を「**構え**」と呼んでいる。

（田中）

豆知識　パズルや数学の問題のように、問題空間が明確に定義された問題を「良定義問題」、そうでない問題を「悪定義問題」と呼ぶ。現実世界の中の問題のほとんどは後者である。

下位目標の設定　（ヒューリスティックスによる問題解決の例）

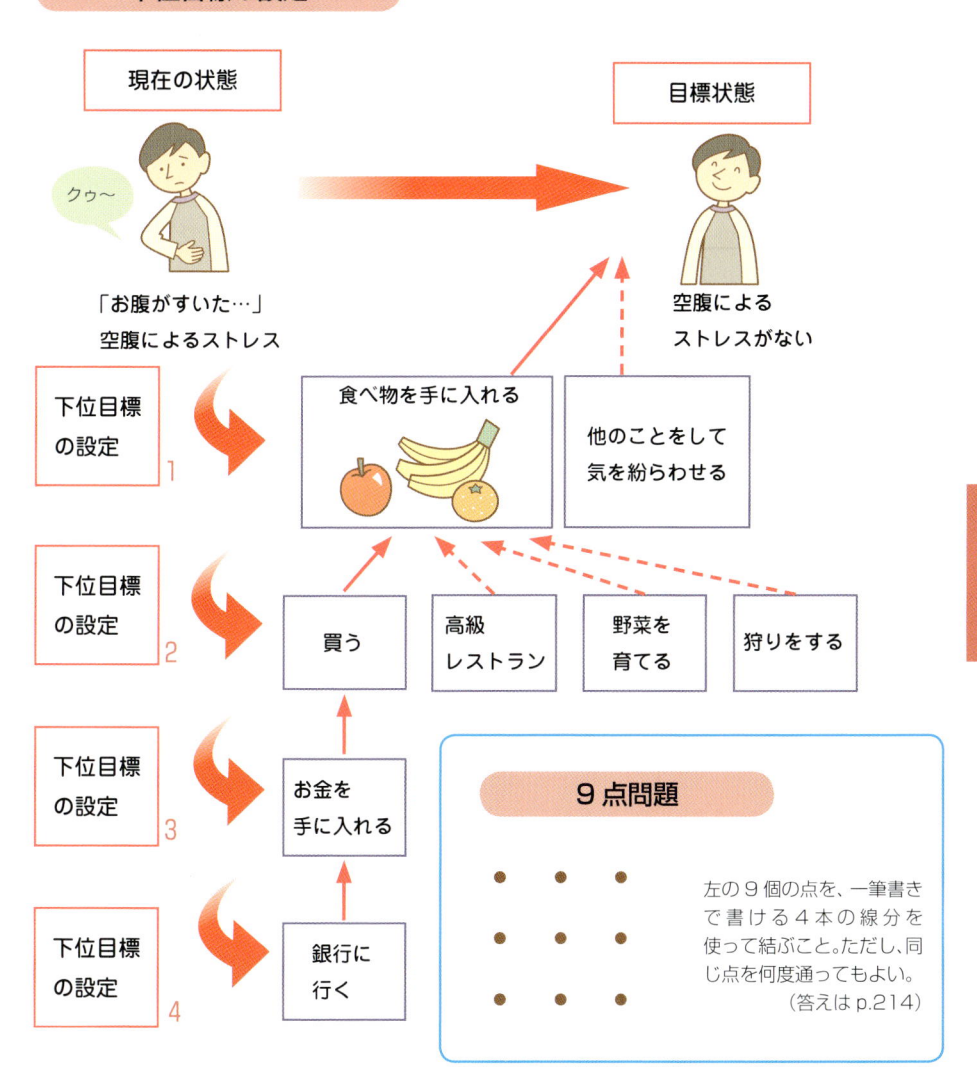

現在の状態 → **目標状態**

「お腹がすいた…」空腹によるストレス → 空腹によるストレスがない

- 下位目標の設定1：食べ物を手に入れる ／ 他のことをして気を紛らわせる
- 下位目標の設定2：買う ／ 高級レストラン ／ 野菜を育てる ／ 狩りをする
- 下位目標の設定3：お金を手に入れる
- 下位目標の設定4：銀行に行く

9点問題

左の9個の点を、一筆書きで書ける4本の線分を使って結ぶこと。ただし、同じ点を何度通ってもよい。
（答えはp.214）

ろうそく問題　（Duncker, 1945）

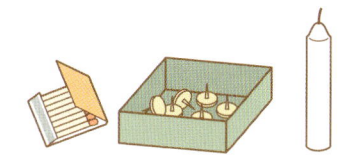

1本のろうそく、マッチ、画鋲が入った紙箱がある。この絵に示されている品物だけを使って、ろうが床にたれずにうまく燃えるように、そのろうそくを壁に取りつけること。
（答えはp.214）

豆知識 ヒューリスティックスに対して、確実に解にたどり着ける方法をアルゴリズムと呼ぶが、しらみつぶしに解を探索する等しばしば効率が悪く、また悪定義問題の場合にはそもそも存在しない。

心の理論

> **Key word** 　**心の理論**　直接観察することができない他者の心の状態（欲求、信念、感情など）を予測する知識や能力のこと。3～4歳以下の子どもや自閉症児では「心の理論」が獲得されていないことが指摘されている。

人の心を予測する：心の理論

あなたが待ち合わせの時間に遅れたとき、相手が怒っているのではないかと心配して、相手に会ったらまず謝るだろう。このように私たちは、どのような状況で人がどんな感情をもつか、とか、どう考えているか、といった心の状態を予測することができる。そもそも心は目に見えないものであり、見えないものを予測して説明することができる、ということは、私たちが人の心を説明するための理論のようなものをもっているためだと考えられる。

このように、私たちが他者の感情や欲求など心の状態を推測したり、行動を予測したりすることを可能にする知識や能力のことを「**心の理論**」と呼ぶ。

何歳になったら「心の理論」が身につくのか？

「心の理論」は、人間が円滑に社会生活を送ってゆく上で必要不可欠なものである。では、子どもは何歳頃に「心の理論」を身につけるのだろうか？

そのことを調べるのに、「**誤信念課題**」と呼ばれる課題が用いられる。ここではその一つである「サリーとアンの課題」を説明しよう。

子どもに紙芝居や人形劇で、サリーとアンという2人の登場人物が出てくるストーリーを見せる。サリーとアンが部屋で一緒に遊んでいる。サリーはおはじきをかごの中に入れて部屋を出て行き、その間にアンはおはじきを他の箱に移し替えてしまう。そのあと、サリーが戻ってきておはじきを取り出そうとするとき、最初に探すのはどこだろう？

サリーはアンがおはじきを別の箱に移したところを見ていないのだから、まだおはじきはかごの中にある、と考えているはずである。したがって「かごの中」が正解である。

しかし、3～4歳以下の小さな子どもの場合、自分が知っているのと同じ「箱の中」と答えてしまう。つまり、サリーは自分とはちがう考え（信念）をもっていることが、小さな子どもには理解できないのである。これは、「心の理論」が獲得されていないので他者の心の状態を推測することができず、他者が自分とはちがう考えをもっている、ということが理解できないためである。

こうした誤信念課題を用いた研究から、子どもは一般に4歳頃から「心の理論」の獲得が始まることが知られている。

（田中）

> **豆知識**　チンパンジーを対象に誤信念課題を実施した研究によると、チンパンジーは誤信念課題に合格することは難しく、心の理論をもっていても限界があることが示唆されている。

「サリーとアン」の課題

子どもに紙芝居や人形劇で、次のようなストーリーを見せ、最後に質問する。

❶ サリーは、おはじきを持っています。サリーはおはじきを自分のかごに入れました。

❷ サリーは、外に出かけました。

❸ アンは、サリーのおはじきをかごから出して、自分の箱に入れました。

❹ サリーが帰ってきました。サリーがおはじきを探すのは、どこでしょう？

> 3〜4歳の子どもでは、サリーがおはじきを探すのは「箱の中」と答える。サリーが自分とちがって誤った信念をもつことを、理解できないのである。

豆知識　自閉症児を対象として誤信念課題を実施した研究によると、自閉症児では誤信念課題での正解率が健常児と比べてかなり低く、「心の理論」の獲得に困難があることが示唆されている。

Column

浦島太郎の時間知覚

なぜ時間がわかるのか

　五感の視・聴・触・味・嗅覚は、目や耳のようにそれぞれ特有の感覚受容器をもっている。一方、時間にはそのような特別の受容器が存在しないが、かなり正確に時間をとらえることができる。人はなぜ時間がわかるのか。多分、記憶や注意とのかかわりが強いであろうということは想像できるが、この時間がわかることを伝統的に時間知覚と呼んでいる。

　ことわざの中に、時間に関するものが多くある。一番有名なのは「光陰矢のごとし」であるが、これとまったく逆の意味で「一日千秋」というものもある。同じ時間でも、長短の感じ方がまったく逆になっている。

700年が3年になった

　「浦島太郎」では、亀に連れられて行った竜宮城で3年いたつもりが、実はふるさとに帰ってみたら700年の時が経っていた。玉手箱を開けると、紫の三筋の雲とともに、一気に時が流れ去ってしまった。竜宮城ではなぜ3年しか経っていなかったのか。あるいは、浦島太郎は、なぜ3年としか思えなかったのか。竜宮城は四方四季の場所で、春夏秋冬が同時に存在し1年が一回りすると感じられる。つまり、1年が一瞬のうちに過ぎ去る場所である。乙姫様と鯛やヒラメの踊りで楽しいことがたくさんあるところである。

　楽しいことが多くあると、時間の過ぎるのを忘れてしまうことがある。この極端な場合が、竜宮城での浦島太郎であった。時間の経過より
も、その中での出来事の方に注意が向いてしまった結果である。逆に、つまらないことがたくさんあると、まだ終わらないのかというように、時間の経過の方に注意が向いてしまって、時間を長く感じてしまう。

　浦島太郎と正反対の事態が、中国の故事にある「一炊の夢」である。うたた寝をしていて、夢の中で人の一生に起こる栄枯盛衰のすべてを見たが、目覚めてみると、寝る前に炊きかけていた粟飯さえまだ炊きあがっていなかった。ほんの一瞬のうたた寝でも、とても長い時間を感じていた。夢を見ているときは時間の経過に注意を向けられなかったが、目覚めてからは夢の中の出来事の記憶から時間が意識されたためである。

（神宮）

第6章

心のダメージ
臨床心理学の基礎

心の葛藤と防衛

> **Key word　心理的防衛**　心的防衛機制とも呼ぶ。不安を起こすものに直面して解決しようと取り組むことなく、ほとんど無意識に、不安を起こす事態そのものの知覚や理解を回避したり歪曲する機制である。

心の欲求は葛藤の種

たとえば今、試験勉強をしなくてはという気持ちと、放映中のお気に入りのテレビ番組を見たい気持ち（欲求）があるとき、心に**葛藤**が生じる。葛藤とは、いわば、自己が反対方向に引き合う力の狭間で身動きのとれない状態である。人は、心の中に葛藤が生じると、それを解決したり低減したりしようとして、何らかの行動を起こす。葛藤状態は、自分で意識できる場合もあるし、無意識的な場合もある。葛藤が生じると、それを解消しなくてはならないが、そもそも葛藤が生じないように防衛するのが**心理的防衛**の働きである。

心理的防衛は、適切な場面で適切に、多くの種類を使える方が好ましい

もちろん心はいつも穏やかであるはずもなく、心理的防衛は、健康な人間にとっても必要不可欠である。現実をありのままに受け入れるとダメージが大きすぎる体験から心を守る大切な機能なのだ。

フロイトが指摘したように、心の葛藤を調整するための最たる心理的防衛は、**抑圧**である。抑圧は、苦痛や不安、罪悪感など、自分が意識すると不快な状態になる記憶や観念を、無意識に追いやってしまう心の働きである。抑圧の過程は無意識に起こるので、便利な葛藤処理メカニズムの一つといえる。しかし、自分にとって都合の悪い体験を、無意識の領域に放りこんでばかりもいられない。これらがうまく機能できないと、心の健康が損なわれる。さらに、戦争や災害など、個人の心理的防衛では対処できないほどの強烈で危機的な状況に遭遇すると、**心的外傷**（トラウマ）となる場合がある。

心理的防衛には、稚拙なものから、より成熟した形のものまで様々ある。たとえば、ある上司に秘かに敵意をもちながら関係を続けていた部下が、なぜか上司の方が怒っているように感じられ「上司が怖い」と言い出したとする。これは自分の中にある心（敵意）を相手に**投影**した結果である。また、つらい体験を芸術作品や建設的な活動へと変えていくことは、**昇華**といって最も成熟した心理的防衛の一つである。スポーツもまた、攻撃性の昇華の形といえる。

心理的防衛は、本人が自覚しにくいこともあり、つい同じようなパターンをくり返しがちになる。「あの人は、いつもきれい事ばかりで都合の悪いことを見ない」というのは、**否認**や美化の極端な例である。

（青木）

豆知識　心理的防衛としての抑圧は、無意識に起こるので、本人は気がつかない。一方お酒を飲んで、抑制が効かなくなるというときの「抑制」は、意識的に自分の思いを押さえている状態である。

心理的防衛のいろいろ

たとえば、なにかと部下に理不尽な要求をする上司に対して怒りと敵意をもっているときの防衛には、次のようなものが考えられる。

（無意識下での）敵意 → 課長

否認 受け入れたくない気持ちを、無意識に認めない。

「課長ってひどい人だと思わない？」
「頼りになる人で尊敬できるわ。」

投影 受け入れがたい欲求や感情を、自分ではなく外界のものと認識する。

「今、私のことをにらんだわ…。何か怒っているにちがいない。」

反動形成 気持ちと反対の態度をとることで、不安からのがれる。この場合、過剰に親切にふるまうことで敵意を抑圧する。

「課長、それ手伝います！」

ほかにも、以下のような心理的防衛がある。

- **合理化** 自分の失敗や好ましくない行為を正当化する。
- **昇華** 欲求を社会的文化的に価値あるもの（スポーツ、芸術、学問など）に移しかえる。健康的な防衛。
- **逃避** 直面せねばならない苦痛に対して、それを避けようとする消極的な防衛。

豆知識 赤ん坊のように「欲しいと思ったら何でも手に入れられる。イヤなものはすぐに消せる」、そんな幻想を大人になっても心の底でもち続けることを、幼児的万能感を保持するという。

ストレスとは

> **Key word**
> **ストレス** 生き物が外的な刺激にさらされたときに生じる反応のことを「ストレス反応」、刺激のことを「ストレッサー」という。一般的にストレスというときは両方をあわせたものを指していることが多い。

ストレス反応の3段階

ストレスというと何を思い浮かべるだろうか。通学や通勤時の満員電車だろうか。それとも職場やアルバイト先で叱られたりすることだろうか。

1930年代にストレス学説を唱えた**セリエ**(1907-1982)によると、生き物は様々なストレス要因（**ストレッサー**）にさらされたとき、その種類にはあまり関係なく同じような反応を示すとされる。これを**ストレス反応**という。ストレッサーには、暑さや寒さのような物理的な要因や、病気、人間関係など様々なものがある。

ストレッサーに対する生体の反応は3つの段階で変化する。第1段階はストレスに対してビックリして抵抗力が低下するが、そのあとすぐにストレッサーに対抗するかのように、体温や血圧の上昇が起こる段階である（**警告反応期**）。こうしている間にストレッサーがなくなったりストレッサーから逃れるように行動できればよいのだが、ストレスがかかり続けると、対抗する反応もずっと続いてしまう。これが第2段階である（**抵抗期**）。さらにストレスがかかり続けると、とうとう過剰なストレスに耐えられなくなり、いろいろな身体症状が出てくる。そのような症状には、胃潰瘍や十二指腸潰瘍、自律神経失調症などがある。ときとして死に至ることもある。これが第3段階である（**疲労期**）。

ストレスと心理的要因

ストレスに対する身体的反応には、心理的要因も大きなかかわりがある。逆説的だが、ストレスに対してじたばたしないことがストレス反応を軽減するという可能性を示唆する、次のような実験がある。

2匹のサルに対して、ストレッサーとして電気ショックを与えた。一方のサルには2匹のショックを同時に止められるスイッチを与え（ストレスをコントロールできる）、もう一方にはそのスイッチを与えずにおく（ストレスに抵抗できない）。同じ電気ショックを受けながらも、スイッチを持っている方は胃潰瘍になってしまったが、もう一方は概ね健康であった。これは、なまじ中途半端に対処法を与えられたために、常に警戒していなくてはならず、そのことが電気ショックよりもよほど大きなストレスになったのではないかと考えられている。ときに受け入れることも有効なストレス対処法なのである。 （酒井）

豆知識 現代社会のストレスは、人に長期にわたってストレス反応を持続させやすい。そのため動物などと異なり、人のストレス反応は生き残りの役に立つよりも身体を損ねる方向に働くのである。

ストレッサーとストレス反応

ストレッサー
（ストレスの要因）

暑さや寒さ 　　外敵 　　過重労働

ストレッサーとストレス反応を合わせて「ストレス」と呼ぶ。

ストレス反応　セリエによれば、人間を含む動物は、ストレッサーの種類にはあまり関係なく次のような反応（ストレス反応）を示すという。

① **警告反応期**
副腎皮質刺激ホルモンが脳下垂体から分泌され、交感神経が興奮する。体温や血圧が上昇する。

副腎皮質刺激ホルモンの分泌

交感神経の興奮

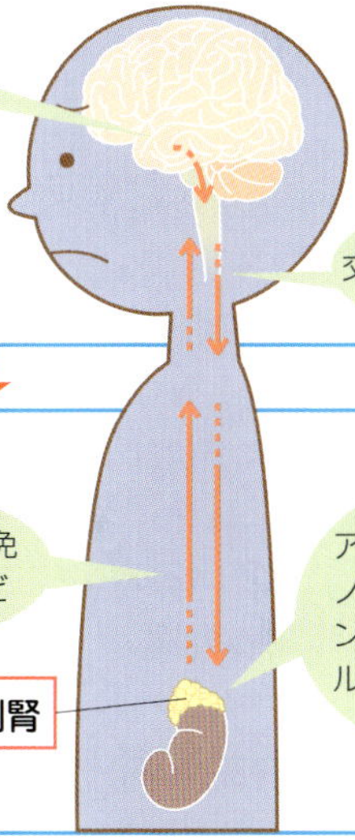

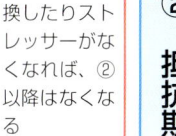

ここで気分転換したりストレッサーがなくなれば、②以降はなくなる

② **抵抗期**
ストレスがかかり続けると、①の反応が続く。

（長期的にも）
血圧の上昇、免疫系の抑制など

アドレナリン、ノルアドレナリン、副腎皮質ホルモンの分泌

副腎

③ **疲労期**
さらにストレスがかかり続けると、胃潰瘍、自律神経失調症など、様々な症状が出てくる。

豆知識　必ずしもつらいことだけがストレッサーになるとは限らない。環境の変化は概ねストレスとなる。人にとっては結婚や昇進などもときとして大きなストレスになることがある。

ストレスとつきあう

> **Key word** 自己催眠　一般に催眠は催眠暗示をかける他者と催眠にかかる本人とがいるものである。しかし自分で自分に暗示をかけ、催眠状態に入ることも可能であり、これを他者催眠に対して自己催眠という。

ストレスと心と体

　意地悪な同僚にストレスを感じていても、同僚とあわないようにするのは現実には難しいものである。がまんしているとそういった**心理的ストレス**は体に影響を与える。悲しい気持ちや落ちこむ気持ちが強いと免疫力が低下するなど、感情は体にも強い影響を与えることはよく知られている。心理的ストレスは、**自律神経**の働きを狂わせ、そうして体に様々な不調が表れ、**自律神経失調症**や**心身症**となる。

　一方で、心理的ストレスの影響の大きさは人によってかなり異なる。同じ出来事に遭遇しても、前向きに受け止める人はストレスによる影響もあまり受けない。このように心理的ストレスは受け取り方次第という側面もある。しかし気持ちを明るくもつことが大事だと言われても、なかなかそういう気持ちになることは難しい。そこで心と体は密接に影響し合う点に注目し、自律神経を整えることで体と心のバランスを保つ方法が考えられた。

自己催眠によるリラクゼーション

　ここで紹介するのは、自分で自分に暗示をかけて心と体をリラックスさせていくという方法である。これはシュルツ（1884-1970）によって開発され、**自律訓練法**と呼ばれている。いわば自分で自分に行う催眠法（**自己催眠**）のようなものである。

　基本的な手順は次のような6段階からなっている。まず楽な姿勢をとって目を閉じ、気持ちが落ちついている、と心の中でおだやかにくり返し念じる。気持ちが落ちつく感じがしてきたら、①利き腕が重たい、と念じ、腕の感覚に意識を向ける。重さが感じられたらさらに反対の腕、足と広げていく。次に②手足が温かいと念じ、両腕両足に温かさを感じるようにし、③心臓が規則正しく鼓動している、④楽に呼吸をしている、⑤お腹が温かい、⑥額が涼しい、と続けていく。これはつまり自律神経の働きをイメージによって自己コントロールしているのである。この方法は、スポーツ選手のイメージトレーニングなどにも利用されている。

　ほどよいストレスは、人生を生き生きと過ごすために必要である。しかし、過剰なストレスやストレスに対処できないという思いは、心身に様々なダメージを与える。対処しにくいストレスが増えつつある現代において、ストレスをうまく流す工夫も大切といえるだろう。（酒井）

豆知識　心身症とは、心理社会的ストレスによっておこる体の病気である。その代表は、消化器に起きる潰瘍、頭痛、過敏性大腸症候群、循環器系の病気（心筋梗塞など）、ぜんそくなどである。

自律訓練法

下のように楽な姿勢をとり、目を閉じて「気持ちが落ちついている」と心の中でくり返し念じる。気持ちが落ちついてきたら、①〜⑥へと続ける。

❶「(利き腕が)重たい」
→反対の腕、足が重たい……と続ける。
重たい……

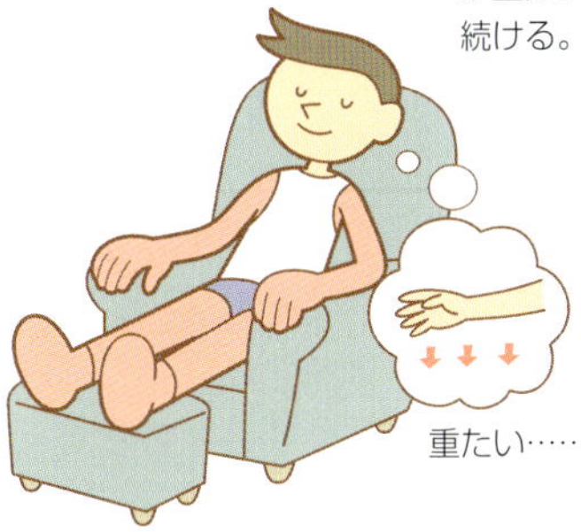

❷「両腕と両足が温かい」
温かい……

❸「心臓が規則正しく鼓動している」
トクン、トクン……

❹「楽に呼吸をしている」
楽だ……

❺「お腹が温かい」
ポカポカ……

❻「額が涼しい」
涼しい……

第6章

豆知識 ほどよいストレスは「人生のスパイスだ」とセリエは述べている。子どもが病気で寝こんでしまったのでしゃんとしてしまうお年寄りなどは、そのよい例である。

器質性障害と機能性障害

> **Key word** 神経伝達物質　心の働きには脳の活動が大きな役割を果たしている。脳の活動は、神経細胞同士の間での情報のやりとりによりなされるが、この神経細胞間でやりとりされる物質を、神経伝達物質という。

身体の器官の病変が原因で起こる器質性障害

　精神障害は、その原因によって、器質性障害と機能性障害に分けられる。

　頭部の病気やけがによって脳そのものに器質的、解剖学的変化が起こり、精神症状が生じるもの、あるいは脳以外の身体の病気があり、その影響で脳に障害が起こり、精神症状が現れるものを、**器質性障害**という。前者には、頭部外傷、腫瘍、脳血管障害、炎症による脳疾患などが、後者には、肝疾患、糖尿病、膠原病などが含まれる。前者のみを器質性障害とする立場もあるが、どちらも類似した症状を呈するために、両者を厳密に区別することは困難であるといわれている。

　器質性障害のおもな症状は、**意識障害**と**認知症**、**パーソナリティの変化**である。意識障害とは意識の鮮明さが障害された状態で、せん妄やもうろう状態が見られることが多い。**せん妄**とは、軽度ないし中等度の意識混濁に、幻覚などの症状や異常行動が加わった状態である。認知症は正常に発達した知的能力が、脳の気質変化によって低下した状態で、記憶障害、理解・判断力の低下などが認められる。

脳の機能の異常が原因で起こる機能性障害

　器質性障害に対して、原因はまだわからないが、脳そのものの病変はなく、脳の機能の異常によって生じる精神障害を**機能性障害**という。統合失調症と躁うつ病がその代表的なものである。これらの精神障害については遺伝的な要因が影響しているといわれてきたが、環境要因も関連していることが明らかになってきた。

　統合失調症は、幻覚、妄想、解体した会話（支離滅裂など）、意欲の低下、社会的引きこもり、思考内容の貧困、感情の平板化などを主症状とする精神病である。また**躁うつ病**は、「躁状態」と「うつ状態」をくり返す精神病である。うつ状態と躁状態の期間は数週間から数ヶ月程度のことが多いが、時に数年にわたる。躁状態はエネルギーがあふれすぎた状態で、いろいろなことに関心をもち、誇大的で多弁となり、時に夜も眠らず過活動の状態となる。憂うつ状態は、これとは反対にエネルギーが低下し、憂うつになり、意欲も低下した状態となる。

　機能性障害は近年、神経科学の進歩により、脳の神経細胞と神経細胞の間で情報の受け渡しをする**神経伝達物質**の働きの異常などが原因ではないかという説が注目されるようになってきている。（佐藤）

豆知識　意識の狭窄（さく）を中心とする意識障害をもうろう状態という。平常な意識の流れから突然別の内容の意識にかわり、また急激に平常の意識に戻るため、その間の健忘を残す。

器質性障害と機能性障害

■器質性障害

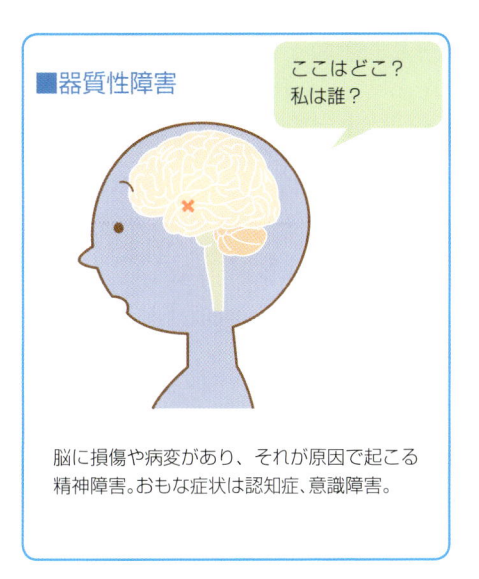

ここはどこ？
私は誰？

脳に損傷や病変があり、それが原因で起こる精神障害。おもな症状は認知症、意識障害。

■機能性障害

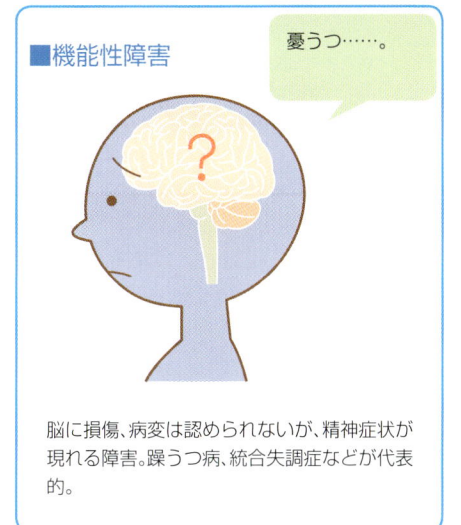

憂うつ……。

脳に損傷、病変は認められないが、精神症状が現れる障害。躁うつ病、統合失調症などが代表的。

神経伝達物質（ドーパミンの例）

神経伝達物質には、ドーパミン、セロトニン、ノルアドレナリン、アセチルコリンなどがある。種類によって、伝達経路（神経）が異なる。

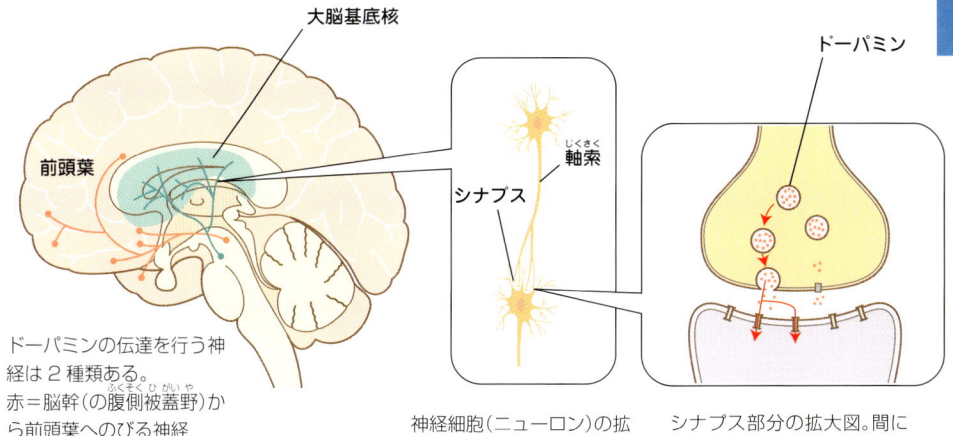

大脳基底核
前頭葉
軸索
シナプス
ドーパミン

ドーパミンの伝達を行う神経は2種類ある。
赤＝脳幹（の腹側被蓋野）から前頭葉へのびる神経
青＝脳幹（の黒質）から大脳基底核へのびる神経

※統合失調症は、ドーパミンを伝達する神経の働きに障害があると考えられている。

神経細胞（ニューロン）の拡大図。星形の部分が細胞体で、そこから別の神経細胞に向けて長い軸索をのばしている。神経細胞の接続部分を「シナプス」という。

シナプス部分の拡大図。間にはわずかなすきまがあり、一方からドーパミンなどの神経伝達物質が出て、もう一方に取りこまれる。こうして神経は情報を伝達していく。

豆知識 現実にはそのような対象が存在しないのに、見えたり、聞こえたりする体験を幻覚という。また現実にはありえない病的な誤った判断や観念で、訂正が不可能なものを妄想という。

抑うつ状態とうつ病

> **Key word　診断**　精神医学の領域では、国により、また医師により、同一の患者に対する診断が異なってしまうことがあった。近年、診断の基準が設けられ、アメリカ精神医学会による「DSM-Ⅳ-TR」が代表的である。

様々な原因により引き起こされる抑うつ状態

　憂うつ、悲哀感、物事に興味や関心をもてなくなった、根拠なく自分を責める（自責感）、「頭の回転が鈍った」（思考制止）などの精神症状や、食欲低下、不眠または過眠、全身倦怠感などの身体症状が見られる場合を**抑うつ状態**という。軽い場合には日常生活は普段と変わりなくなされるが、楽しみは少なく、機械的に仕事をこなすだけになる。必要最小限のことしかできないため、本人も周囲も怠けと思ってしまうこともある。

　日常的に「**うつ**」という語が使用され、「うつ」＝うつ病と誤解されやすいが、抑うつ状態が現れたからといって全ての場合がうつ病になるわけではない。抑うつ状態は、以下のような様々な原因によって引き起こされるひとつの状態像（症状）である。

　抑うつ状態を引き起こす原因のひとつは、身体疾患である。とくに甲状腺機能低下などの内分泌疾患がうつ病と見分けにくい。また、脳の病気もしばしば抑うつ状態の原因となる。統合失調症のようなうつ病以外の精神障害によって抑うつ状態が生じることもある。したがって、抑うつ状態が現れた場合には、それがどのような原因によるものであるのかを、まず明らかにする必要がある。

うつ病は診断名

　うつ病は、抑うつ状態とは異なり、統合失調症のような精神障害の一つ（**診断名**）を指している。うつ病は、抑うつ状態で示したような症状を示すが、これらの症状がある程度の期間続くとされている。身体因や他の精神障害が除外された後にうつ病と診断される。うつ病は典型的な場合、朝の気分が最悪で、夕方になるとやや回復する傾向があり、これを**日内変動**という。

　重症例では「過去に取りかえしのつかないことをした」と訴える**罪業妄想**や、「自分は不治の病にかかっている」などと訴える**心気妄想**がみられることがある。うつ病で最も気をつけるべき症状は自殺であり、自殺者の60〜70％を占めるといわれている。自殺は発病初期や回復期に多いとされている。

　うつ病の治療には、薬物療法が有効とされている。神経科学の進歩により、神経伝達物質の一つであるセロトニン等のうつ病への影響が注目されている。心理療法としては、認知行動療法（→ p.195）の導入が多くなってきている。　　（佐藤）

豆知識　うつ病へ親和性をもつ人間類型として、テレンバッハ（1914-1994）は秩序に束縛され、几帳面、堅実、勤勉で責任感の強い「メランコリー親和型性格」を提唱している。

「抑うつ状態」とは？

「抑うつ状態」＝「うつ病」ではない。抑うつ状態とは下記のような「状態」を指すもので、病名（診断名）とは異なる。また、その原因は様々である。

| 原因 | 身体疾患 | 脳の病気 | うつ病以外の精神障害 | うつ病 |

抑うつ状態

■精神症状
- 憂うつ、悲哀感
- 自責感
- 思考制止（頭の回転が鈍る）など

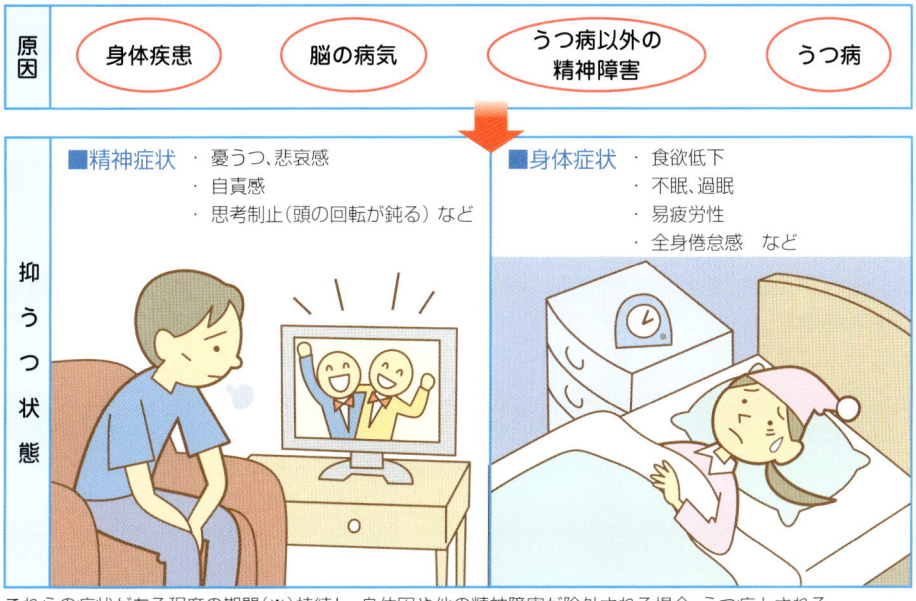

■身体症状
- 食欲低下
- 不眠、過眠
- 易疲労性
- 全身倦怠感　など

これらの症状がある程度の期間（※）持続し、身体因や他の精神障害が除外される場合、うつ病とされる。
※ DSM-Ⅳ-TR では 2 週間以上とされている

うつ病とセロトニンの関係

セロトニンは、脳の中で情報伝達を行う神経伝達物質の一つ。これがうまく働かないと、情緒面に影響が出るといわれている。

うつ病の場合

本来は、①→②→③のルートでセロトニンが次の神経細胞へ伝達される。うつ病の場合、シナプスのすきまに放出されたセロトニンは、送り手側の神経細胞に再び取りこまれてしまい（①→②→④）、次の神経細胞に伝達されない。

SSRI（うつ病の薬）を服用した場合

SSRI という薬は、送り手側の再取りこみ口をブロックすることで、セロトニンの正常な伝達を促す。
うつ病の治療には、投薬治療とともに心理療法も行われる。

豆知識 うつ病の中には身体症状が前面に出て、抑うつ気分等の精神症状を隠してしまうものがある。このような場合を「仮面うつ病」と呼ぶ。うつ病が見過ごされる危険があり、注意が必要である。

神経症

> **Key word**
> **フロイト（S. Freud）** フロイトは神経症の治療を通じて、精神分析を創始した。神経症の心因の一つとして精神内界の葛藤の存在を主張し、神経症の治療に大きな影響を与えた。（→ p.26、p.50）

神経症とはどのような精神障害か

神経症は、**心因**（心理的原因。急激な精神的衝撃や持続的ストレス、対人的葛藤など）によって生じ、心身両面にわたる**精神障害**である。また治療によって軽快ないし治癒し、後に機能の欠損や人格の欠陥を残さない可逆性の障害である。

神経症は、**遺伝**（生まれつきの自律神経の過敏性など）、**性格**（未熟性、過敏さ、依存性、過度の几帳面や完全欲）といった神経症に罹りやすい**準備性**に、直接的心因（家族との死別、失恋、職場の対人関係、離婚、失業などにより生じる悲しみ、苦悩、心身の疲労など）が加わって、発症するといわれている。こうした直前の発症のきっかけとなるような心因を**結実因子**という。

神経症の分類

神経症は、その症状から不安神経症、恐怖症、強迫神経症、ヒステリー、抑うつ神経症などに分類される。

●**不安神経症** 過度の不安を主症状とする神経症の一つで、フロイトにより、独立した類型として初めて取り上げられた。慢性の不安状態と急性の不安発作の2つの面がある。

●**恐怖症** 大して危険でも脅威でもないはずの対象や状況に対して激しい恐怖を抱き、その対象や場面を回避しようとするものをいう。恐怖症には、広場恐怖、対人恐怖、不潔恐怖などがある。

●**ヒステリー** 心的な葛藤が身体機能の麻痺や亢進に置き換えられ、失立失歩、痙攣発作などを生じる転換ヒステリーと、もうろう状態、遁走、二重人格などを示す解離性ヒステリーがある。

●**強迫神経症** 強迫症状を主症状とする神経症である。自分でも不合理だとわかっているにもかかわらず、ある考え（人を殺してしまうのではないか、など）がくり返し浮かんできてしまったり、ある行為（たとえば洗浄・確認）をくり返さなければならなくなるのが強迫症状である。そのことにより本人自身も苦痛を経験するものを指している。

神経症の治療としては、薬物による治療と並行して、精神分析療法、認知行動療法、森田療法（→ p.178）をはじめとする種々の心理療法がその症状や状態に応じて導入されることが多い。　　（佐藤）

※「神経症」「心身症」は、DSM、ICD（WHOによる疾病分類）においては、現在では診断名として採用されていないが、精神医学的には今なお重要な概念である。

豆知識 神経症に当たるドイツ語はNeurose（ノイローゼ）であるが、日本語でノイローゼという場合、ちょっと悩んでいる状態から統合失調症まで含んでしまう事が多く、注意が必要である。

神経症の発症

遺伝や性格といった「準備性」に、「直接的心因」が加わって発症すると考えられている。

準備性

遺伝による傾向
自律神経の過敏性など

性格の傾向
依存性、過度の几帳面さなど

↓

神経症の発症

直接的心因
死別、対人関係の問題など

神経症のいろいろ

■恐怖症

広い場所を歩くのが怖くてしかたがなく、自分でも不合理だとわかっているのに、どうしても広場を避けてしまう（広場恐怖）。ほかに対人恐怖、不潔恐怖などがある。

■強迫神経症

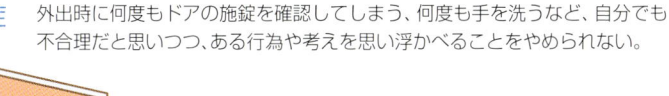

外出時に何度もドアの施錠を確認してしまう、何度も手を洗うなど、自分でも不合理だと思いつつ、ある行為や考えを思い浮かべることをやめられない。

> **豆知識** 神経症患者は治療が進むと、自ら病気でいることにしがみついているようにみえることがある。病気になることによって願望を満たしたり、利益を得ることを疾病利得という。

心身症

> **Key word** **アレキシサイミア** 心身症の患者にみられる性格傾向で、喜び、悲しみ、怒りといった自分の感情を自分で意識し、言葉で表現するのが困難な傾向や、想像力の欠如を示す。シフネオス（P.E.Sifneos）が提唱した。

心の問題に影響を受ける身体の病気としての心身症

　主として現れる症状は身体の症状だが、その始まりや経過に心理社会的因子（何らかのストレス）がかかわっている病態を**心身症**という。ただし、似たような症状であっても、神経症や他の精神障害に伴う身体症状は除外される。心身症患者は、**アレキシサイミア**（→ Keyword）という性格傾向を多く示し、社会適応面では、「真面目で、頑張り屋、模範的、他人に気を遣い、人から頼まれると嫌と言えない」などと表現される**過剰適応**を示すことが多いといわれている。

心身症の分類・治療

　心身症はおもにどの領域に症状が出現するかによって分類される。その主要なものとしては、呼吸器系、循環器系、消化器系、内分泌・代謝系、神経・筋肉系、小児科領域、皮膚科領域、泌尿・生殖器系などがある（→右ページ）。このように、「心身症」という一つの病気があるわけではなく、身体のあらゆるところに症状が起こるが、背後に心理社会的因子がかかわっているものを包括して心身症と呼んでいる。

　しかし、ここで挙げられている病気にかかっても、全てが心身症に分類されるわけではない。たとえば、気管支ぜんそくの患者で、小・中学校の入学など新しい人間関係を作らなければならない状況で決まってぜんそく発作が頻発している場合は心身症と考えられるが、杉花粉のようなアレルゲンに対する抗原抗体反応が重要な原因と考えられる場合は心身症ではない。

　表面に現れている症状は身体の症状であっても、その原因として心理的因子がかかわっているため、心身症の治療には身体的な治療と同時に、心理的治療が必要とされる。心理的治療としては、**自律訓練法**（→ p.170）、交流分析、認知行動療法（→ p.195）などの治療法が導入されている。自律訓練法によって心身の弛緩と統一をはかり、次に交流分析で「なぜこうなったのか」の理解を促す。さらに新しい対処法を身につけるために認知行動療法を行う。これらは患者自身が自分をコントロールする自己制御的治療法である。これらの他、精神分析療法、患者本人だけでなく家族全体を治療の対象とする**家族療法**、症状をあるがままに受け入れ、やるべき事に集中するように促す**森田療法**などが患者の状態に応じて導入される。　　　　　　　　　　（佐藤）

> **豆知識** 一般の内科的治療に加えて、積極的に心理療法をあわせて行う内科を「心療内科」という。心療内科ではおもに心身症と、身体症状を伴う神経症を治療の対象としている。

心身症になりやすい性格傾向

このような傾向は「過剰適応」と呼ばれる。

- これ、頼んでもいい?
- はい、(土日に出社すれば)大丈夫!
- これもやってくれる?
- はい、よろこんで!(残業すればできる)

ほかに、自分の感情への気づきが低下する傾向(アレキシサイミア)が認められる。

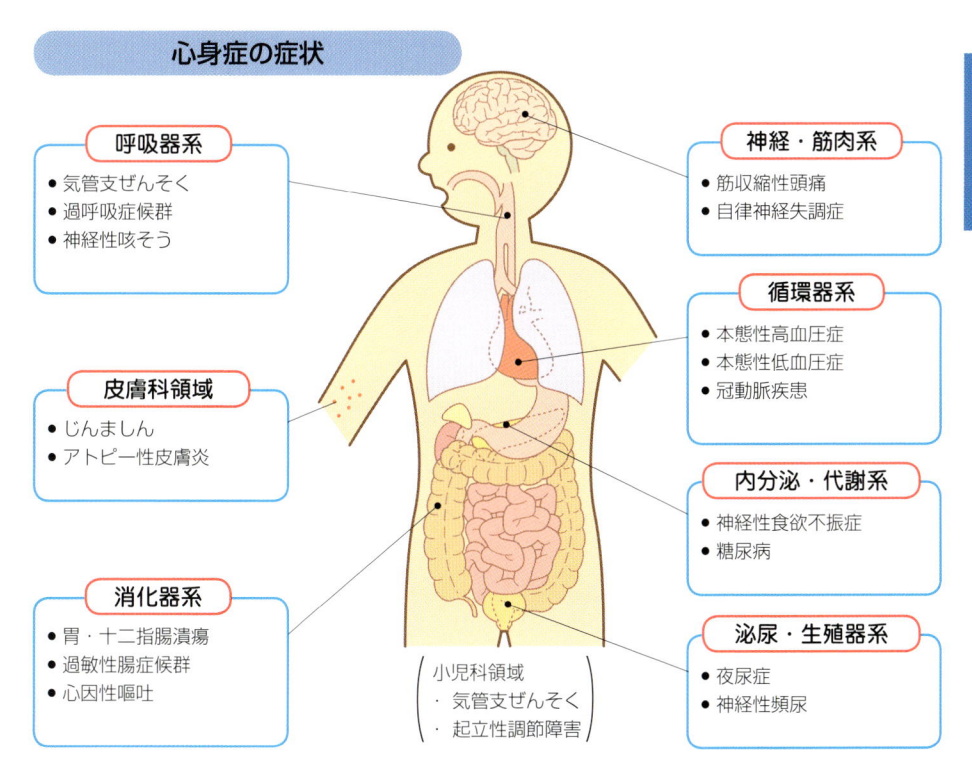

心身症の症状

呼吸器系
- 気管支ぜんそく
- 過呼吸症候群
- 神経性咳そう

皮膚科領域
- じんましん
- アトピー性皮膚炎

消化器系
- 胃・十二指腸潰瘍
- 過敏性腸症候群
- 心因性嘔吐

神経・筋肉系
- 筋収縮性頭痛
- 自律神経失調症

循環器系
- 本態性高血圧症
- 本態性低血圧症
- 冠動脈疾患

内分泌・代謝系
- 神経性食欲不振症
- 糖尿病

泌尿・生殖器系
- 夜尿症
- 神経性頻尿

小児科領域
・気管支ぜんそく
・起立性調節障害

豆知識 交流分析は、心の中を「親」「大人」「子ども」という3つの状態に分け、人との交流パターンの分析等を行う。最終的には、人生早期にその源をもつ「脚本」(人生プログラム)の修正を目指す。

パーソナリティ障害

> **Key word** **パーソナリティ障害** パーソナリティの偏りについては、昔から多くの呼び方と分類があるが、「精神病質人格」という考え方を経て、現在ではパーソナリティ障害という考え方が主流となっている。

パーソナリティの偏りとしてのパーソナリティ障害

　統合失調症、神経症というような明らかな精神障害は認められないにもかかわらず、周囲の人々と比較して、その人の行動、態度、対人的なかかわり、思考の様式などが著しく変わっている場合に**パーソナリティ障害**（人格障害）が疑われる。パーソナリティは一人ひとり異なっているものではあるが、所属する社会における期待から著しく隔たった体験、行動のために、著しい苦痛を伴うか、社会的、職業的にうまく機能できなくなっている場合をパーソナリティ障害という。

　パーソナリティ障害は青年期または小児期早期に始まる。当初は青年期の心理的な混乱と区別がつかない面もあるが、パーソナリティ障害は慢性的に持続するとされており、長期の経過を見て、確認されることも多い。

パーソナリティ障害の分類

　DSM-Ⅳ-TR（→p.174）によると、パーソナリティ障害はA〜Cの3群に大別され、さらに10の種類に分類される。

　A群は奇妙、奇矯さが特徴的であり、**妄想性、シゾイド、失調型パーソナリティ障害**が含まれる。**B群**は演技的で、感情表出がはげしく、気まぐれであるのが特徴的である。この群には、**反社会性、境界性、演技性、自己愛性パーソナリティ障害**が含まれる。**C群**は強い不安や恐怖を感じやすい群であり、**回避性、依存性、強迫性パーソナリティ障害**を含む。

　このうち、とくに治療の困難さから研究が重ねられてきたのが次の2つである。

●**境界性パーソナリティ障害**　対人関係、自己像、感情が不安定で、他者に対し、理想的な人だという感情を向けるかと思うと、全然ダメな人だと極端な見方の変化を伴うため、不安定で激しい対人関係になる。また、自殺企図や自傷行為がくり返され、対人関係の不安定さと行動化の激しさのために、治療が困難に陥ることが多い。

●**シゾイドパーソナリティ障害**　内向的で引きこもり、孤独を好み、感情的に冷ややかである。自分自身の思考と感情にとらわれていることが最も多く、他人と近づき、親しくなることをためらう。他者との情緒的な交流がきわめて困難であるため、心理療法を開始しても治療が中断にいたることも珍しくない。

　パーソナリティ障害は上記の2つに限らず、全般に治療の困難さが指摘されている。

（佐藤）

豆知識　映画「17歳のカルテ」における主人公スザンナ（ウィノナ・ライダー）や「危険な情事」のアレックス（グレン・クローズ）には、境界性パーソナリティ障害の特徴がよく表現されている。

パーソナリティ障害の分類

（DSM-Ⅳ-TR による）

A 群
妄想性パーソナリティ障害
シゾイドパーソナリティ障害
失調型パーソナリティ障害

B 群
反社会性パーソナリティ障害
境界性パーソナリティ障害
演技性パーソナリティ障害
自己愛性パーソナリティ障害

C 群
回避性パーソナリティ障害
依存性パーソナリティ障害
強迫性パーソナリティ障害

パーソナリティ障害とは

下の4つの領域のうち2つ以上において、その人が属する文化が期待するものより著しく偏った行動や心理の様式（パターン）が長期間持続する場合、パーソナリティ障害が疑われる。

認知（ものの見方・考え方）	感情性（情動の強さ、不安定性など）
対人関係機能	衝動の制御

※青年期の心理的な混乱と区別がつかない面もあり、長期の経過を見て確認されることも多い。

感情や自己像が不安定。対人関係も、相手への評価が「理想化」と「こきおろし」の両極を行ったりきたりするため、激しく不安定になる。衝動的で自殺企図も。

境界性パーソナリティ障害

もしもし、○○先生？……え？？
……ああ、そう。

慕う相手のことは、神様か何かのように思ってほめたたえもするが、非常に敏感に、相手の言動の中に些細な不信の種も見出してしまう。

あの医者、もう最低！
顔も見たくない！
お母さん、病院に文句言ってきて！
さっきまでは先生を神様みたいに言っていたのに……

何かのきっかけでいったん気に入らない点を発見すると、極端に評価を変えてしまう。あまりに両極端なので、対人関係が落ち着かない。

豆知識 パーソナリティ障害は自身のパーソナリティや行動の偏りを自覚しにくいため、治療意欲を維持しにくい。根気よい心理療法が治療の基本であり、必要に応じて薬物療法が併用される。

自己愛の病

> **Key word** 自己愛性パーソナリティ障害　人格の偏りの病の一つ。おもに誇大性と共感の欠如、賞賛を欲するなどを特徴とするが、一方で他人の目を気にしたり、過度に傷つきやすい面をあわせもつといわれている。

自己愛の2つの面

　自己愛（ナルシズム）の語源はギリシャ神話に出てくるナルシスの物語である。ナルシスは自分に好意を寄せる妖精の思いを無視し、女神から呪いを受ける。そのため水面に映る自分の姿に心奪われ、それを眺め続け、最後は水仙の花になってしまった。

　この物語の女神の呪いとは、ナルシス自身の恋が決して実らないようになるというものであった。ある程度成熟した心の働きがなければ、実りある恋をすることは難しい。そう考えると、自己愛はただうぬぼれが強いというだけでなく、未熟な状態であるともいえる。しかし一方で、人は成長しても多かれ少なかれ自己愛的な側面をもち続けるという指摘もある。自己愛によって、自分の力を信じて頑張り続けることもできる。

　これを発達にみてみよう。人は幼児期には、自分は何でもできるという思い（**万能感**）をもっている。ウルトラマンにもお姫様にもなれそうな気持ちである。まず子どもはこの万能的な自己愛を周囲の大人から認めてもらう必要がある。そうすると、その後だんだんと完全ではない自分を認めても安心していられるようになり、自己愛の幻想に浸らないでも生きていけるようになるというわけである。

自己愛の病

　しかし、この承認が得られないと、弱いところもあり、だめな面ももっている自分を認めることは、怖くてできなくなってしまう。等身大の自分を、ありのまま安心して受け入れ、認めることができなくなってしまう。それどころか、常に自分はすばらしく、完璧で万能で、平凡な人とは異なった特別な存在であると思い続けようとする。また、それを確かめるかのように周りからの賞賛を得ようとする。そうして、うまくいかないのは周りが愚かだからという思いこみの世界を生きることになる。ずいぶんと高慢な人になったり、自己愛を満たすために、特定の人と2人だけの世界に閉じこもってしまったりする。また人によっては、社会的に成功したり高名だったりする人に献身的に奉仕することで、自分もその人と同じようにすばらしいのだと思いこもうとすることもある。いずれも、自分の自己愛を満たすことが大事なのであり、結局自分のために他人を使っているだけである。こういう状態を、ときに**自己愛性パーソナリティ障害**という。　　（酒井）

> **豆知識**　自己愛性パーソナリティ障害の人は一見有能で自信に満ちているように見える。しかし内面は常に自分の不完全さに対しておそれや不安を感じている不安定なパーソナリティである。

自己愛が病になるとき

幼児期はみな万能感をもっている。

幼児期

（心の中の自分の姿）

幼児期にこれをまわりから承認されると……

お姫様じゃないけど、これでいいの！

まわりから承認されないと、自己愛の病に陥ることがある。表面は尊大だが、じつは自分の不完全さに対するおそれと不安でいっぱいだ。

私が認められないのは、あの人たちがバカだから！

自己愛性パーソナリティ障害（DSM-Ⅳ-TRによる診断基準）

自己愛性パーソナリティ障害は、誇大性、賞賛されたいという欲求、共感の欠如などが特徴とされ、右の9項目のうち5つ以上が当てはまる場合に診断される。
しかし、自己愛は誰でももっているもの。1つ2つ当てはまるのは自然なのだろう。

1	自己の重要性に関する誇大な感覚（業績や才能を誇張する、十分な業績がないにもかかわらず優れていると認められることを期待するなど）
2	限りない成功、権力、才気、美しさ、あるいは理想的な愛の空想にとらわれている。
3	自分が「特別」であり、独特であり、他の特別な、または地位の高い人たちにしか理解されない、または関係があるべきだ、と信じている。
4	過剰な賞賛を求める。
5	特権意識、つまり、特別有利な取り計らい、または自分の期待に自動的にしたがうことを理由なく期待する。
6	対人関係で相手を不当に利用する。つまり、自分自身の目的を達成するために他人を利用する。
7	共感の欠如。他人の気持ちおよび欲求を認識しようとしない、またはそれに気づこうとしない。
8	しばしば他人に嫉妬する、または他人が自分に嫉妬していると思いこむ。
9	尊大で傲慢な行動、または態度。

豆知識 自己愛的な側面をうまく生かしている職業の代表は芸能人であろう。常に人目にさらされるような職業や自己を表現するような仕事も同様である。自己愛とどうつきあうかが重要である。

家族の病

> **Key word　共依存**　もともとはアルコール依存の夫を妻が自己犠牲的に世話をするため、夫は妻に依存し、結果として、回復を遅らせている現象を指した。今日では、アルコール依存の枠を超えて広く用いられている。

家族の関係性の病

　家族の形が多様化する現代、家族とは何かを定義することは難しい。しかし、家族を形成するのは、親子関係や夫婦関係等あくまで人と人との関係である。

　家族関係が機能していない場合、それを**機能不全家族**と呼ぶ。たとえば、夫婦関係の不和、虐待がある、アルコールの問題を抱えている、世間体ばかり気にする家族等である。家族の誰か1人に原因があるわけではない。ひとりひとりが機能していても、お互いの歯車がかみ合わなければ機能不全家族となる。

　機能不全家族や機能不全社会の中で育つと、**共依存**が形成されていくと考えられている。共依存とは、人間関係そのものに嗜癖することである。たとえば母親が「子どもの人生は私の人生」と感じ、「あなたのために」などと言う。子どもは「お母さんのために」と母親の期待に沿うように行動する。自分を犠牲にして相手のために生きているようだが、じつは相手を支配しているのである。

家族の安心感を脅かすもの

　共依存は、家族の中に様々な問題を引き起こす。配偶者あるいはパートナーへの暴力である**ドメスティック・バイオレンス**（以下**DV**と略）もそうである。

　DVは、被害者に大きな心の傷を残すにもかかわらず、注目されるようになったのは、ごく最近である。DVは家庭の中のことなので介入できないという考え方や、家庭内のことを表に出すのは恥という意識が根強くあったからだ。

　DVには、殴る蹴る等の「**身体的暴力**」、日常的な罵り、無視等の「**精神的暴力**」、性行為の強要や避妊をしない「**性的暴力**」、生活費を入れないような「**経済的暴力**」、実家や友人と連絡をとれないように隔離する「**社会的隔離**」の5種類の暴力がある。

　DV被害者は、加害者から逃げることが重要だが、現実には難しい。DVには、3相のサイクルがある。加害者は、日々の苛立ちから暴力をふるった後、謝罪し、相手への愛を表現する。加害者は、暴力を「愛しているから」「相手が悪い」と正当化することもある。被害者は「この人には私しかいない」「暴力を受けたのは私が悪いからだ」等と思い、暴力がくり返され、次第に被害者は無力さを学習し無抵抗となる。DVは被害者だけでなく、その子どもにも深刻な影響を与えることがわかってきている。　　（太田）

豆知識　DVがある家庭の大半に、子ども虐待があることが報告されている。DVはそれを目撃した子どもにも不安、緊張、抑うつ、集中力の低下、自尊感情の低下という様々な影響を及ぼす。

DVの種類

身体的暴力
殴る蹴るなどの暴力。

精神的暴力
日常的な罵り、無視など。

性的暴力
性行為の強要、避妊をしないなど。

経済的暴力
生活費を入れないなど。

社会的隔離
実家や友人と連絡をとれないように隔離する。

DV ドメスティック・バイオレンス

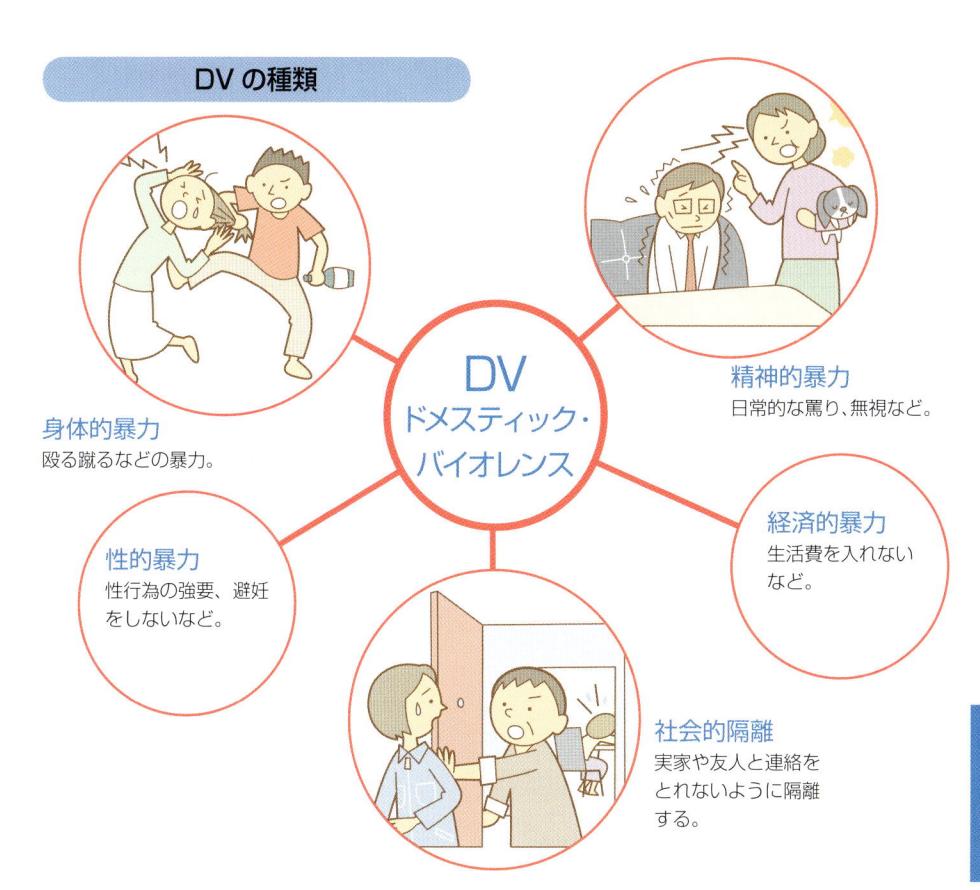

DVの被害者が陥るパターン

（Walker, Lenore, 1979より）

① 苛立ちと緊張の日々 → **② 暴力の爆発** → **③ 謝罪、愛情表現**

① 日常生活のストレスの中で加害者の苛立ちが募り、被害者が加害者を怒らせないようにと緊張した生活が続く。

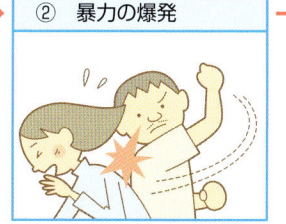

② 苛立ちや怒りが抑えられなくなり、些細なことから突如、抑制のきかない暴力へと発展する。

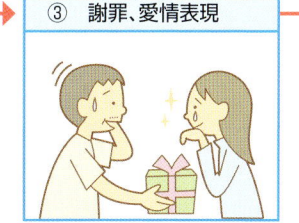

③ 加害者は「もう二度としない」と謝罪したり、愛を語り、贈り物をするなど、優しくなる。

（①〜③をくり返す。次第に被害者は無力感を学習して無抵抗になる）

第6章

豆知識 DV被害者の支援機関には、医療機関、警察、地域の女性センター、民間のシェルターなどがあり、生活、司法、心理面の支援を行っている。加害者の更生プログラムも開発されている。

摂食障害とジェンダー

Key word ジェンダー 「性」を意味する科学用語。女性学・ジェンダー研究者らが1970年代以降、広く用いるようになった。社会的文化的な性の側面を示す。一方「セックス」は、生物学的な性の側面を示す。

摂食障害とダイエット文化

特別身体的（器質的）な理由はないのに、心理的な原因によって食行動に異常を起こす病態を**摂食障害**と呼ぶ。これは、**不食（拒食）**による極端なやせを維持しようとする**神経性無食欲症**と過食を主症状とする**神経性大食症**に大別される。

摂食障害の発症率に、性差があること、先進国などに偏った地域差があること、現代において急増していることは、この病が社会や文化の規範に影響を受けている証である。

今やダイエットも、文化である。日本の17歳男性の平均体重は昭和23年には51.6 kg、平成15年では65.1 kg。一方、女性は49.2 kgから54.7 kgとなっている。体重の増加は、栄養事情の悪かった時代から飽食の時代へと変わった結果といえる。しかし、性差があまりにも大きく、17歳の女性の多くが体重コントロールをしている実態がうかがえるであろう。

ジェンダー規範と摂食障害の関係

私たちが美しいプロポーションと賛美する女性の身体像は、健康体重とか標準体重と呼ばれる身長と体重の割合よりも、かなりやせている。ちなみに私たちは、バービー人形並のプロポーションをもつ女性がどこにでもいるように思いこんでいるが、現実には、10万人に1人程度しかお目にかかれないそうである。そうなるためには、かなり人工的に身体を作る投資をしなければならないし、健康的な体重より随分やせなくてはならないのである。あまりに毎日あらゆるメディアを通して、外的な美の基準が送り続けられるので、私たちは、その基準にすでに「飲みこまれて」いるのだ。

摂食障害は、不健康な摂食パターンが継続する精神障害である。こうしたパターンの継続を最も強化し続けているのは、メディアであり、現代女性に美の基準（**ジェンダー規範**）として押しつけられる歪んだボディ・イメージなのである。

摂食障害がジェンダーの病といわれるのは、このようにジェンダー規範が人を苦しめるという意味である。

もちろん摂食障害は、命の危険もあるほど心身にダメージを受けるものであり、医療によるケアが必要である。しかし、それは個人の病理であるだけでなく、ジェンダー的視点からも読み解くことができる。こうしたアプローチは、社会や文化が私たちの心に及ぼす影響に気づくチャンスを与えてくれるのだ。　（青木）

豆知識 かつて同性愛も、ジェンダーの病といわれたことがあるが、1973年米国では、精神病のリストから除外されている。つまり病理や異常でないので、治療や矯正の対象とはみなされない。

摂食障害の診断基準 (DSM-Ⅳ-TR による)

■神経性無食欲症（拒食症）

①年齢と身長に対する正常体重の最低限、またはそれ以上を維持することを拒否する（期待される体重の 85% 以下になる）
②体重が不足していても、体重増加や肥満への強い恐怖がある
③自分の体重・体型に対するゆがんだ感じ方。自己評価が体重・体型の影響を過剰に受ける、または現在の低体重の重大さを否認する
④女性の場合は、無月経（連続して 3 回以上欠如する）

■神経性大食症（過食症）

①「むちゃ食い」をくり返す（ほとんどの人が同じような時間と環境で食べる量よりも明らかに多く食べる。食べるのをやめられない、食べる量を制御できない、という感覚をもつ）
②体重増加を防ぐために、嘔吐、下剤の使用などの代償行為をくり返す
③①と②が 3 ヶ月にわたり週 2 回以上起こる
④自己評価が体重・体型の影響を過剰に受ける
⑤①と②が神経性無食欲症の発症期間以外でも起こる

ジェンダー規範の影響

■実際の BMI と理想の BMI

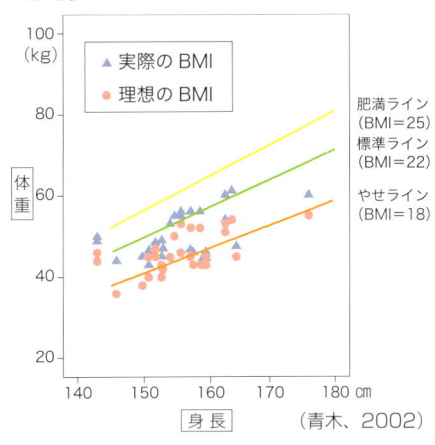

(青木、2002)

BMI ＝体重(kg)／身長×身長(m)。
上は、健康な女子大学生に聞いた実際の体重と身長、そして理想体重の分布。ほとんどの学生は、現在の体重が標準からやせの体重に位置していることがわかる。

このくらいにやせなきゃ！

■現代女性の理想のプロポーション

現代の女性たちはバービー人形のような体型を理想としているが、ここまでのプロポーションの持ち主は、自然のままの状態ならば 10 万人に 1 人程度だという。雑誌や TV ではこのような体型をよく目にするので、それがジェンダー規範となる。

豆知識 ＢＭＩ（ボティマス指数）は、22 となる値が健康的な標準体重とされている。DSM-Ⅳ-TR の基準では、標準体重の－15% 以上は摂食障害の基準の一つに相当する。

少年犯罪と現代社会

> **Key word　少年犯罪**　14歳以上20歳未満の少年による少年犯罪の数自体は減少傾向にあるが質は変化してきており、少年犯罪への精神医学的・心理学的アプローチも行われている。

少年犯罪の傾向

　少年犯罪とは、「改正少年法」（2001年施行）によると、14歳以上20歳未満の少年による違法行為である。この中には、実際に罪を犯した行為（犯罪行為）、法に触れた行為（触法行為）、将来罪を犯すおそれのある行為（虞犯行為）が含まれている。

　犯罪白書（平成18年版）によると少年犯罪の数自体は減っているが、1997年の酒鬼薔薇聖斗事件といわれた神戸連続児童殺傷事件をはじめ、凶悪事件が身近で起きる衝撃を世間に与えたことから、少年犯罪が注目されるようになった。

　少年犯罪の特徴として、戦後は生活苦から行う「困窮型」が多かったが、現在では薬物乱用、万引きや恐喝、女子少年による援助交際、オヤジ狩りといった集団リンチなどの享楽的・刹那的な「遊び型」、家庭や学校、地域でのストレスを上手に発散できず溜めこまれていたものが小さなきっかけで爆発し、一見犯罪からほど遠いと思われる少年が重篤で残虐な犯罪を起こす「いきなり型」が増えてきている。

少年犯罪と心の問題

　少年犯罪の審判や処遇にも心理学・精神医学的視点は重視されている。たとえば、事件や少年に関する情報を集めるとき、**家庭裁判所調査官**は心理学的・社会学的な視点も含めて資料をまとめ、裁判所に報告する。重大な事件の場合は鑑別所で資質鑑別が行われるが、そこでは精神科医の診察や心理検査・面接が含まれ、心の鑑別は必須である。

　重篤な少年犯罪と精神医学との関連において、反社会的、攻撃的な行動パターンを示す「**行為障害**」や「**反抗挑戦性障害**」と呼ばれる精神障害が注目されている。また、非行に関する心理学的研究から、外に現れた問題行動の背景には、**自己効力感**の低さや、イライラしやすい衝動性の高さなどのメンタルヘルスの不調や、児童虐待などの家族の機能不全が存在していることがわかってきている。こうしたことから、罪を犯した少年に対して、矯正だけではなく「心のケア」の必要性が言われ、精神医学や心理臨床と連携のもと、治療・教育・援助が行われている。少年院や児童自立支援施設などの施設では心理職が配置され、矯正教育だけでなく、心理面接や集団場面を活用した**ソーシャルスキルトレーニング**など心のケアが行われている。

（南山）

> **豆知識**　Head Start（米）、Sure Start（英）など国家を挙げた早期幼児教育が行われているが、そこには、少年犯罪や成人の犯罪を予防する目的も含まれている。

非行問題の心理的背景

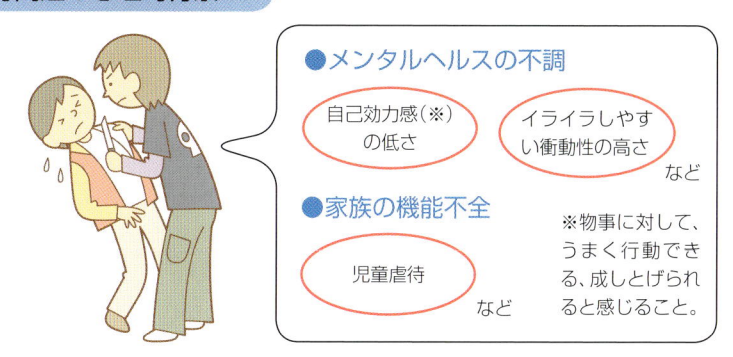

- ●メンタルヘルスの不調
  - 自己効力感(※)の低さ
  - イライラしやすい衝動性の高さ
  - など

- ●家族の機能不全
  - 児童虐待
  - など

※物事に対して、うまく行動できる、成しとげられると感じること。

少年院における心理教育

いかに誘いを断るか
- 誘いの内容はきかない
- きっぱりと断る
- 「しんどいから」と断る

少年院や児童自立支援施設では、臨床心理の専門家がソーシャルスキルトレーニングなどの心理教育を行っている。

罪を犯した少年への処遇

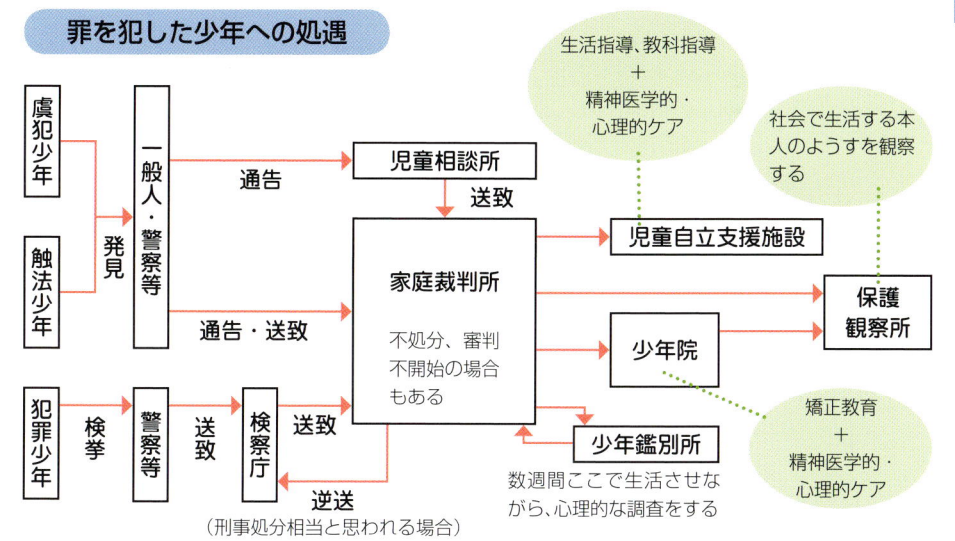

- 虞犯少年・触法少年 → 発見 → 一般人・警察等
  - 通告 → 児童相談所
  - 通告・送致 → 家庭裁判所
- 犯罪少年 → 検挙 → 警察等 → 送致 → 検察庁 → 送致 → 家庭裁判所
  - 逆送（刑事処分相当と思われる場合）

家庭裁判所（不処分、審判不開始の場合もある）
- → 児童相談所 送致
- → 児童自立支援施設（生活指導、教科指導 + 精神医学的・心理的ケア）
- → 少年院（矯正教育 + 精神医学的・心理的ケア）
- → 少年鑑別所（数週間ここで生活させながら、心理的な調査をする）
- → 保護観察所（社会で生活する本人のようすを観察する）

豆知識 少年院には、初等少年院(14〜16歳)、中等少年院(16〜20歳)、特別少年院(犯罪傾向の進んだ16〜23歳)、医療少年院(心身に著しい故障のある14〜26歳)の4種類がある。

Column

精神科と臨床心理士

様々な医療現場にいる臨床心理士

　臨床心理士の活動する医療現場は、精神科に限らず、多岐にわたっている。

　たとえば小児科であるが、子どもの心の問題は、頭痛や腹痛などの身体症状として現れることがよくある。母子関係に問題を抱える場合も多いため、小児科では母親も含めて援助の対象とすることが多い。問題がこじれる前に、数回の面接・助言により予防的な介入を行うこともある。

　心療内科では、心身症（→ p.178）の患者を治療の対象とするが、ここも臨床心理士の活動領域である。患者は最初、純粋な身体の病気と思い受診するため、臨床心理士による心理療法では、身体の症状と心の問題とを結びつけて理解できるように援助することが多い。

精神科での臨床心理士の役割

　同じ精神科といっても、利用しやすい立地にあり、外来のみのメンタル・クリニック、内科等と並んで設置されており、外来のほかに入院治療も行われる総合病院の精神科、多くは郊外にあり、入院治療（とくに閉鎖病棟）が充実している単科の精神病院など、それぞれに特色がある。患者側からすれば総合病院の精神科やメンタル・クリニックは最初に利用しやすい場だといえるだろう。そのため、軽症から重症の患者までが受診することになる。それに対して単科の精神病院では入院治療が必要とされる、より病理の重い患者、とくに統合失調症患者が多くなると思われる。

　精神科全般の臨床心理士の仕事は、第一に心理検査を行うことである。検査結果は、診断や治療の方針を決める資料として活用される。次に、心理療法を行うことがあげられる。これは時間と場所を決めて、多くは週に1回、ある程度長期間にわたって会うという形で心理的変化を促すものである。この他、家族に対する援助も行われる。精神病院においては、統合失調症の軽症化により、統合失調症患者への治療と同時に社会復帰への援助も重視され、ここにも臨床心理士がかかわることがある。

　残念なことに、精神科であっても全ての機関に臨床心理士がいるとは限らないのが現状である。それは臨床心理士がまだ国家資格になっていないことが大きな理由と思われる。

〈佐藤〉

第7章

心のケアと支援
臨床心理学の実践

カウンセリングと心理療法

> **Key word**
> **カウンセリング** クライエントの個人的な問題、関心、願望に対して、それらの話を対面して一緒に聞きながら、心理学的な理論やコミュニケーションスキルを応用して対処する専門行為のこと。

カウンセリングと心理療法のちがい

●**カウンセリング** 語源はラテン語で「相談する」という意味がある。カウンセリングを行う人を「**カウンセラー**」、カウンセリングを求める人を「**クライエント**」と呼ぶ。

心理学の領域では、カウンセリングと並んで、心理療法（サイコセラピー）という用語も多用されている。

●**心理療法** 精神障害や同種の問題に対する心理学的な方法による治療である。個人がそれまで身につけてきたパーソナリティや行動傾向が、様々な不適応の根拠として考えられる場合に、それらの変化を目指す。「セラピスト」というのは、「治療者」のことであり、精神分析療法、家族療法、行動療法、といったそれぞれの心理療法の理論と技法を訓練して身につけ、それを行う人を意味する。

なお、対象が低年齢の子どもの場合、カウンセリングを行うことはなく、**遊戯療法**などの心理療法が適用される。

カウンセリングは、はっきりと精神的な疾患とはいえないほどの、軽い行動的問題を扱う広義の心理療法と位置づけられているが、代表的な心理療法家の**ロジャーズ**のように、自らの心理療法をカウンセリングと称している場合もあり、これらの用語の線引きは、必ずしも絶対的なものではない。日本では、これらの心の援助を包括して**心理臨床**と呼ぶ。

心理臨床（カウンセリング・心理療法）の共通目的と適用範囲

心理臨床が目指すところは、大きく分けて①**心理的な要因が関与する症状の除去、低減**、②**人格の成長、自己実現**である。①の治療的な側面と②の教育的側面の両者が目指されている。

心理臨床は、症状の除去や改善を目指して始まり、次第に適応力を身につけられるようクライエントを導く。さらにその過程で、クライエントは、自分の問題や自分の性格などについて、新しい理解、すなわち洞察を得る。この体験が鍵となって、最終的に自分自身の内面的な成長をもたらすのである。この過程は、全ての心理臨床的アプローチに共通する。

現代においては、クライエント自身が自分の健康や社会適応について主体的に考え、予防的に問題解決できることが重視され、それを可能にする援助のあり方が求められるようになった。これによって心理臨床は、医療、教育、企業、地域といった広い範囲で、様々な活動が求められるようになっている。 （青木）

豆知識 サイコセラピー（psychotherapy）は、おもに医学領域では、精神療法と訳され、心理学領域では、心理療法と訳されることが多い。実際には、両者にそれほど明確な差異はない。

カウンセリングと心理臨床

心理臨床

心理療法（サイコセラピー）
特定の心理学的な方法による治療。行動療法、精神分析療法など

カウンセリング
心理学的なスキル・理論を用いた援助。非指示的に話を聞くことが多い

私が行っている心理療法はカウンセリングです。

C. R. ロジャーズ（→ p.52）

このように言う心理療法家もいて、実際にはカウンセリングと心理療法の線引きは難しいが、両者を含めて「心理臨床」と呼ぼう。

心理臨床・実践の領域

医療：心理的原因による症状・疾患をもつ人、身体疾患とともに生きる人の苦痛や葛藤に対処する。

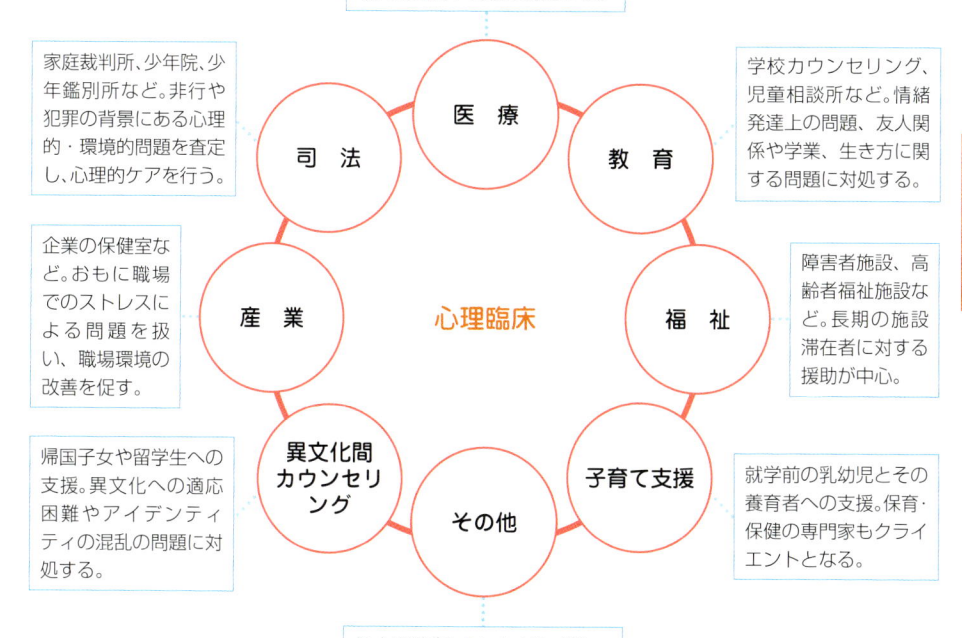

教育：学校カウンセリング、児童相談所など。情緒発達上の問題、友人関係や学業、生き方に関する問題に対処する。

司法：家庭裁判所、少年院、少年鑑別所など。非行や犯罪の背景にある心理的・環境的問題を査定し、心理的ケアを行う。

産業：企業の保健室など。おもに職場でのストレスによる問題を扱い、職場環境の改善を促す。

福祉：障害者施設、高齢者福祉施設など。長期の施設滞在者に対する援助が中心。

子育て支援：就学前の乳幼児とその養育者への支援。保育・保健の専門家もクライエントとなる。

異文化間カウンセリング：帰国子女や留学生への支援。異文化への適応困難やアイデンティティの混乱の問題に対処する。

その他：個人開業（カウンセリングルーム、メンタル・クリニック）など。

馬場禮子著『改訂版 臨床心理学概説』（放送大学教育振興会）をもとに作成

豆知識 カウンセリングも心理療法も成人の問題解決を想定した理論と技法である。性格形成期の子どもや乳児期の早期の親子関係の問題などへの対応は、独自の心理臨床分野の発展がある。

心理療法の種類

> **Key word**
> **認知的スキーマ** 人が外界に対してもつ核となる仮定、すなわち認知的な信念のこと。スキーマは、人生初期か非常に危機的な体験をしたときに形成され、個人の体験の知覚や解釈に影響を及ぼすようになる。

心理療法の種類は、いくつある？

たとえばカウンセリング化粧品などというように、セラピーやカウンセリングという言葉自体は、**心理療法**とは全く別の意味で巷のあちこちで使われている。それもセラピーの一つと思う人があっておかしくないほどである。とくに心身の癒し（ヒーリング）への人々の渇望は強く、このあたりをセラピーと称して、様々なサービスを提供するビジネスが繁盛する。実際、専門家が認める心理療法も、数え切れないほどの種類がある。およそ300は軽く超え、毎年必ず新しい心理療法が誕生しているといってもいい。

心理療法は、各々の基礎理論に加えて、対象（個人か集団か、家族かなど）や、表現媒体（**箱庭療法**や絵画療法など）によっても分類できるが、その時々の目的による便宜的なものと考えてほしい。

たとえばルーマニア出身の精神科医J. L. モレノ（1889-1974）によって考案された**サイコドラマ**は、即興劇という表現媒体を用いた集団精神療法といえ、一つの心理療法でも、理論と対象が重複して分類される場合が当然ある。

心理療法のアプローチ

星の数ほどある心理療法とはいえ、理論的な背景の根っこは、フロイトを中心とする**精神分析的アプローチ**、ロジャーズあるいはマズロー（1908-1970）を中心とする**ヒューマニスティックアプローチ**、**認知行動的アプローチ**、さらにはシステム論的アプローチなどに集約されてくる。

認知行動的アプローチは、米国の精神科医ベック（1921-）が**認知療法**を抑うつ症状の治療モデルに適用したことが最もよく知られている。クライエントの不適切な**認知的スキーマ**に働きかけて、情緒状態を変化させることを目指す。その過程で、行動を具体的に変えるための学習理論（→p.24）を用いたワークも積極的に行われている。また、様々な理論的背景をもつ**家族療法**のうち、**システム論的アプローチ**では、子どもの呈する症状は、家族全体のシステムがうまく機能していないことを示すサインなのだととらえる。そこでその家族内の独特で固定化したコミュニケーションパターンや、その家族の世代間の秩序の混乱（たとえば、夫婦の不仲の問題に子どもが無意識に巻きこまれて、母親の代わりに父親と闘争しているような場合など）に介入することによって、家族全体の姿を変えようとする。

（青木）

豆知識 行動療法とは、学習理論に基づいた心理療法である。伝統的な心理療法が目指すパーソナリティの変容や洞察などというものを直接的な目標とせず、不適切な行動の変容を目指す。

心理療法の様々な分類

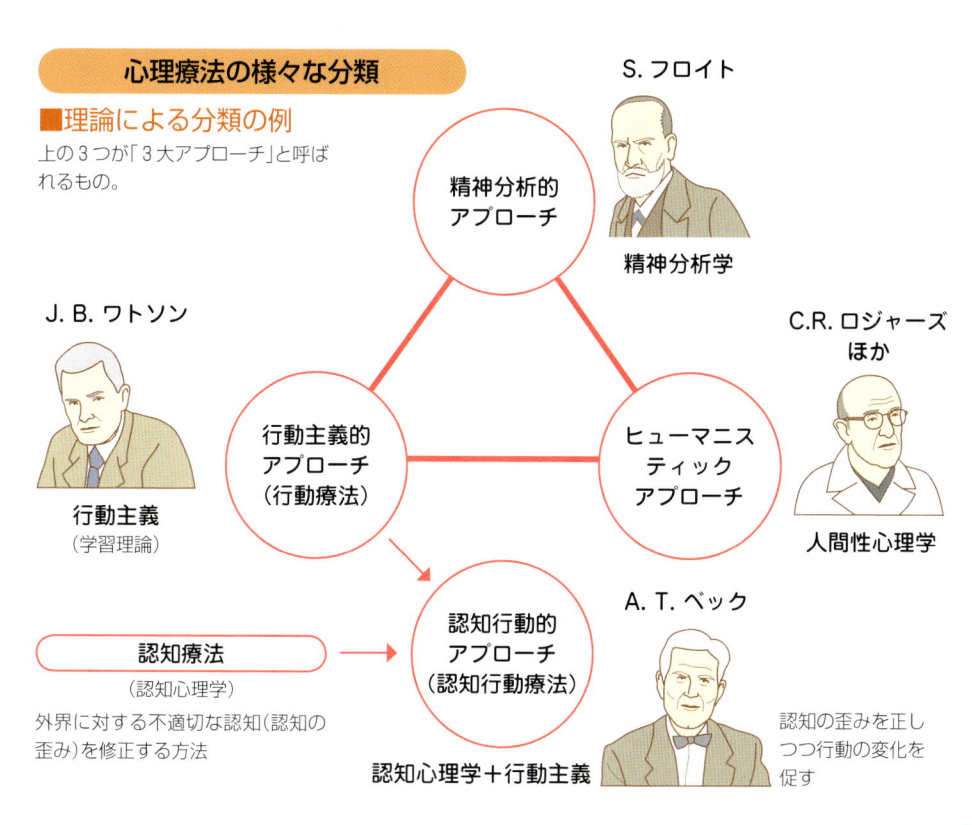

■理論による分類の例

上の3つが「3大アプローチ」と呼ばれるもの。

- **精神分析的アプローチ** — S. フロイト（精神分析学）
- **行動主義的アプローチ（行動療法）** — J. B. ワトソン（行動主義／学習理論）
- **ヒューマニスティックアプローチ** — C.R. ロジャーズ ほか（人間性心理学）
- **認知行動的アプローチ（認知行動療法）** — A. T. ベック（認知の歪みを正しつつ行動の変化を促す）
  - 認知心理学 ＋ 行動主義

認知療法（認知心理学）
外界に対する不適切な認知（認知の歪み）を修正する方法

■対象による分類の例

個人療法
問題を抱えた個人が心理療法の対象となる。
（セラピスト ― 本人）

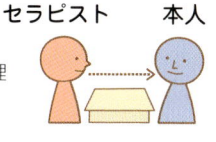

家族療法
家族間の関係性に注目し、本人の家族も心理的ケアの対象となる。
（父・本人・母・祖母／セラピスト）

集団療法
様々な人間関係を体験しながら集団内で互いにケアされる。
（セラピスト／クライエント（多数））

■表現媒体による分類の例

箱庭療法
セラピスト立ち会いのもと、砂の入った箱にミニチュア玩具を置いて情景を作る。

絵画療法
絵を描くことを通して内面にあるものを自己探求したり、あるいは心を解放したり、緊張をほぐす。

※しかし、これらの分類はあくまで便宜的なもの。詳しくは本文を参照。

豆知識 箱庭療法とは、72 × 57 × 7 cmほどの箱の中に砂を入れ、ミニチュア玩具を使って、自分の好みの情景を作りあげる。児童から成人まで適用でき、心の調和や全体性の回復を目指す。

心理アセスメント

Key word　**心理アセスメント**　個人の性格を何らかの方法でとらえ、見立てること。心理査定ともいう。面接や心理検査など様々な情報を統合していく。医療領域に限らず、教育、矯正領域などにおいても行われている。

診断とアセスメントのちがい

個人の性格を一定の方法で査定することを、かつては心理診断、あるいは性格診断とも呼んでいた。しかし「診断」は、医師が行うものである。

心理アセスメント（心理査定）は、医療以外の目的でも行われる。対象となるその人が、病であろうと無かろうと、その人の人間としてのあり方（パーソナリティ）と、そこから問題の改善・解決への可能性について、方針を立てることが目的となる。

また、たとえば、リーダーシップのとれる資質のある者を見出そうという場合、見立てるべき心理学的側面を病理に限定せず、もっと積極的に広い意味で、様々な資質や特性をとらえようとするであろう。このようなときは、アセスメントという表現が適切である。

心理アセスメントの種類

心理アセスメントの方法は、面接法、行動観察法、**質問紙法**（→ p.198）、**投映法**（→右ページ）に分類される。他に、**知能検査**や**発達検査**（→ p.112）が加わることが多い。また作業検査法、記銘力検査などの神経心理学的アセスメントに用いられる検査がある。

アセスメントの特徴は、上記の方法のちがいと共に、質問の仕方にもみられる。つまり、あらかじめ用意された質問に対して、イエスかノーかで答えるように構造化されたものから、まったく自由に語らせる非構造な質問まで幅がある。前者の方が、表層的だが検査者が誰でも、ある程度客観的で信頼性のある資料が得られる。逆に被検者側の自由度が高くなるほど、客観性が低下するが、その人ならではの問題や特徴に関する情報を得るのに適している。それぞれの方法が得意とする情報があり、ひとつの検査が万能というわけではない。したがって、パーソナリティをよりよく理解するためには、複数の方法を組みあわせた**テストバッテリー**が使われている。

テストバッテリーとしては、パーソナリティを多面的で多次元的に見られるような組み合わせ方が望ましいといわれる。多面的とは、知的側面、感情的側面、対人関係、家族関係など様々な面から見るということである。多次元的というのは、回答するその人の意識の水準とも呼ぶべきところで、自分ではふだん気づかない心の深いところでもっている特性に迫ろうというものである。　　（青木）

豆知識　近年の心理アセスメントの活用目的は、その人の精神的な病理の検査のみならず、QOL（→p.204）や主観的なウェルビーイングをはかることも重視されている。

おもな心理検査法（投映法）

質問紙による検査（→ p.198）と並んで代表的な検査法である、投映法のおもなものを紹介する。
（なお、図はいずれも模擬図版で、実際のものとは異なる）

■ロールシャッハ・テスト

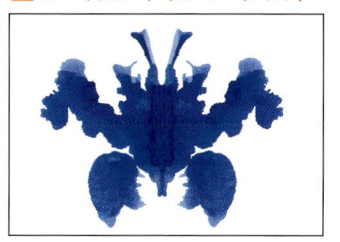

インクのシミでできた曖昧な図（インクブロット）10 枚を刺激として与え、何に見えるかを問う。

■TAT（主題統覚検査）

20 枚のモノクロの絵画を見せて、その状況や人物の気持ちなどを物語にして語らせる。

■SCT（文章完成法）

・私は、よく人から＿＿＿＿＿＿＿＿＿＿＿＿。
・子どものころ、私は＿＿＿＿＿＿＿＿＿＿＿＿。

空欄に言葉を補う。

心理アセスメントの投映水準

表の下にいくほど、被検者がそのねらいを予測しにくい検査であり、また、示される刺激は感情や感覚にうったえやすいものになる。したがって、心の深い部分が検査結果に表れやすくなる。上の方ほど、対社会的態度（本人が自覚的に統制した態度）が表れやすい。

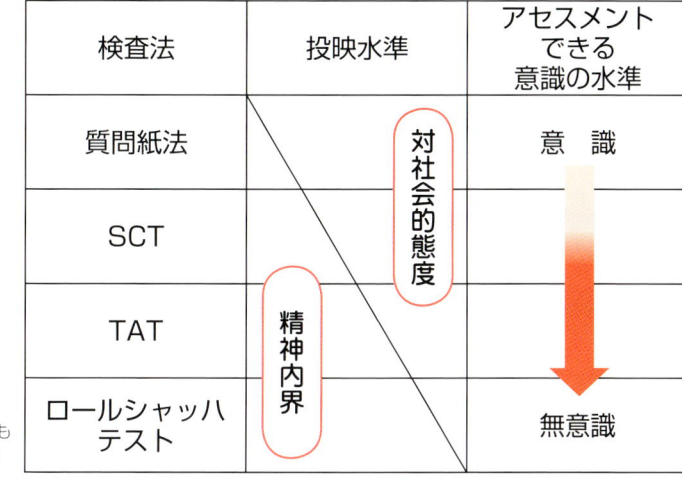

検査法	投映水準		アセスメントできる意識の水準
質問紙法		対社会的態度	意識
SCT			
TAT	精神内界		
ロールシャッハテスト			無意識

馬場、1969 をもとに著者が作成

豆知識 神経心理学的検査も、重要なアセスメントである。f-MRI や PET などの脳画像診断の技術進歩と共に、神経疾患による、より高次の脳機能への影響について詳細な検討が行われている。

心の状態の自己チェック

Key word **質問紙法** 複数の質問に対して、回答を求める調査法。簡単に実施でき、統計的な信頼性と妥当性が確認されているが、被検査者が意識的に回答を歪曲できることに留意する必要がある。

心の健康状態に気づく

身体の調子の変化には、比較的気がつきやすい。高熱が出る、咳が出るなどの症状が出れば、治療を受けたり、休息をとるだろう。それに比べて、心の調子の変化には気がつきにくいといわれる。

たとえば、「なんだかやる気が出ない」「ささいなことでイライラする」「無性に泣きたくなる」等は、心の不調のサインの一つである。しかし、「怠けているだけ」「性格の問題」などと捉えて、心の不調と捉えない場合があるのではないだろうか。これらのサインは、生活環境の急激な変化やストレスに対する正常な反応である場合と、何らかの精神疾患の症状である場合とが考えられる。どちらの場合も早期ケアが大切である。また、不調になる前にセルフコントロールを行うなど、予防の重要性が指摘されている。

予防や早期ケアの第一歩は、自分の心の状態に気づくことである。心理アセスメントの中で、**自己チェック式アセスメントツール**を用いることが有効である。それは、最近の自らの状態に関する複数の質問項目に答えることによって、心の健康状態を客観的にとらえる**質問紙法検査**であり、自覚症状を整理するのに適している。その結果を通して、自分の心の状態に気づき、現在抱えている問題を整理することができる。時に、質問項目に回答することが、自己の状態を他者に開示するきっかけとなり、相談意欲が生まれることもある。現状をふり返り、不調に影響している要因や好調な状態を維持するポイントに気づくこともある。

自己チェック式アセスメント

自己チェック式のアセスメントツールには様々なものがある。以下に、包括的な心の健康を測定する代表的な検査をいくつか紹介する。

GHQ 精神健康調査票は、12歳〜成人を対象とした、身体的症状、不安と不眠、社会的活動障害、うつ状態に関する因子から構成されている質問紙である。

CMI 健康調査票は、14歳〜成人を対象とした、心身両面にわたる18種の自覚症状を同時に測定することができる質問紙である。

その他に、**抑うつ状態**や不安など、特定の精神症状を測るツールがある。また、発達的変化や言語能力のちがいを考慮して、学校で使用できるよう、学齢期の児童生徒に適したアセスメントツールも開発されている。

（森）

豆知識 心の健康は、メンタルヘルスともいわれる。WHOは、健康＝「疾病状態でない」ということにとどまらず、「心理的、社会的により良好な状態である」ことを含むと定義している。

心の不調と身体の不調

□ 咳が出る。

□ 無性に泣きたくなる。

□ 熱が出る。

□ ささいなことでイライラする。

→ 身体の不調のサイン
これらのサインには気づきやすい。

→ 心の不調のサイン
これらのサインには気づきにくい。

自己チェック式アセスメント

質問紙法による、自分でできるアセスメントもある。下は、中学・高校生の心の健康を測る自己チェック式アセスメントツール。

(青木, 2007)

豆知識 職場におけるメンタルヘルスへの関心が高まっている。個人の心の健康が損なわれた場合、企業全体の経済的損失となるため、心の健康を高めることも求められている。

コミュニティ心理学と地域支援

Key word **コミュニティ** 地域・地域社会、あるいは学校や企業などの共同体を意味する。コミュニティ心理学では、援助する人もされる人も、地域社会に住み、地域の一員として共同生活を営む対等な関係が前提となる。

スクールカウンセラーが学校で行うコミュニティ心理学的アプローチ

たとえば、全校生徒600人の小学校に働くスクールカウンセラー（以下ＳＣ）の活動を考えてみよう。単純に、生徒1人1時間の相談を毎日5人に行ったとしても、短期間で全校生徒の心の健康状態を把握することは不可能だ。

ＳＣは、まず個人的なケアの必要が高い人と、そうでない人を見分け、そして今はとりあえず困っていない生徒に対しても、予防的なかかわりをしていくことが求められている。

また、1人の生徒が抱える悩みや問題は、家族や学校や地域などのもっと大きな背景の中で生じている場合も多々ある。このように、生きた生活の場に入って心の支援を行うためには、悩んでいるその人の内側だけに問題がある、と考えるだけでは足りない。少なくとも、その人が所属する様々な集団との関係の中で、問題を見直してみることが大事だし、学校生活全体がよりよくなるような働きかけが重視される。このような視点を強くもった心理学的なアプローチが、**コミュニティ心理学的アプローチ**なのだ。

予防と様々な人とのコラボレーション（協働）が活動のポイント

さらにコミュニティ心理学的な観点からは、自分もその地域や共同体の一員であるという**コミュニティ感覚**をもちながら、心理臨床活動を行うことを重視する。とかく専門機関にこもって、心理相談ばかりしていると、その自覚に乏しくなりがちだが、コミュニティ心理学的アプローチでは、どんどん地域に出かけていく必要がある。

ここでは、心理学的な知識によって援助を与える人と援助を受ける人、という関係よりも、お互いに協力しあって問題の解決、改善にあたろうとすることがポイントである。

先述の学校ならば、子どものメンタルヘルスを良好な状態にするために、危機介入と予防策の両方に対応していく。危機的な状況では、現場の教師がすぐに活用可能な心理学の専門的アドバイスを行う**コンサルテーション**が求められる。

こうして教師や保護者、学校医や養護教諭など、たくさんの人たちと、目標に向かってともに働くことを**コラボレーション（協働）**という。

また、たとえば、いじめの問題や薬物乱用など様々な問題の予防活動として、心理教育プログラムを企画し、実施することもある。　　　　　　　　　　（青木）

豆知識 コミュニティ心理学は、1965年米国で地域精神保健活動の理念と技法について話し合われたボストン会議がその出発点といわれているように、心理学の中でも比較的新しい分野といえる。

コミュニティ心理学の考え方

1人の人間が生活しているとき、その人は家族、地域など様々な社会的文脈から影響を受けている。個人の心の問題をその人の中にだけ求めるのではなく、その人をとりまくコミュニティにも働きかけるのが、コミュニティ心理学的アプローチである。

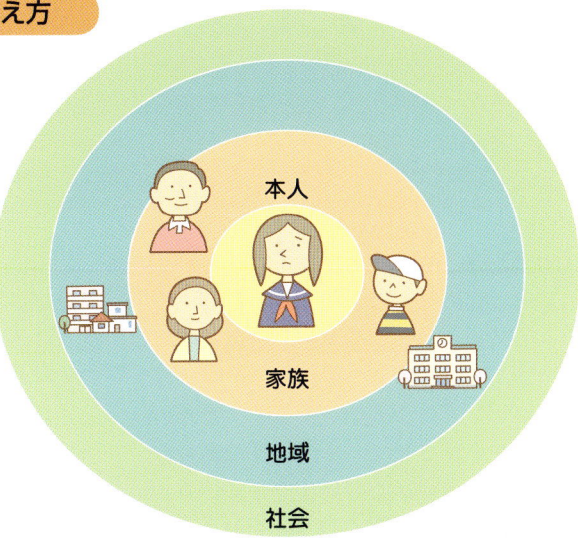

本人
家族
地域
社会

コミュニティ心理学的アプローチの例

スクールカウンセラーによる、不登校の中学生への心理的支援の例。

本人へのアプローチ
面接などを通して本人の心の状態を知り、援助方法を考える。

家庭へのアプローチ
「学校で子どもたちが安心感をもってすごすためには‥」
保護者への啓発目的の勉強会を行う。

教師・学校へのアプローチ
「いじめは学級・学年・学校全体で「絶対に許さない」という姿勢でいきましょう。」
「それがいいですね。」
教師たちが「いじめ対策」について話し合う際に立ち会う。

豆知識 EAP（従業員支援プログラム）は、企業が外部団体と契約して社員の心の健康をサポートする。コミュニティ心理学的アプローチの典型例であり、米国トップ企業の大半に採用されている。

心の支援の専門家

Key word　**臨床心理士**　文部科学省を監督官庁とする(財)日本臨床心理士資格認定協会によって与えられる資格。心の支援の専門家としての一定の知識と技能の訓練を受けていることが条件。5年ごとに更新の必要がある。

心の支援とは

　心の支援の基本は、困っている人を何とかしてあげたいという素朴な思いの延長にあるものである。しかし、現実には素朴な思いだけで手助けすると、かえって状態を悪化させてしまうような苦しみや悩み、あるいは心の病を抱えている人がいるのもまた事実である。そのようなときには、心の支援の専門家による援助が役立つことがある。

　そのような専門家の一つに**臨床心理士**とよばれる人たちがいる。臨床心理士は、次の4つの内容をおもな仕事としている。❶**心理検査**を使い心の問題について適切に理解すること。❷**心理療法**や**カウンセリング**を通して心の問題の解決の援助をすること。❸心理的な視点から地域の福祉や**精神保健**に役立つ仕事を行うこと。そして、❹これら3つの活動をよりよいものとするために学術的な**調査・研究**を行うことである。

　つまり、心の問題で悩んでいる人に対して、その問題の心理的な意味や成り立ちなどを探り、適切な援助法を考え援助する。また地域の精神保健などの向上に協力したりする。そして、それらの活動を通して得られた有用な知識や新しい心理援助の技法を、学術学会などを通じて広く知らしめていくのである。

資格と職業

　日本には、未だ心の援助の専門家に相当する国家資格はない。そのため、専門家を名乗ることは自由であり、残念ながらまっとうとは言い難い行為が行われることもある。そこで文部科学省の許可のもとに、心理相談にかかわる複数の学術団体が協力し設立した「**財団法人日本臨床心理士資格認定協会**」が、心の支援の専門家としての基本的な水準を満たしていると認定した人に対して与えている資格の名称が臨床心理士である。心理の資格の中では内容的に公共性の高い資格の一つといえるだろう。

　ただし、臨床心理士は職業の名称ではない。支援を行う場は医療・教育・福祉・司法・産業など様々な分野にあり、分野ごとに様々な職業名がつけられている。医療分野で働く場合は**心理士**、教育分野だと**スクールカウンセラー**や心理相談員などと呼ばれる。臨床心理士の資格がなくてもこういう職場で働くことは可能だが、多くの場合、臨床心理士の資格を有することが望ましいとされる。

（酒井）

豆知識　心の問題がクローズアップされるにつれて、専門家を臭わせる非常に紛らわしい名称が肩書として使われることがある。臨床心理師という一文字ちがいの名称などである。

臨床心理士のおもな仕事

❶ 心理検査(アセスメント)を通じて心の適切な理解をする

❷ 心理療法やカウンセリングを通して心の問題の解決を援助する

❸ 地域の精神保健や福祉に貢献する
(コンサルテーション、母親学級など) 

❹ 学術調査、研究、発表 
(心理療法の事後調査を行い治療効果をみたり、よりよい方法を模索)

臨床心理士という資格

図のようなしくみで認定される。資格取得後も、研修会への参加等を通して協会から一定の評価を受け、資格を更新する必要がある。

```
(財)日本臨床心理士           協会認可の第1種指定     協会認可の第2種指定
資格認定協会                  大学院を修了            大学院を修了後、心理
                                                     臨床経験1年以上
心理臨床に関連のある16       医師免許取得後、        外国で上記と同等の
の学術団体(学会)の総意に     心理臨床経験2年         教育歴をもち、心理
基づいて設立された協会       以上                    臨床経験2年以上
```

→ 認 定 → **資格審査**
臨床心理の基礎知識と技能の審査。筆記試験と口述面接試験による。
※第1種指定大学院の発展像である「専門職大学院」の修了者は小論文を免除

→ **資格取得**

→ 認 定 → **5年ごとに更新審査**

豆知識 臨床心理士の資格を得るためには、専門教育を行うと認定された大学院(指定大学院という)で修士課程を修了することが必要である。専門家の養成には、時間と手間がかかるのである。

ケアと支援の現場①医療現場

> **Key word　緩和ケア**　WHOは、生命を脅かす病にかかった患者とその家族に対し、痛み、身体的問題、心理社会的問題、霊的な問題に適切に対応し生活の質を改善するアプローチである、と定義している。

死や痛みと向き合う人への援助

多くの動物の中で、自分がいずれ老いて死んでしまうことをこれほどよく知っているのは人間だけであろう。死は人間にとって大きな問題である。だからこそ治る見こみや治療手だてのない病気にかかったり、遺伝的な病をもっていることを知ったときの心理的ショックは大きいものがある。

延命処置以外の医療手だてがないときに、亡くなるまでの期間を人としての尊厳を保ち心を穏やかに過ごせるようケアすることをターミナルケアといい、その目的で作られたのがホスピスである。そこでは死への恐怖・不安を和らげ心の安定と平穏を保てるように援助が行われる。また病への治療に加え、患者の生活の質（quality of life；**QOL**）を高めるために身体的、精神的、社会的苦痛や魂の問題についても援助が行われている。これを**緩和ケア**という。心理学的手法は、カウンセリングが中心であるが、痛みの緩和には催眠法も用いられている。このような心理的援助は、がんだけでなくHIV、遺伝疾患などそれぞれの病の心理・社会的特性に合わせ、様々な形で行われている。

サイコオンコロジー、HIVカウンセリング、遺伝カウンセリング

サイコオンコロジーは、日本語で精神腫瘍学という。がんの患者や家族に生じる心の問題を扱う分野である。がんと共に生きるということが誰にでも起こりうる現在、がんになったときの生活の質を支える重要な分野である。

HIV／AIDSは、現在完治する方法が見つかっていない性感染症である。AIDSを発症すると免疫力が低下し体力が落ち、加えて薬物治療のために日常生活の制限が大きくなる。また、偏見や差別への恐れから孤立し、自暴自棄になったりすることもあり、治療とQOL維持のためにHIVカウンセリングは極めて重要な役割をもつ。また、予防のための啓蒙活動も重要な役割である。

遺伝カウンセリングは、とくに遺伝の問題を扱う。しかし一口に遺伝といっても医学の進歩に合わせて、生活習慣病やがんになりやすさなどの体質の問題、遺伝性の先天性異常などに関する出生前診断の問題など多岐にわたっている。もはや単に遺伝という枠組みを超えて、これらの問題で悩む人に、適切な知識をもち相談をうける能力を身につけた専門家の援助が不可欠となっている。　（酒井）

豆知識　AIDS（エイズ）とは、HIV（ヒト免疫不全ウィルス）感染により免疫が極度に低下し、その結果様々な感染症にかかりやすくなったり悪性腫瘍になりやすくなる状態をいう。

病名告知後のストレスと心理的支援
（がんの場合）

[告知によるショック]
がんなど、生命にかかわる病気である場合や、慢性・進行性で強い痛みをともなう病気の場合、抑うつ状態から、うつ病などを発症することもある。

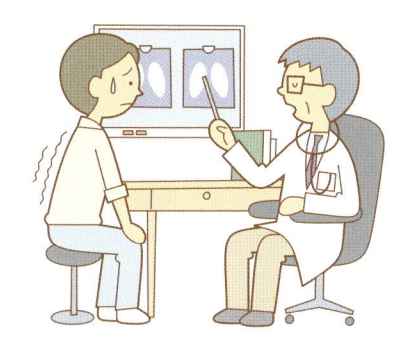

[がんの進行に伴う様々な痛み]

全人的苦痛（トータルペイン）

[霊的苦痛]
・死の恐怖
・人生の意味
・人生観・価値観の変容

[身体的苦痛]
・身体的痛み
・苦しさ

[精神的苦痛]
・不安、抑うつ
・いらいら、怒り
・孤独、恐怖　・孤立

[社会的苦痛]
・仕事、生活への不安
・家庭、家族への思い　　　など

[緩和ケアの例]

■カウンセリングなど

ホスピスや在宅ホスピス、病院のホスピス病棟などで、患者が人としての尊厳を保ち、心穏やかにその人らしく過ごせるよう支援する。カウンセリングの場で話を聞くなど。

■心理的方法による痛みの緩和

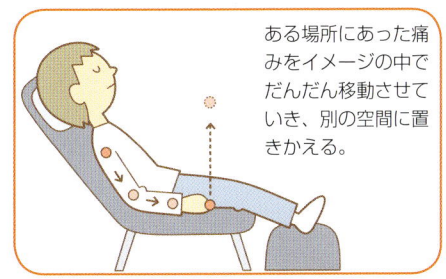

ある場所にあった痛みをイメージの中でだんだん移動させていき、別の空間に置きかえる。

冷たい水に手をひたすイメージで、その部位の感覚を麻痺させ、痛みを軽減させる。

豆知識 HIVの感染初期から治療を行えば、ウィルスの増加を抑えAIDS発症をかなり遅らせることができる。また、治療しながら普通に近い生活を送ることも可能である。

ケアと支援の現場② 教育現場

> **Key word　コンサルテーション**　2人の専門家である一方（コンサルタント）が、他方（コンサルティ）の抱えているクライエントの問題をコンサルティの仕事の中でより効果的に解決できるように援助する関係をいう。

学校教育現場における臨床心理

　私たちは幼児期から青年期の大半の生活の中心を学校で過ごす。そこでは不登校や非行、発達上の問題など実に様々な問題が展開され、適切な対応が求められる。心理の専門家（多くは臨床心理士）に対するニーズは非常に高く、その役割は、次の4つに大別される。

①学校環境や生徒・児童の状態のアセスメント。学校風土や教職員や親からの情報収集、**心理検査**、授業観察、**カウンセリング**を行い、生徒・児童が抱える問題の背景を把握し、具体的に対応策を立てる。基本的に心理検査は学校では行わず、教育センターなどで実施される。

②生徒・児童への支援。何らかの悩みを抱えた生徒・児童に実際にカウンセリングや心理療法を行うほかに、全校生徒に対して、一般的な心の問題を授業で取りあげる、生徒同士がサポートしあえる関係を育てる**ピア・カウンセリング**などの予防的な心理教育活動を行っている。

③親への支援。問題を抱える子どもの養育者に対する個別相談、親同士のサポートを育てるグループ、一般の親に対する講習会などを行う。

④コンサルテーション活動。教師への**コンサルテーション活動**は、最も有効な援助活動の一つである。具体的には、心理士が、教育の専門家である教師に、児童・生徒の心の理解と指導・対処法に関する相談・助言を行う。

　このように、学校教育現場においては、治療的側面よりも教育的側面が重視されている。

心理の専門家が活動する場

●**小・中・高等学校**　スクールカウンセラーと呼ばれる心理の専門家（多くは臨床心理士）が配置されている。学校のニーズをアセスメントし、教師・保護者・地域と連携し、学校生活で起こる様々な心の問題や学習上の問題などに取り組んでいる。

●**学校外の地域にある教育関連機関（教育相談所、教育センター、児童相談所など）**　幼稚園児から高校生とその家族および学校関係者を対象に就学上の相談や不登校に関する相談活動や知能検査・発達検査などの各種心理検査を行う。

●**大学**　大学カウンセラー、相談員等と呼ばれる心理の専門家が教職員と連携しながら、学業や就職にかかわる相談から心の問題まで大学生活全般にわたる支援を全学生対象に行う。　　（太田）

豆知識　教育現場でのカウンセラーの活動には、ほかに不適応の問題の背景を理解する心理・教育アセスメント、危機的状況への即時介入、関係者・関係機関との援助ネットワーク作りなどがある。

教育現場での心理的支援

■児童・生徒・学生とのカウンセリング
（学校カウンセリング、教育相談など）

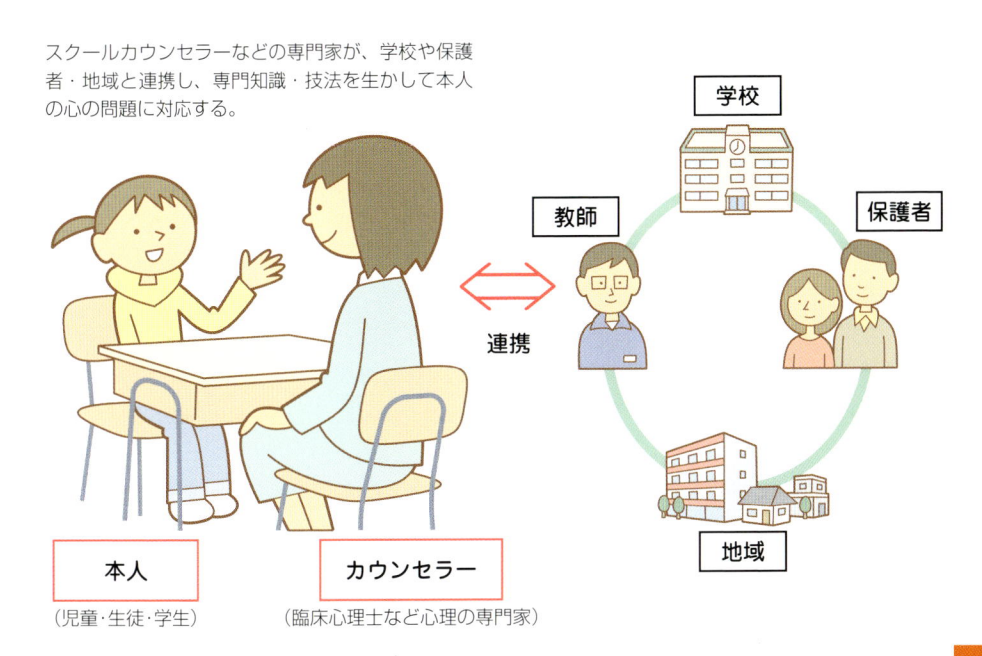

スクールカウンセラーなどの専門家が、学校や保護者・地域と連携し、専門知識・技法を生かして本人の心の問題に対応する。

本人
（児童・生徒・学生）

カウンセラー
（臨床心理士など心理の専門家）

連携

教師　学校　保護者　地域

■コンサルテーション

自分が担当している児童・生徒への対応について、コンサルタントに相談する。

コンサルタント
（臨床心理士など心理の専門家）

コンサルティ
（教師、施設職員など）

豆知識 心理教育とは、カウンセリングなど心理療法的な配慮を加えた、教育的援助アプローチの総称である。ここでは、児童・生徒の「心理的諸能力」の発達を目的としている。

ケアと支援の現場③ 子育て支援

> **Key word　育児不安**　一定期間続く育児に対する不安やストレスの総称。「漠然とした不安」から「子どもを叩く」まで幅は広い。親の育児経験や相談相手のなさ、本やTVでの情報氾濫等もその背景と考えられている。

子育て支援における臨床心理

　子育てを相談する相手が少なく、**育児不安**をもつ親が増えている今日、社会や地域全体で子育て家庭を支援することが重要である。子育て支援における臨床心理士の役割は大きく4つある。

❶**子育て環境や子どもの状態のアセスメントと対応策の助言**。子どもの心身の発達状態や家族状況、子育て環境を、カウンセリングや心理検査等を行ってアセスメントし、対応策を判断する。

❷**養育者への援助**。親の育児力を高めるための個別のカウンセリング、親グループへ実施する心理教育プログラム、一般に向けての子育て講習会などがある。

❸**乳幼児への援助**。家庭環境などに困難を抱える子どもへの心理療法を行う。また、発達支援としての療育指導などを、個人やグループに対して行う。

❹**保育、保健、医療等他職種への援助**。研修会での教育のほか、傷つきを抱えた子どもの多い入所型の施設（児童養護施設など）では、子ども自身への心理療法や、世話をする職員への助言を行う。ほかに、保育園や幼稚園、小学校でもコンサルテーション（→p.206）を行う。

　また、子ども虐待においては、ハイリスクな親子の早期発見といった予防活動や危機介入などにも参加している。

　このように、子育て支援の領域において、臨床心理士は専門的な臨床心理学の知見を活用して、親子や支援者へのケアと心理教育の側面を担っている。

子育てに困難を抱える人が臨床心理士に会える場所

　子育てに困難を抱える人と臨床心理士が出会うおもな場所に、以下のものがある。

●**保健所・保健センター（乳幼児やその親）**　乳幼児健診や両親学級、発達相談などを通じて、相談や心理・発達検査を受け付けている。発達の遅れや虐待に繋がる問題の早期発見や予防的介入を担っており、専門機関への紹介なども行う。

●**児童相談所や家庭児童相談室、各市町村の子育て相談窓口**　子育てに悩む親や子ども自身からの相談受付や、心理・発達検査の実施、虐待対応などを行う。

●**病院**　精神科や小児科などで、カウンセリングや心理検査を行っている。

●**保育園や幼稚園**　在園児に、発達上の問題や通常の保育が困難なほどの行動問題がみられた際に、園内で発達検査や観察を実施し、保育者へコンサルテーションを行う（巡回発達相談等）。　　（冨田）

豆知識　乳幼児健診は全乳幼児が受診するため、発達の問題の早期発見、虐待の予防と早期発見の重要な機会である。親の希望や保健師等の勧めによって、個別相談や家庭訪問などにつながっていく。

子育てにおける心理的支援

❶ 子育て環境や子どもの状態のアセスメント、養育者への助言

❷ 養育者への援助
（個別カウンセリングや子育て講習会）

❸ 乳幼児への援助
（遊戯療法などによるケア）

❹ 他職種への援助
（保育士、保健師、施設職員等へのコンサルテーション）

虐待への介入・予防

虐待への介入は、様々な人々が連携して行う。各機関に在職する臨床心理士も担当として参加することもある。

- 児童相談所
- 学校の担任：通報を受けて確認にいくと、なぐられたようなケガをしていました。
- スクールカウンセラー：子ども本人に、おうちのことで困っていることがあるのかな、と尋ねると…
- 市町村の子育て支援課
- 民生委員：母親から相談を受けています。子育ての悩みや家計の苦しさなど…
- 市町村の福祉課
- 医療ソーシャルワーカー：父親は通院中で、その容態は…

豆知識 児童相談所の平成18年度の児童虐待相談対応数は37,323件（前年度比8.3％増）。内訳は身体的虐待41.2％、ネグレクト38.5％、心理的虐待17.2％、性的虐待3.2％となっている。

ケアと支援の現場④ 被害者支援

> **Key word　アドボカシー**　クライエントの権利を擁護、弁護、支持すること。たとえば、公的機関へ同行したり、被害者の想いを代弁することから、生活支援におよぶ。その内容は多岐にわたり、継続的なものである。

被害者支援の基本姿勢

　被害者支援とは、被害を受けて傷ついた人の立ち直りを支え、必要なサポートを行うことである。その対象は、自然災害、犯罪、交通事故、大規模事故、ドメスティック・バイオレンス（DV）、虐待等々、多岐にわたる。

　一般に被害直後は、普段の生活を取り戻すための生活支援、安全を確保するための法的支援が求められる。中でも、被害者1人で法的機関に対して被害状況を説明し保護を求めるのは難しい場合が多いため、**アドボカシー**（→ keyword）が求められる。生死にかかわる危険な状況を体験し、**PTSD**の症状が出ている場合は適切な医療支援も必要となる。心理的支援はこれらの現実的な支援と組みあわせて行う必要がある。これらは同時並行に行われていくため、他業種とチームを組み、連携をとることが不可欠である。

　被害者は、被害を防げなかった自分を責め、人間を信じられなくなり、誰も助けてくれない孤立感、症状がいつまで続くかわからない不安感、将来に対する無力感などの激しく否定的な感情を抱く。しかし、被害者は適切な環境があれば、本来は自ら回復しうる存在なのである。支援者は、被害者の主体性と自律心を大切にする姿勢を保つ。被害者の感情を当然の反応として傾聴し、罪責感、不安感を低下させるようにかかわる。しかし、単なる励ましは、**二次被害**を生むことがあるので注意が必要である。

加害者に対する教育・更生の取り組み

　被害者支援の一環として、加害者への教育・更生の取り組みがある。その目的は、被害者の安全を保ち、加害者が自らの責任をとるようにし、加害者の行動の変化を促すことである。

　その一つ、**被害者加害者対話**とは、第三者が間に立ち、被害者と加害者とが事件について話し合うことである。互いの被害体験、加害体験を語り、聞くことによって、被害者が加害者から償いを受けることを目指す。また、**加害者教育・更生プログラム**は、加害行為の背景にある信念を変容させることを目指すものであり、フェミニスト心理教育モデルや認知行動療法をベースとしたプログラムの有効性が評価されている。

　しかし、これらプログラムの導入には課題が残されている。対話や更生プログラムは、何より被害者の安全に配慮したものでなければならない。　　　　（森）

豆知識　被害者の被害体験を聴くことがトラウマとなり、支援者がPTSDなどの症状を示すこと（代理受傷）があるため、支援者に対する後方支援や訓練が不可欠である。

被害者への支援

- 孤立感
- 罪責感
- 無力感
- 不安感

被害者

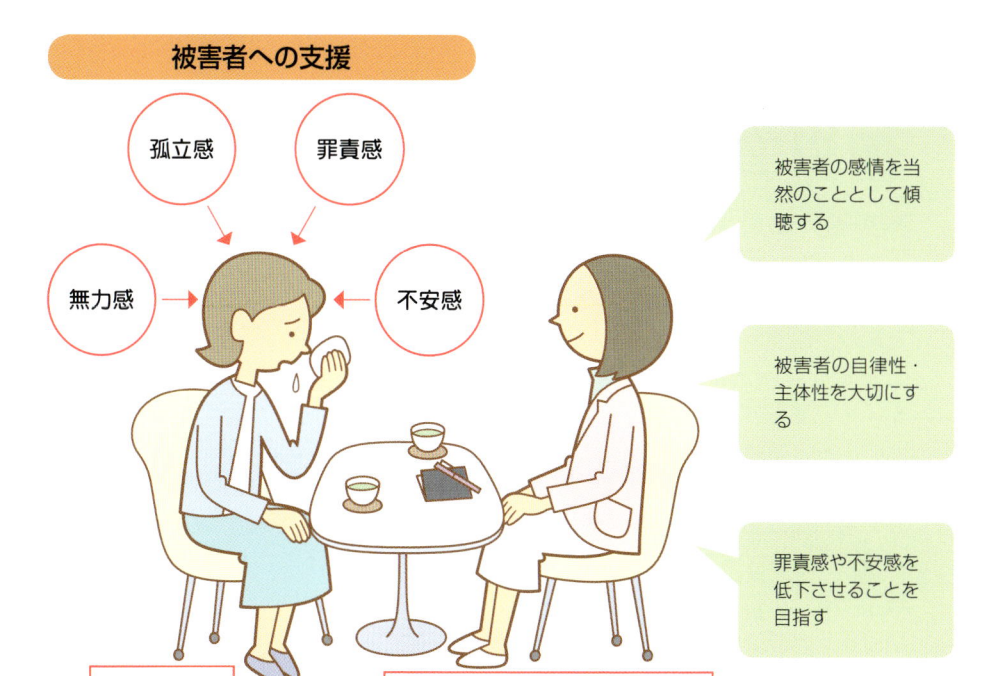

支援者（心理の専門家など）

- 被害者の感情を当然のこととして傾聴する
- 被害者の自律性・主体性を大切にする
- 罪責感や不安感を低下させることを目指す

他分野の支援との連携

心理分野の支援も、他業種との連携の上に行うことが大切である。

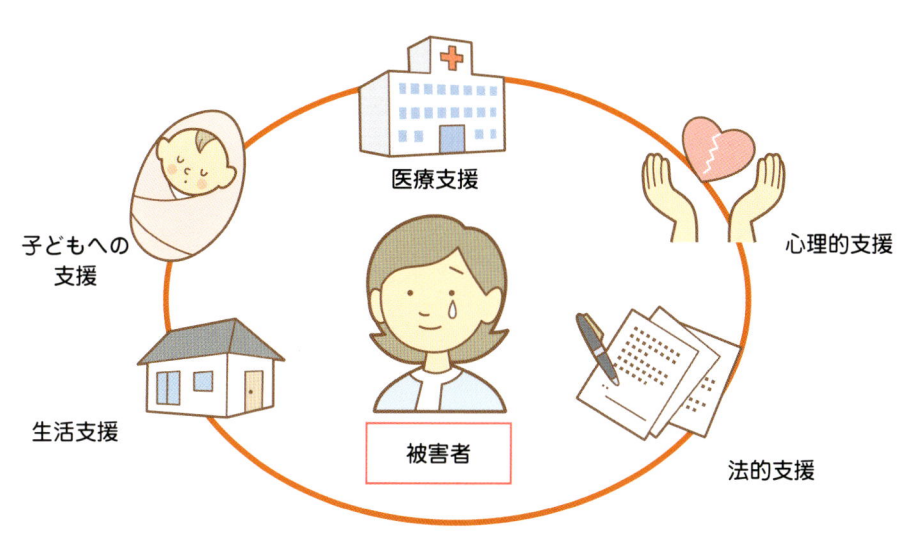

- 医療支援
- 心理的支援
- 法的支援
- 生活支援
- 子どもへの支援

被害者

第7章

豆知識 DV加害者プログラムは、欧米で法的な枠組みの中に導入され、成果を上げている。現在、日本では司法的枠組みは整備されておらず、民間で活動が行われている。

Column

被災者支援

被災者の心の傷つき

　小さい頃に阪神・淡路大震災を経験した人たちも、もう成人となるほどに時が過ぎた。私が勤務する大学でもそういった学生は数多くいるが、そのうち何人かは今でも震災の話が出ると気持ちが動揺するのを感じるという。十数年の歳月を経てもなお傷や痛みが心に残っているのだろう。こういった傷つきを少しでも軽くするために被災直後の心のケアが重視されてきている。それでは被災体験はどのような反応を引き起こすのだろうか。まず被災直後から感情の麻痺や注意散漫、抑うつ、フラッシュバック（※）などが生じる。これを急性ストレス障害という。1ヶ月ほどを経過しても改善せず、フラッシュバックや悪夢が増え、不眠や感情の爆発などの症状が続くことがある。半数は自然と軽くなるが、3ヶ月以上その状態が続くと慢性のPTSDとよばれるようになる。

心のケア……体験を語ることの大切さ

　震災に遭えば、急性ストレス障害のような症状は誰にでも生じる自然な反応なのだ。しかし、周囲に気遣って気持ちを抑えたり、わがままを言ってはいけないという思いで、苦しさを飲みこんで頑張る人もいる。こんな反応をするのは気持ちが弱いからだと自らを責めるような人もいるかもしれない。大人はもちろん、子どもすけなげに耐えようとする。だからこそ、このような体験をしたら誰でも混乱した気持ちになるのが当たり前であることを被災者に伝え、どんな体験をしたのか、どんな思いを抱えているのかを話したいように十分話せるようにすることが、ストレス反応を軽くするもっともよい援助となる。そのために聞き手が必要となる。しかし、じっくりと十分に相手の話を聴くことは、存外難しい。充分に語ってもらうことと聞きすぎないことのバランスも大切である。また被災体験の話は聞き手にも影響を与える。聞き手の方がしんどくなり、それで無理に励まそうとしたり、ときにはうつになったりすることもある。だからこそ、聴くことの訓練を受けた専門家が、さりげない日々のかかわりの中で話を聴くことは、被災体験を語りやすくし、ストレスを軽減することに役立つのである。

（酒井）

※フラッシュバック……過去に体験した苦痛を、いま体験しているかのように、突然に思い出してしまうこと。

p.49 性格検査(Locus of Control 尺度)の採点方法

この検査では、あなたが「内的統制タイプ」か「外的統制タイプ」かを見る。
内的統制の強い人は、自分の能力や技能によって自分の人生が決まると考え、目標に向かって積極的に働きかけるような行動をとる傾向にある。これに対して、外的統制の強い人は、運や他者といった外的要因によって人生が決まると考え、なりゆきに任せるような行動をとりやすい。また、外的統制が強い人は抑うつ状態になりやすいといわれている。
さて、p.49 のテストの結果はどうだっただろうか。下の得点表にしたがって、合計得点を計算してみよう。

Locus of Control 尺度の得点表

設問	そう思う	ややそう思う	ややそう思わない	そう思わない
1	1	2	3	4
2	4	3	2	1
3	4	3	2	1
4	4	3	2	1
5	1	2	3	4
6	1	2	3	4
7	1	2	3	4
8	1	2	3	4
9	1	2	3	4
10	4	3	2	1
11	4	3	2	1
12	4	3	2	1
13	4	3	2	1
14	4	3	2	1
15	1	2	3	4
16	1	2	3	4
17	4	3	2	1
18	1	2	3	4

(鎌原・樋口・清水, 1982)

合計得点が高いほど、内的統制が強く、低いほど、外的統制が強いタイプといえる。
この尺度の作成者が大学生426名にテストした結果は、平均値50.21点、標準偏差7.56。50点前後は内的・外的のどちらでもない標準的な数値と考えればよい。

〔5章・クイズの答え〕

● p.145 まちがいさがしの答え

1．飛行機の向き　2．女の子の服の模様　3．犬のしっぽの形　4．男の子の手袋の色
5．木にとまっている虫の種類　6．男の子の服の模様　7．門の高さ

● p.159 問題①の答え

「A」のカードと「7」のカードの両方をめくる。

多くの人は「A」か「4」、もしくは「A」と「4」の両方、を選ぶことがわかっている。しかし、正解は「A」（裏が奇数でないかどうかを確認する）と「7」（反対側に母音以外のアルファベットが書かれていないかを確認する）の両方、である。もし「4」をめくって反対側に母音以外のアルファベットが書いてあったとしても、それはルール違反ではないから、「4」をめくる必要はない。

● p.159 問題②の答え

ビールを飲んでいる人の年齢を調べ、18歳の人が何を飲んでいるかを調べる。

21歳の人は何を飲んでも構わないし、コーラを飲んでいる人は何歳でも構わない。

● p.161　9点問題の答え

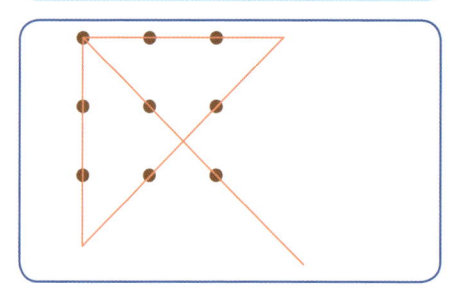

多くの人は、9つの点でできる正方形の範囲から出てはいけないと思いこんでしまう。

● p.161　ろうそく問題の答え

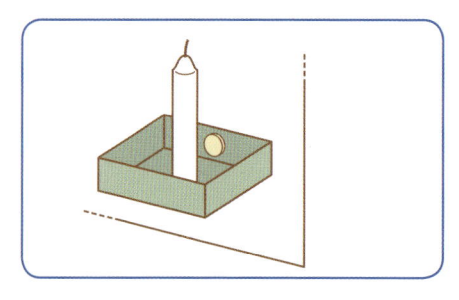

画鋲の箱を壁に取りつけて、そこにろうそくを立てる。多くの人は画鋲の入った箱を、単に画鋲の入れ物と見てしまい、ろうそくの台に使える可能性に気づかない。この現象を「機能的固着」という。

さくいん

▶▶▶ アルファベット ◀◀◀

ADHD（注意欠陥多動性障害）…… 114,116
AIDS → HIV／AIDS
dB（デシベル）………………… 132,133
DQ（発達指数）………………………… 112
DSM（DSM-Ⅳ-TR）……… 174,176,180,
　　 183,187
DV（ドメスティック・バイオレンス）… 184,210
HIV／AIDS …………………………… 204
ICD ……………………………………… 176
IQ（知能指数）………………………… 112
LD（学習障害）………………… 114,116
Locus of Control（統制の所在）…… 42,49
phon（フォン）………………………… 132
ＰＭ理論 ………………………………… 74
PTSD …………………………………… 210
QOL（クオリティ・オブ・ライフ）…… 204
S-R（S-R結合）……………………… 24,138
WAIS-Ⅲ ……………………………… 112

▶▶▶ あ ◀◀◀

愛着（アタッチメント）…………………… 94
アイデンティティ ……… 28,104,105,106
アクション・スリップ ………………… 154
アサーティブ …………………………… 118
アスペルガー症候群 …………… 114,116
アセスメント（心理アセスメント）… 9,196,
　　 198,203,208
アタッチメント→愛着
アッシュ（S.E. アッシュ）………………… 60
アドボカシー …………………………… 210
アニミズム ……………………………… 98

アフォーダンス ………………………… 148
アレキシサイミア ……………………… 178
アンヴィバレント ………………… 94,100
アンナ・フロイト（A. フロイト）…… 28,29

▶▶▶ い ◀◀◀

育児不安 ……………………………… 208
偽りの記憶 …………………………… 156
遺伝カウンセリング …………………… 204
イド→エス
意味記憶 ……………………… 150,154
因子分析 ………………………………… 38
印象形成 ………………………………… 70

▶▶▶ う ◀◀◀

ヴィゴツキー …………………………… 86
ウェーバーの法則 ………………… 20,21
ウェルトハイマー ……………………… 120
うつ病 ………………………………… 174
ヴント（W. ヴント）…… カバー前袖,6,9,20,
　　 22,120
運動視差 ……………………………… 126

▶▶▶ え ◀◀◀

エス ……………………………………… 50
エピソード記憶 ………………… 150,156
エビングハウス（H. エビングハウス）…… 22
エリクソン（E.H. エリクソン）…… 28,84,
　　 104,108
エンカウンター・グループ ………… 52,53

▶▶▶ お ◀◀◀

応報戦略 ………………………………… 80
応用心理学 ……………………… 14,18
奥行き感 ……………………………… 126
オペラント型 ………………………… 136
親離れ ………………………………… 100
オルポート（G. オルポート）………… 34,38

音圧	132,133
絵画療法	195

▶▶▶ か ◀◀◀

外向	54
外的統制	42
海馬	124,125,134,135
カウンセラー	192
カウンセリング	9,52,192,194,202,206
蝸牛	130,132
学習→学習心理学	
学習障害→LD	
学習心理学	6,24,136,138
学習理論	24,195
仮現運動	121,128
過剰適応	178
過食	186,187
家族療法	9,178,194,195
葛藤	50,166
家庭裁判所調査官	188
構え	160
感覚	88,142
感覚記憶（感覚レジスター）	150
感覚遮断の実験	141
観察学習	110,111
感情	122
官能評価	72
顔面フィードバック仮説	122,123
緩和ケア	204

▶▶▶ き ◀◀◀

記憶	22,142,150,152,154,156
記憶の貯蔵庫モデル	150
気質	34
器質性障害	172
基礎心理学	14,18
機能性障害	172
機能不全家族	184
規範的影響	60
ギブソン（J.J. ギブソン）	148
記銘	150
虐待	94,208,209,210
キャラクター→性格	
嗅覚	134
急性ストレス障害	212
共依存	184
強化	136
共同注視	92
恐怖症	176
共有地の悲劇	76
局所論	50
拒食→不食	
拒食症→神経性無食欲症	

▶▶▶ く ◀◀◀

クライエント	50,52,192
クライエント中心療法	9,52
グラフィカル・モデリング	11
群集心理	58,62

▶▶▶ け ◀◀◀

ゲシュタルト心理学	120
原因帰属	42
元型	26,27

▶▶▶ こ ◀◀◀

行為障害	188
構成心理学	120
構造論	50
行動主義	24,36,58,120
広汎性発達障害	114
合理化	68,167
心の構造図	50,51

心の理論	114,162	自己催眠	170
個人療法	195	事後情報効果	156
子育て支援	193,208	自己中心性	98
古典的条件づけ	136	思春期	100,102,103
コミュニティ心理学	9,200	システム論的アプローチ	194
コラボレーション(協働)	200	実験条件	16
コンサルティ	206,207	実験心理学	14,120
コンサルテーション	200,206	実験美学	20,21
コンピテンス→有能感		質問紙法	196,198

▶▶▶ さ ◀◀◀

		自発的微笑	92
サイコオンコロジー	204	自閉症(広汎性発達障害)	114
サイコセラピー→心理療法		社会心理学	7,58
サイコドラマ	194	社会的影響	64
差異心理学	14	社会的カテゴリ	66
(財)日本臨床心理士資格認定協会	202	社会的ジレンマ	76
作業記憶	152	社会的促進	64
錯視	128,129	社会的手抜き	64
サクセスフルエイジング	108	社会的微笑	92
錯覚	128	集合行動	62
産業心理学	7,19	囚人のジレンマ	78,80
		集団規範	60

▶▶▶ し ◀◀◀

		集団療法	195
シェマ	30	周波数	130,132
ジェンダー	186	自由連想(法)	26,27,50
自我	50	順応	134
視覚	90,126	昇華	166
自我心理学派	28	生涯発達心理学	84
自我同一性→アイデンティティ		条件づけ(条件づけ学習)	24,136
時間知覚	164	条件反射	136
自己愛	182	少年犯罪	188
自己一致の状態	52,53	情報処理アプローチ	142
思考	142,158,160	情報的影響	60
試行錯誤	138	食欲低下	174
自己概念	52	触覚	134
自己効力感	188,189		

自律訓練法	170,178
自律神経失調症	170
心因	176
人格(パーソナリティ)	34
人格障害→パーソナリティ障害	
人格理論	50,52
進化心理学	58
神経症	176
神経性大食症(過食症)	186,187
神経性無食欲症	186,187
神経伝達物質	172,174
新行動主義	24,120,121
心身症	170,178,179,190
深層心理学	26
診断	174,196
心的外傷	94,166
心理・社会的発達課題	85,94,108
心理アセスメント→アセスメント	
心理教育	118
心理査定→心理アセスメント	
心理士	202
心理社会的モラトリアム→モラトリアム	
心理相談員	202
心理的防衛	50,166
心理物理学的測定法	20,120
心療内科	190
心理療法(精神療法)	26,52,174,190, 192,194,202
心理臨床	192,193

▶▶▶ す ◀◀◀

推論	158
数理心理学	32
スキーマ	158,194
スキナー(B.F. スキナー)	9,24,120,136
スクールカウンセラー	200,202,206
スクリーニング	112
ステレオタイプ	66
ストレス(ストレス反応)	44,168,170
ストレンジ・シチュエーション法	94,95

▶▶▶ せ ◀◀◀

性格	34,36,38,40,42,44,46,48,176
性格検査	48
性格心理学	6,34
(性格の)特性論	38,40
(性格の)類型論	38,54
青春期	100,102,103
精神科	190
精神障害	176
精神分析(―学)(―療法)(―理論)	9,26, 28,50
精神分析的アプローチ(精神分析的心理療法)	51,194,195
精神療法→心理療法	
青年期	100,102,103
生理的反射	136
世代性	106
摂食障害	186
セラピスト	192
前意識	51
潜在学習	138
選択的知覚	66
せん妄	172

▶▶▶ そ ◀◀◀

躁うつ病	172
相互作用説	36
操作(期)	30,98,99
双生児法	36,37
相補性	54

ソーシャルスキルトレーニング …	188,189
ソーンダイク …	9,138

▶▶▶ た ◀◀◀

ターミナルケア …	204
第一次反抗期 …	96
胎児 …	88
第二次性徴 …	102
第二の個体化過程 …	100
大脳(大脳皮質) …	122,124,125
タイプA …	44
短期記憶 …	150,152

▶▶▶ ち ◀◀◀

知覚 …	126,128,130,132,134,142
知覚心理学 …	6
知覚判断 …	72
知能 …	112,138
チャンク …	152
注意欠陥多動性障害→ADHD	
注視行動 …	90
中枢神経系 …	124,125
聴覚 …	88,90,130
長期記憶 …	150,154
超自我 …	50
聴衆 …	62
調節→同化と調節	

▶▶▶ て ◀◀◀

テストバッテリー …	196
手続き記憶 …	150,154

▶▶▶ と ◀◀◀

投映法 …	196,197
投影 …	166,167
同化と調節 …	30,98
動機づけ …	111,140
統合 …	108
統合失調症 …	172,190
同調行動 …	60
逃避 …	167
トールマン …	24,120,138
閉じこもり …	108,109
トップダウン(処理) …	144
ドメスティック・バイオレンス→DV	

▶▶▶ な ◀◀◀

内向 …	54
内的統制 …	42

▶▶▶ に ◀◀◀

ニート …	106
二次障害 …	116
日内変動 …	174
人間工学 …	18,19
人間性心理学 …	52
認知 …	22,68,142
認知行動的アプローチ …	194
認知行動療法 …	9,195
認知心理学 …	6,22
認知スタイル …	42
認知的不協和理論 …	58,68
認知の状況論 …	148
認知発達理論 …	30
認知療法 …	194

▶▶▶ は ◀◀◀

パーソナリティ …	34,172,180,196
パーソナリティ障害 …	180
パーソナリティ理論(人格理論) …	52
パーソナルスペース …	82
バーナム効果 …	46
箱庭療法 …	10,194,195
発達課題→心理・社会的発達課題	
発達検査 …	112,196

発達障害	114,116	フリードマン	44
発達心理学	6,84	フロイト（S.フロイト）	7,8,9,26,50,56,
発達段階	28,98,99		166,176,195
発話	92	ブロス（P.ブロス）	100
パニック現象	62	分析心理学	26
母親語（マザーリーズ）	90	分離－個体化過程	100
パブロフ	24,136	▶▶▶ へ ◀◀◀	
ハロー効果（光背効果）	70	ベック（A.T.ベック）	194,195
反抗挑戦性障害	188	ペルソナ	34
バンデューラ	9,110	扁桃核	124,125,134,135
反動形成	167	▶▶▶ ほ ◀◀◀	
万能感	182	防衛→心理的防衛	
▶▶▶ ひ ◀◀◀		忘却曲線	22,23
ピア・カウンセリング	206	保存の課題	98
ピアジェ（J.ピアジェ）	30,98	ボトムアップ処理	144
被害者支援	210	▶▶▶ ま ◀◀◀	
引きこもり（社会的引きこもり）	102	マザーリーズ→母親語	
非行	102	末梢神経系	124,125
被災者支援	212	▶▶▶ み ◀◀◀	
ヒステリー	26,176	味覚	134
ビッグ・ファイブ理論	40	三隅二不二（みすみ・じふじ）	74
人見知り	92	▶▶▶ む ◀◀◀	
ヒューリスティックス	158,160	無意識	26,50,51
▶▶▶ ふ ◀◀◀		無力感	140
フェスティンガー（L.フェスティンガー）	68	▶▶▶ め ◀◀◀	
フェヒナー（G.T.フェヒナー）	6,9,20,	メタ認知	146
	22,120	メンター	106
符号化	150	▶▶▶ も ◀◀◀	
不食（拒食）	186	妄想	174
不登校	102	モッブ	62
普遍的無意識	26	モラトリアム	104,106
不眠	174	森田療法	178
フラッシュバック	212	問題解決	160
		問題空間	160

▶▶▶ ゆ ◀◀◀

遊戯療法 ………………………… 10,192
有能感(コンピテンス) ……………… 140
有能な乳児 ……………………………… 90
夢分析 …………………………………… 56
ユング(C.G. ユング) …………… 26,54
(ユングの)タイプ論 …………………… 54

▶▶▶ よ ◀◀◀

抑圧 …………………………… 26,51,166
抑うつ状態 ……………………… 174,198

▶▶▶ ら ◀◀◀

ライフコース …………………………… 84
ライフサイクル ………………… 28,84,85
ラウドネス …………………………… 132
ラテラリティ(側性化) ……………… 124

▶▶▶ り ◀◀◀

リーダーシップ ………………………… 74
流言 …………………………………… 62
流行 ………………………………… 60,62
両眼視差 ……………………………… 126
臨床心理学 ………………………… 7,8,9,10
臨床心理士 ……………………… 190,202
臨床法 ………………………………… 30

▶▶▶ れ ◀◀◀

レスポンデント型 ……………………… 136
レビンソン …………………………… 106
連合説(S－R連合説) ………………… 138

▶▶▶ ろ ◀◀◀

老年期 ………………………………… 108
ロールシャッハ・テスト …………… 197
ロジャーズ(C.R. ロジャーズ) … 9,52,192
ロフタス(E. ロフタス) ……………… 156

▶▶▶ わ ◀◀◀

ワーキング・メモリ→作業記憶

ワトソン(J.B. ワトソン) ……… 9,24,120,195

■**分担執筆者紹介**（執筆ページ初出順、◎は編著者）※一部、執筆当時の所属を含む

◎**神宮英夫**（じんぐう　ひでお）　1章・3章・5章
　金沢工業大学情報フロンティア学部心理科学科教授　文学博士

田中吉史（たなか　よしふみ）　1章・5章
　金沢工業大学情報フロンティア学部心理科学科教授　博士(心理学)

酒井健（さかい　たけし）　1章・2章・6章・7章
　大手前大学現代社会学部准教授　臨床心理士、公認心理師

◎**青木紀久代**（あおき　きくよ）　1章・2章・4章・6章・7章
　白百合心理社会福祉研究所 所長　博士（心理学）、臨床心理士、公認心理師

古俣誠司（こまた　せいじ）　3章
　東京都立大学大学院人文科学研究科博士課程

土倉英志（つちくら　えいじ）　3章
　首都大学東京大学院人文科学研究科博士課程

冨田貴代子（とみた　きよこ）　4章・7章
　お茶の水女子大学大学院人間文化研究科博士後期課程　臨床心理士

谷田征子（やつだ　まさこ）　4章
　帝京平成大学大学院臨床心理学研究科教授　博士（人文科学）、臨床心理士、公認心理師

南山今日子（みなみやま　きょうこ）　4章・6章
　子どもの虹情報研修センター　臨床心理士、公認心理師

太田沙緒梨（おおた　さおり）　4章・6章・7章
　山梨英和大学人間文化学部助教

森稚葉（もり　ちよ）　4章・7章
　社会福祉法人かほる保育園／山梨英和大学非常勤講師　臨床心理士、公認心理師

佐藤章子（さとう　ふみこ）　6章
　東京成徳大学応用心理学部特任教授　臨床心理士、公認心理師

■ 主要参考図書
(本文中にクレジットのあるものは省略した)

星薫・山口勧・青木紀久代『心理学入門』(放送大学教育振興会)

梅本堯夫・大山正編『新心理学ライブラリ15 心理学史への招待』(サイエンス社)

ロジャー・R・ホック編(梶川達也監訳)『心理学を変えた40の研究』(ピアソン・エデュケーション)

齊藤勇編『図説心理学入門』(誠信書房)

無藤隆・遠藤由美・森敏昭・玉瀬耕治『心理学』(有斐閣)

中島義明・繁桝算男・箱田裕司編『新・心理学の基礎知識』(有斐閣ブックス)

鹿取廣人・杉本敏夫編『心理学』(東京大学出版会)

中島義明・安藤清志・子安増生・坂野雄二・繁桝算男・立花政夫・箱田裕司編『心理学辞典』(有斐閣)

外林大作・辻正三・島津一夫・能見義博編『心理学辞典』(誠信書房)

J-C. ブランギエ(大浜幾久子訳)『ピアジェ晩年に語る』(国土社)

L. J. フリードマン(やまだようこ・西平直監訳)『エリクソンの人生』(新曜社)

堀洋道監修・山本眞理子編『心理測定尺度集Ⅰ』(サイエンス社)

詫摩武俊・鈴木乙史・清水弘司・松井豊編『性格の理論(シリーズ・人間と性格 第1巻)』(ブレーン出版)

神宮英夫『印象測定の心理学』(川島書店)

岩田純一・浜田寿美男・矢野喜夫・落合正行・松沢哲郎編『発達心理学辞典』(ミネルヴァ書房)

岡本夏木・清水御代明・村井潤一編『発達心理学辞典』(ミネルヴァ書房)

子安増生編『よくわかる認知発達とその支援』(ミネルヴァ書房)

青木紀久代編『発達心理学 子どもの発達と子育て支援』(みらい)

無藤隆・大坪治彦・岡本祐子編『よくわかる発達心理学』(ミネルヴァ書房)

E.H. エリクソン，J.M. エリクソン，H.Q. キヴニック(朝長正徳・朝長梨枝子訳)『老年期』(みすず書房)

谷口幸一・佐藤眞一編『エイジング心理学 老いについての理解と支援』(北大路書房)

永野重史・依田明編『母と子の出会い』(新曜社)

高橋道子編『新児童心理学講座 胎児・乳児期の発達』(金子書房)

高橋悦二郎『胎児からのメッセージ』(二見書房)

厚生労働省老健局計画課監修『介護予防研修テキスト』(社会保険研究所)

A. バンデュラ編(原野広太郎・福島脩美訳)『モデリングの心理学:観察学習の理論と方法』(金子書房)

藤田哲也編『絶対役立つ教育心理学:実践の理論、理論を実践』(ミネルヴァ書房)

ヴィゴツキー(土井捷三・神谷栄司訳)『「発達の最近接領域」の理論』(三学出版)

氏原寛ほか編『心理臨床大事典』(培風館)

馬場禮子『改訂版 臨床心理学概説』(放送大学教育振興会)

J.D. ウィルキンソン & E.A. キャンベル編(田中平八・青木紀久代・尾見康博・田中吉史訳者代表)『心理臨床:カウンセリングコースで学ぶべき心理学』垣内出版株式会社

下山晴彦編『よくわかる臨床心理学』(ミネルヴァ書房)

奥村雄介・野村俊明『非行精神医学──青少年の問題行動への実践的アプローチ』(医学書院)

藤岡淳子『非行少年の加害と被害 非行心理臨床の現場から』(誠信書房)

■ 本文イラスト
倉本ヒデキ(くらもと ひでき)
1964年広島県生まれ。武蔵野美術大学卒。広告プロダクション退社後、フリーのイラストレーターとなる。おもに学習図鑑・教科書・教材等のイラストを手がける。近年の仕事に『21世紀こども百科』シリーズ、『小学館の図鑑NEO』シリーズ(小学館)、『カラー版徹底図解 脳のしくみ』(新星出版社)等。

■ 写真提供
PPS通信社(p.8)

■ 写真撮影
水口哲二(p.187)

■ 編集協力
東出幸子

■ デザイン
ニシ工芸株式会社

■編著　青木紀久代（あおき・きくよ）

山口県生まれ。東京都立大学大学院博士課程修了。博士（心理学）。臨床心理士。
お茶の水女子大学大学院准教授などを経て、現職（社会福祉法人真生会理事長／白百合心理社会福祉研究所所長）。
現在、乳児院を中心とした社会的養護で暮らす子どもたちへの心理的支援や福祉について、実践と研究に取り組んでいるほか、保育園や子育て支援センター、学校（小学校～高校）に出向き、心理臨床を行っている。
専攻は発達臨床心理学、精神分析学。
[主な著書]
『拒食と過食』（サイエンス社）、『調律行動から見た母子の情緒的交流と乳幼児の人格形成』（風間書房）、『保育に生かす心理臨床』（共編著／ミネルヴァ書房）、『実践・発達心理学』（編著／みらい）、『いっしょに考える家族支援』（編著／明石書店）、『トラウマ』（共編著／福村出版）、『うつ』（共編著／福村出版）、『不安』（共編著／福村出版）など。訳書に、『親－乳幼児心理療法－母性のコンステレーション－』（共訳／岩崎学術出版社）、『発達精神病理学からみた精神分析理論』（共訳／岩崎学術出版社）など。

■編著　神宮英夫（じんぐう・ひでお）

石川県生まれ。東京都立大学大学院修士課程修了。文学博士。
東京都立大学人文学部助手を経て、1980年東京学芸大学助手、講師、助教授、1998年明星大学人文学部教授、2000年金沢工業大学工学部教授、2008年同大学情報フロンティア学部心理情報学科教授、2018年より現職（同大学心理科学科教授）。
現在、金沢工業大学感動デザイン工学研究所顧問。専攻は応用実験心理学、感性工学。
[主な著書]
『時間知覚の内的過程の研究』（風間書房）、『スキルの認知心理学』（川島書店）、『印象測定の心理学』（川島書店）、『はじめての心理統計』（川島書店）、『子どもを持たないこころ－少子化問題と福祉心理学－』（共編著／北大路書房）、『使える統計』（共著／ナカニシヤ出版）、『わかる・使える多変量解析』（共著／ナカニシヤ出版）、『ものづくり心理学』（川島書店）など。

本書の内容に関するお問い合わせは、書名、発行年月日、該当ページを明記の上、書面、FAX、お問い合わせフォームにて、当社編集部宛にお送りください。電話によるお問い合わせはお受けしておりません。
また、本書の範囲を超えるご質問等にもお答えできませんので、あらかじめご了承ください。
　　　FAX：03-3831-0902
　　　お問い合わせフォーム：https://www.shin-sei.co.jp/np/contact-form3.html

落丁・乱丁のあった場合は、送料当社負担でお取替えいたします。当社営業部宛にお送りください。
法律で認められた場合を除き、本書からの転写、転載（電子化を含む）は禁じられています。代行業者等の第三者による電子データ化及び電子書籍化は、いかなる場合も認められていません。

徹底図解　心理学

編著者	青木紀久代／神宮英夫
発行者	富　永　靖　弘
印刷所	株式会社新藤慶昌堂

発行所　東京都台東区台東2丁目24　株式会社　新星出版社
〒110-0016　☎03(3831)0743

© SHINSEI Publishing Co., Ltd.　　　Printed in Japan

ISBN978-4-405-10675-8